平安時代の政治秩序

戸川　点　著

同成社　古代史選書　32

目次

第Ⅱ部　荘園整理令と政治秩序意識

第Ⅲ部　都鄙間交通と地方支配

序章　問題の所在

一　平安貴族の政治意識

仁平三年（一一五三）、二人の子供、兼長と師長が参議になった際に、三四歳の「悪左府」藤原頼長は次のような遺戒を残している（『台記』仁平三年九月一七日条）。

兼長・師長、倶《とも》に八座（参議のこと）に昇る。今日以後公家の上日の多少を論ずべし。愚の子息等、年齢の長幼を論ぜず、好悪の浅深によらず、任官の時、上日の多き者を推挙すべし。奉公の忠無く其の挙に預からざるの時、曾て我を怨むなかれ。衣服の美を求めず、僮僕の少なきを顧みず、忠勤を存じて、人の嘲《あざけり》を慙《は》ずべからず。抑も亦、奉公の忠を盡して唯だ名を後代に遺さんことを憶うのみ。敢えて君の恩報を求めず。忠を盡し恩を求むるは古賢の誡むる所也、努力々々《ゆめゆめ》、我が終没後、魂若し霊あらば、將に陣・結政の辺り（陣定の行われる近衛陣と外記政の際に文書整理を行う結政所）に在るべし。恋慕の時は、縦い公事無くとも朝服して斯処に詣れ。凡そ至孝の志あらば、能く王事に勤めよ。以て我が恩に報いよ。後世を訪うに至りては望むところにあらざるものなり。両息謹んで此の状を守り、敢えて違背するなかれ。

参議になった二人の子供に、今後は官人としてどれだけ上日（出勤日数）したかによって出世させると宣言をし、さらに自身の死後も霊魂は陣・結成所のあたりにとどまっているとしてひたすら政務に励むように求めているのである。

頼長といえばその男色に関する記事が日記に残されていること、また外記の実務を知悉した召使国貞が殺された際には自身が殺人を指示して天誅を加えたこと、何よりも保元の乱の主役の一人であったことなどからかなり異色な政治家と考えられているが、このように公務に対するひたむきさももっていたのである。もちろん院政期において彼のとった施策はアナクロ的であったし、この遺戒ですら彼のファナティックな性格を物語るものとも読めるのであるが、平安貴族たちは我々が考えている以上にひたむきに政務に取り組んでいたのである。

こうした事例は頼長に留まらない。同じ鳥羽院政下、『中右記』の記主藤原宗忠は晩年の保延元年（一一三五）、崇徳天皇に対する政策提言を行うなかでその提言を彼の二男宗成に伝えている。想像をたくましくすれば天皇への提言の形を取りながら自身の政治理念を我が子に伝えようとしたのではないかとも思える（本書第一〇章参照）。

あるいは一四〇年近くさかのぼった藤原行成はどうだったか。長徳四年（九九八）七月彼は心神不覚の危篤状態に陥る。彼の夢想によれば強力の者が彼の臍下二寸より彼の腸を引き出し、絶命寸前に陥った。だが、その時に母より相伝し日頃信仰していた不動尊の三字が腹中を満たし、そのことによって腸もまたもどり、一命をとりとめたという（『権記』長徳四年七月一二、一六、一七、一八日条など）。彼の夢想の真偽はともかくその深刻な危篤状態のなかで彼は蔵人頭として当時抱えていた一〇件に及ぶ政治案件に関して引継ぎ事項を書き記している（『権記』同年同月一三日条）。

彼らの考える政策は今日からみれば時代遅れだったり、意味不明のものもある。しかしその政策のどれも彼ら平安貴族らが真摯に政治に向きあった成果なのである。だからこそ彼らはその政治理念を子孫に伝え、あるいは遂行しようとしたのであろう。一体彼らはどのような政治意識をもち、国政を運営していたのか。

本書はこのような問題関心から平安時代の政治や支配のあり様について考えるものである。

二　平安時代政治史研究の現在

ここで平安時代の政治史に関する研究史を振り返ってみたい。
かつて平安時代は頽廃した貴族が詩歌管弦の遊びに明け暮れて、政治を顧みなかった時代といわれていた。そのために治安は乱れ、律令制も解体していった。一方で地方には在地領主が現れ、勢力を伸ばし貴族政権を打倒し中世が切り開かれていったとされていた。

このような平安時代を藤原氏の専権の時代とみてそれゆえに世が乱れ武士の世となったというような見方は江戸時代の新井白石の『読史余論』までさかのぼる。あるいはニュアンスは異なるが、近代歴史学の成果でいえば、戦前の黒板勝美氏の研究にもみることができる(1)。黒板氏は平安時代の政治は律令制で規定された太政官ではなく摂関家の私的家政機関である政所で行われるようになるという政所政治論を展開、摂関家政所に政治の場が移ったことにより朝廷は政治の場から儀式や詩歌管弦の遊びが行われる場になったとして公私混淆の政治が行われたとされたのである。またこの政所政治論の影響を受け、院政期の政治についても国政の場が院庁に移り、院近臣や院司によって進められたとする院庁政治論(2)が展開された。このようにかつての平安時代史像では政治は公私混淆で進められ、政治が頽廃したとみられていたのである。

こうした歴史理解に対し土田直鎮氏は摂関家政所が国政の中心になったことを裏づける史料的根拠はないこと、摂関期においても国政上の命令は太政官符や宣旨などによって発せられていることなどから政所政治論を批判された。また平安貴族にとって儀礼も政務の一つであり、儀礼にも重要な意味があることを指摘、今日に至る儀礼研究活発化への道を切り開いた(3)。

また橋本義彦氏は、院庁は院の家政機関であること、院庁が発給する文書は国政に関わるものではないことなどを指摘し、院庁政治論を批判した(4)。これら二氏の研究により平安時代の国政は基本的に太政官機構を中心に運営されていることが明らかとなり、平安時代の国政を正しく位置づける道が開けたのである。

この土田、橋本氏らより早く摂関・院政期の政治史に重要な問題提起をしたのが林屋辰三郎氏と石母田正氏であった。林屋氏は摂関期に巨富を蓄え財政を支えた受領層が、荘園領主化した摂関家と荘園整理を巡って対立し、受領層が院政を成立させたとする院政＝受領層政権論を展開した(5)。これに対し石母田正氏は受領層が共通の利害をもっていたことは認めつつも階級として結合するものではなかったとして受領層という捉え方を批判し、受領が上皇を担ぎ出したのではなく、専制君主、デスポットである院が主体となって受領を組織化したのであると批判した(6)。石母田氏の院政期政治史に関する見解は当時の学会に大きな影響を与えたが、林屋氏の受領層政権論も受領が政治的・経済的に果たした役割に注目した点で、今日に続く重要なものであった。

その後一九七〇年代以降の平安時代史研究を牽引したものに坂本賞三氏による王朝国家論がある(7)。王朝国家論とは一〇世紀初頭から一二世紀末の国家を古代国家から中世国家への過渡期の国家として位置づけ、受領の任国支配に注目し、その政策や制度を解明しようとする議論であった。とくに班田制などの律令制的支配システムが解体したのち、中央政府は国司に任国支配を一任し、徴税を請け負わせたとの指摘はかつて国政に無関心だとされてきた摂関などの平安貴族のもとで国家支配が維持された理由をよく説明するものとして注目された。現在、王朝国家論に対しては一〇世紀初頭や一一世紀四〇年代に時代変化の画期を求めている点や、在地領主制の展開から中世的所領の形成を考える点など、いくつかの点について批判する見解が提出されているが、この王朝国家論のもとで国司による任国支配のあり方を中心に国家財政論、軍制史研究など多くの問題が解明されたのである。

王朝国家論は国制史の解明にも貢献したが、こうした動向とは別に摂関政治や院政などの権力のありように対する関心も深まった。

王朝国家論とともに平安時代の国家像を考える上で見逃せないものに黒田俊雄氏による権門体制論がある。これはすでに一九六〇年代に提起されたもので、中世国家は天皇家・摂関家などの公家権門、諸大寺社などの寺社権門、幕府などの武家権門が競合しながらも相互補完的に支えあい国家として成立していたとする見解である(8)。本来は幕府論なども含めた国家論であったが、院政期の権力分立状況を説明する際にも適合する点が多く、平安時代の国家論に大きな影響を与えた。

その影響を受けたものの一つに吉川真司氏による初期権門体制論がある。氏は、律令体制は一〇世紀中葉の村上朝に解体したとする。そして律令体制が機能を停止したこの時代、全国支配は受領によって担われ、国政中枢は天皇家、藤原氏などの権門が握り、政治により権門・諸司の利害調整が行われた。このような一〇世紀後葉以降の国家体制を、中世権門体制に連続するものとして初期権門体制と位置づけたのである(9)。

この初期権門体制論とともに院政期における権力の分立状態に関連して注目されるのが井原今朝男氏による職事弁官政治論である。これは例えば後白河院政下でも二条天皇は親政を行ったし、高倉院政期には病気を理由に三歳の安徳天皇のもと、摂政藤原基通による摂関政治が実現しているというように、院政期の王権は天皇・摂関家・院の三者による共同統治によって担われていたとする考え方である。そしてこのような共同統治を可能とした政治システムが職事弁官政治で、政治的案件について職事弁官が天皇・摂関・院の間を調整して動き、そのいずれかで最終決定したというものである(10)。

また、王朝国家論とは一線を画しながらも受領支配を重視するものに大津透氏の研究がある。氏は一〇世紀後半以降受領支配を基礎とする収取体制が整備され、中央政府は受領功過定により受領を統制し摂関期には安定した支配が実現したとする。そしてその段階を後期律令国家、律令国家の第二段階と位置づけている(11)。

氏の見解に関連していえば、平安時代を律令国家の第二段階と捉えるのであれば、その後律令制はどうなっていくのかを明らかにしていく必要があろう。一方で、これまでのように平安時代を律令国家の解体過程と捉えるのならば、それにもかかわらず律令法が廃棄されず、少なくとも平安貴族のタテマエとして生き続けるのはなぜなのか、律令のもつ意味を解明していかなければならない。律令制は少なくとも表面的には日本の前近代社会を律し続けたともいえるのであり、日本人の心性にあるホンネとタテマエの使い分けの淵源になったとも考えられる[12]。このように平安時代の時代像を考えることは現代社会の解明にもつながっていくのである。

その他近年の研究でいえば、一〇世紀末から一二世紀を受領の時代と位置づけ古代から中世への移行を描いた佐藤泰弘氏[13]、院政の前提に藤原道長の王権を位置づけ中世王権の成立を論じた上島享氏[14]などの研究も注目される。

三　本書の問題意識

さて、ここまでごく大まかに平安時代史研究の流れを振り返ってきた。平安時代の位置づけについては各論者により見解が異なり、定説をみない状態ともいえるが、概ね摂関政治期に律令制の変質が決定的になり、受領による任国支配により国家支配が支えられたこと、院政期には荘園支配の展開とともに諸権力が分立する状態になるという点はほぼ共通しているものと思われる。

本書はこのような時代観のなかで国家、政府がどのようにその支配を実現したのかを考えようとしたものである。

例えば摂関期に律令制が変質したとすれば当然律令制的な官僚機構にも大きな変化があったはずである。そもそも平安遷都により平城京などに根拠地をもった古代以来の豪族は弱体化し、平安前期には桓武天皇や嵯峨天皇らの子孫が臣籍降下し賜姓源氏のような新たな貴族が登場した。こうして貴族層の構成も大きく変わっている。さらに摂関期には昇殿制も成立し、律令制位階秩序とは異なる身分秩序も生まれていた。そのような変化のなかで貴族層はどのように一体感を構築していたのか。すでに儀礼が君臣秩序を確認し、貴族層の一体感を確認するものであることは指摘されているが、平安時代の個別の儀礼については未解明の問題もある。

また、律令制が変質し刑部省などの律令制司法機関が機能を低下させていくなかで政府がどのように秩序を維持したのか、秩序と公共性の維持は時の政権の正統性を示すものでもある。本書第Ⅰ部は摂関期を中心に法支配や儀礼などを扱いこのような問題を考えようとしている。

第Ⅱ部は荘園整理令を扱った。荘園整理令がどのような意味があったかについては様々な見解があるが、その政策の背景には一貫して受領の要求があったと考えている。荘園整理令は摂関期の荘園から領域型荘園へ荘園が変質していく一一世紀中・後期に集中的にみられるが、それは在地構造の変容に対処せざるをえない受領層の要望を受けたものであった。平安期国家にとって受領支配の維持は最重要課題であった。であるならば時の政権はこうした受領支配を支援し、政権に対する奉仕を継続させる必要があったはずである。荘園整理令は受領支配を支援しつつ荘公の利害を調整するという、まさに政権の公共性や正当性と密接に関わるものであった。

第Ⅲ部は広義の都鄙間交通の諸相を描いた。平安時代には受領以外にも様々な政治勢力が都鄙間を移動していた。そうした諸階層の動きも描いて平安時代の地方支配の実態を考えようと試みたものである。

以上のⅢ部を通して平安時代の政治とそれを支えた秩序意識に迫っていく。

注

（1）黒板勝美『国史の研究』（文會堂書店、一九〇八年）。

（2）黒板前掲注（1）書、吉村茂樹『院政』（至文堂、一九五八年）など。

(3) 土田直鎮『奈良平安時代史研究』(吉川弘文館、一九九二年)。
(4) 橋本義彦『平安貴族社会の研究』(吉川弘文館、一九七六年)。
(5) 林屋辰三郎『古代国家の解体』(岩波書店、一九五五年)。
(6) 石母田正『石母田正著作集　第六巻　古代末期の政治過程および政治形態』(岩波書店、二〇〇〇年)。
(7) 坂本賞三『日本王朝国家体制論』(東京大学出版会、一九七二年)など。
(8) 黒田俊雄『黒田俊雄著作集　第一巻　権門体制論』(法蔵館、一九九四年)。
(9) 吉川真司『律令官僚制の研究』(塙書房、一九九八年)、同「律令体制の展開と列島社会」(『列島の古代史　ひと・もの・こと　八　古代史の流れ』岩波書店、二〇〇六年)。
(10) 井原今朝男『日本中世の国政と家政』(校倉書房、一九九五年)。
(11) 大津透『律令国家支配構造の研究』(岩波書店、一九九三年)。
(12) こうした問題意識はすでに村井康彦『律令制の虚実』(講談社現代新書、一九七六年)が提起しており、氏の研究からは多くを学んでいる。
(13) 佐藤泰弘『日本中世の黎明』(京都大学学術出版会、二〇〇一年)。
(14) 上島享『日本中世社会の形成と王権』(名古屋大学出版会、二〇一〇年)。

第Ⅰ部　平安貴族社会の儀礼と秩序

第一章　曲水宴の政治文化

一　曲水宴の政治性

もはや一昔も二昔も前の話になるがかつて平安貴族の生活といえば政治には関心を示さず、先例に縛られ、年中行事や儀式、詩歌管絃の遊びに明け暮れる生活というものが相場であった。ところがその後、年中行事や儀式もそれ自体が様々な権力関係を反映した政治であり、貴族社会において大きな意味をもつものであることが指摘されるようになった。本章で扱う曲水宴は流水に盃を流し、詩歌を歌うというもので、おそらく一般的には平安貴族の生活誌を彩るもっとも華やかな遊びであると認識されているものだろう。しかしながら、この曲水宴も他の年中行事同様、権力構造とも関わる政治的な儀礼なのである。

本章はこの曲水宴を政治的な意味あいをもつ儀式と捉えなおし、そのことを通して平安貴族の生活誌のなかの政治性を考えようとするものである。

二　受容期の曲水宴

1　曲水宴の研究史

曲水宴とは中国伝来の年中行事で三月三日に流水に酒を入れた杯を流し（これを流觴《りゅうしょう》という）、盃が流れすぎるまでに歌を詠むものといわれる。そして平安貴族の行う行事としてイメージされることも多いようである。しかし、曲水宴は平安以前より行われており平安時代のみの行事ではない。また今述べたような曲水宴のイメージは平安時代の実態とはだいぶ異なるようである。例えば一般的なイメージでは曲水宴で詠まれるのは和歌と思われているが、本来は漢詩である。さらに「水上から流れてきた盃が自身の前を流れるまでに歌を詠む」という理解も実態とは異なる。かつて筆者も曲水宴についての解説でそのように述べたことがある(1)。これは『公事根源』など後世の儀式書に「文人ども水の岸になみいて、水上より盃をながして、我前を過ざるさきに詩を作て、その盃をとりてのみける也」などと記されていることに引きずられた結果なのであるが、後述するように平安時代に関してはそのような作法ではなかった(2)。この点訂正しなければならないのだが、いずれにしてもわれわれのもっているイメージと平安時代の曲水宴はだいぶ異なるのである。しかしその一方で平安時代の曲水宴がどのような形で実施されていたのか明確でない点もある。

曲水宴に関する先行研究としては平安時代の年中行事全体を論じるなかで曲水宴の基本的な情報を整理した山中裕『平安朝の年中行事』(3)や曲水宴の享受と変遷、儀礼構造を分析した倉林正次「三月三日節」(4)の先駆的研究をはじめ、中国で生まれた三月上巳および三日の儀礼がどのように日本に受容され変質していくかを追求した吉川美春「三月上巳の祓について」(5)、平安時代の曲水宴についてその性質、式次第などを論じた滝川幸司「曲水宴」(6)、摂関期や院政期における曲水宴の施行状況などを論じた菅原嘉孝「摂関期における曲水宴について」(7)、中丸貴史「『後二条師通記』寛治五年「曲水宴」関連記事における唱和記録」(8)などがあるが、本章ではこれら先行研究に導かれながら曲水宴に関する基本的事項を整理し直していきたいと思う。

2　中国の曲水宴

そもそも曲水宴は中国から伝えられたもので、上巳祓と密接に関連するものであった。上巳祓も本来中国の風俗で三月はじめの巳の日に水辺で行う祓だが、その水辺での禊祓が遊宴化して曲水宴になったものといわれる。中国では魏晋の時代以後上巳ではなく三月三日に行われるようになっており、日本に伝わる頃には三月三日の行事として定着しており、したがって日本でも三月上巳ではなく三月三日の行事として受け入れられたといわれる。

また、初唐・盛唐の間に行われた曲水宴はもっぱら私宴であり、朝儀としては行われなかったとの指摘もある。玄宗朝では曲江池が改鑿され、三月三日の賜宴は曲江宴として行われたが、盃を流す流觴などは行われなかったという(9)。後述するが日本における三月三日節も曲水宴が行われたかどうかはっきりしない事例が多い。それはこのような唐代のあり方の影響を受けているのかもしれない。

3　三月三日節

さて、三月三日については「養老令」雑令諸節日条に「凡そ正月一日、七日、十六日、三月三日、五月五日、七月七日、十一月大嘗の日を皆節日とせよ。それあまねくしたまうは臨時に勅聴け」とあり節日として規定されている。通常はここから三月三日には節宴が行われ、それが曲水宴であると考えられてきた。しかしここで規定されているのは他の節日とともに三月三日にも節宴が行われ、群臣に節録が支給されるということのみである。その節宴の内容その他については何ら規定されていないのである。つまり、三月三日に節会が行われたという記録があってもそれが曲水宴だったかどうかは必ずしもあきらかではないのである。

節日本来の目的は「天皇出御の下で百官人が参列し、君臣の支配・被支配の関係を確認する」ことであった。しかし三月三日節会の場合、奈良時代までの一二事例中六位以下官人の参列がみえるのは四例にすぎず、しかもそのうち三例は賜禄の対象として現れるのみで、奈良時代にはすでに天皇と全ての群臣の人格的結合を確認する場という意味合いは薄れ、五位以上官人と賦詩の文人による儀礼となっていたといわれる。(10) また、嵯峨天皇弘仁年間には節会参加官人に対する節禄支給が制度化され、節会における賜物が天皇と官人の人格的結合に基づくものという性格から「式」などに規定されたより制度的なものへ変化したとの指摘もある。(11) このようにみてくると三月三日節会に限らず節会は早くからその意義を変化させつつあったことが知られる。したがって三月三日節会についても比較的臨機応変に簡略化されて実施されたりしたものと思われる。

4　受容期の曲水宴

さて、以下、日本における三月三日節会の変遷について概観しよう。

まず日本における曲水宴の初見は『日本書紀』顕宗天皇元年三月上巳条の「後苑に幸して曲水宴きこしめす」である。さらに『扶桑略記』顕宗元年三月上巳日条も「上巳の日。曲水宴。曲水宴はこの時、始む」と記し顕宗元年開始とするが、『日本書紀』の史料的性格や顕宗紀以後しばらく曲水宴関係記事がみえなくなることなどからこれらの記事が事実とは考えられない。また『日本書紀』顕宗天皇二年三月上巳条には「後苑に幸して曲水宴きこしめす。この時にねんごろに公卿大夫、臣連、国造伴造を集めて宴をなす。群臣しきりに万歳をとなう」とあり、曲水宴が大王と臣下の人格的結合を確認するという節会一般にみられる役割を担っていることがうかがえるが、これもおそらく『日本書紀』編纂時の意識を反映して書かれた記事で実態を表したものではないだろう。

次に『聖徳太子伝略』推古二八年（六二〇）三月上巳条に「太子奏して曰く、今日漢家天子賜飲の日なり。すなわち大臣以下を召し曲水の宴を賜う」という記事がみられ、この年が曲水宴のはじめの可能性もある。しかし同時代の隋では曲水宴は催されなかったと考えられている。[12]隋代以前の曲水宴の知識に基づいて実施されたと考えられないこともないが、遣隋使を通して文化摂取を行っているこの段階で隋の行っていない曲水宴を行ったとはやや考えにくいように思う。また、この前後の時代に曲水宴をうかがわせる史料はなく、聖徳太子に関する伝承を集めた『聖徳太子伝略』の史料的性格からも事実とはみなしがたいように思われる。

他に『日本書紀』持統五年三月甲戌（三日）条の「公卿西庁に宴したまう」や『続日本紀』大宝元年三月丙子（三日）条の「王親及び群臣、東安殿に宴を賜う」などの記事がある。天武・持統朝に年中行事の初見が集中するという指摘[13]も踏まえれば持統五年が曲水宴の初見と考えてよさそうであるが、単に宴がもたれたのみなのか、流水に酒盃を浮かべる形の曲水宴が行われたのか、この記事からは明らかでない。

ところで『懐風藻』には調忌寸老人の「三月三日　詔に応ず」という五言詩が収録されている。調老人は大宝元年八月に正五位上を追贈されており、[14]これ以前に死没していることが知られる。したがってこの詩は先の二回の宴のどちらかの際の詩かもしれない。しかしこの詩には「宸駕　離宮を出づ　勝境　すでに寂絶（中略）醴を酌む　碧瀾の中」（天子の車は離宮を出られた　景勝の地は静かで…青々とした波のなかで酒を酌む）とあり、この詩に歌われた三月三日の宴は郊外に出御して行われている。したがってさきの二つ以外にも郊外での宴が行われていたと考えた方がよさそうである。なお、曲水宴は普通「環曲した人工の流水に酒盃を浮かべる宴」と定義されるが、[15]この詩の「醴を酌む　碧瀾の中」は川の流れに盃を浮かべたものというより船遊びをして酒を酌み交わしたということであろう。この詩の宴も先の二つの宴についても記事が短いためどのような形のものだったかは確認できない。

5　曲水宴の展開

三月三日節が持統朝頃はじまったとして盃を流水に浮かべ、流れに流す（これを流觴《りゅうしょう》という）がはじまったのはいつだろうか。史料的に確認するのは難しいが「曲水」という語に注目するならばその語がみえる三月三日宴の初見史料は『続日本紀』神亀五年（七二八）三月己亥（三日）条「天皇、鳥池の塘《つつみ》に御《おわ》しまして五位已上を宴したまう。禄を賜うこと差あり。また文人を召し、曲水の詩を賦さしむ」である。後述するように詩文中などの文学表現の場合は「曲水」の語があるからといって必ずしも実態を示すとは限らないのだが、「曲水」の語が流觴を伴うものと、ひとまず考えるならば、その後「曲水」の語のみえる三月三日宴は天平二年（七三〇）、天平宝字六年（七六二）、神護景雲元年（七六七）、宝亀元年（七七〇）、三年、八年、九年、一〇年などがあげられる。[16] また『懐風藻』に収録されている山田史三方の「三月三日曲水の宴」という詩がある。この詩がどの時点の三月三日節で歌われたものかは不明だが「流水の急なるを憚らず　ただ盞《さん》の遅く来ることを恨む」の句がみえ、この時には盞（盃のこと）が流されたことが知られる。もちろんこの詩文も実際を表現したものではなく中国古典の知識などをかりて作られた可能性もある。その真偽はほぼ判定不可能に思われる。しかし平城京三条二坊宮跡庭園からは曲水宴を行ったとみられる蛇行した池も発見されている。こうした発掘事例なども踏まえ、少なくとも奈良時代には盃を流れに浮かべ流す流觴を行う曲水宴が盛んに行われるようになったとはいえるだろう。

三　曲水宴の停廃と復活

1　曲水宴の停止

奈良時代末の光仁天皇から桓武天皇の時代にかけても曲水宴は継続的に行われていたようである。奈良時代末期、桓武朝になってからの記録は『続日本紀』にみえるが、延暦三年（七八四）、四年、六年に曲水宴の記事がみえる。延暦一一年以後は桓武朝のことを記録する正史が『日本後紀』に変わるが延暦一一年、一二年、一三年、一五年、一六年、一七年、二三年の三月三日条に宴があった記事がみられる。但し『日本後紀』ではいずれも「禊飲」「南園に禊す」「南園に宴す」などと表記され、曲水の語句はみえない。ここから流觴を伴う曲水宴が行われなくなったとも考えられるが、同じ桓武朝で急に形式が変わったと考えるより同じ正史でも『続日本紀』と『日本後紀』とで編集方針が異なり、『日本後紀』では曲水の語を使わなかったためと考えるべきだろう。いずれにしても桓武朝では三月三日節会が毎年のように行われていたことが確認できよう。

　ところが桓武の次の平城朝になるとその三月三日節が停止されるのである。『日本後紀』巻十六逸文大同三年（八〇八）二月辛巳条をみてみよう。

> 詔して曰わく。朕孝誠《ちんこうせい》に闕くるあり、親に奉ずるに従う無し。橋山《きょうざん》に心を崩して、遺剣を仰ぐも已に遠く、穀林に恨《うらみ》を茹《ひ》きて、遊冠を望むも何ぞ及ばん。況や復《また》春風樹を動し、蓼思《りょうし》を終天《しゅうてん》に結び、秋露《しゅうろ》叢《くさむら》を霑《うるお》し、棘《きょく》心《しん》を畢地《ひっち》に貫くをや。夫れ三月は、先皇帝及び皇太后登遐《とうか》の月也。感慕に在りて、最も堪えざるに似たり。三日の節、宜しく停廃に従うべし。

　やや難解な漢文かもしれないが、前半で平城天皇は自分には孝が欠け、親に尽くそうにも親はすでに亡く、親を思ってもどうにもできないと述べている。そして三月は父桓武天皇と母藤原乙牟漏の崩御した月であり、両親を慕う思いに堪えられないほどである。そのため三月三日の節会を停止すると述べているのである。

　天皇の命日である国忌や崩御した月、登遐月に節会を停廃するのは珍しいことではない。そもそも「養老雑令」諸節日条において中国では節日とされている九月九日重陽節が節日と規定されていないのはこの日が天武天皇の国忌にあたるためであった。また孝謙天皇は天平宝字二年（七五八）三月辛巳に、五月が先帝、父でもある聖武天皇の登遐月であるとして五月五日節を重陽節に準じて停止している事例もある(17)。

こうして奈良時代に定着したかにみえた曲水宴も平安初期に中絶することになる。次の問題は曲水宴がいつ復活するかである。これまでおもに二説が主張されてきた(18)。一つは嵯峨朝において復活するという理解であり、もう一つは宇多朝において復活するというものである(19)。この二説のいずれが正しいのであろうか。

2　嵯峨朝復活説の検討

まず嵯峨朝復活説の検討から入ろう。嵯峨朝復活説の論拠となるのは次の史料である(20)。

（史料A）

右大臣従二位兼行皇太弟傅《こうたいていのふ》藤原朝臣園人奏《そう》すらく、「去んぬる大同二年、正月の二節を停む。三年にいたり又三月の節を廃す。大概《おおむね》費《ついえ》を省《はぶ》かんがためなり。今、正月の二節は旧例に復す。a九月の節は三月に準ず。去んぬる弘仁三年より已来、更に花宴を加う。これを延暦に准ずるに、花宴独り余れり。これを大同に比するに、四節更に起《い》でたり。かの禄賜《ろくし》を顧《かえり》みるに庫貯罄乏《こちょけいぼう》す。伏して望むらくは、九日は、節会の例に入れず、須らく臨時に文《ぶん》藻《そう》に堪えたる者を択び定めて所司に下知すべし。庶《こいねが》わくは他人の望を絶ち、大蔵の損を省かんことを」と。

大同年間に正月二節、三月三日節が停止されたが弘仁年間に正月二節が復活し、「九月の節は三月の節に準じ」、花宴節も加わった。そのため経費節約のため九月九日の宴を節会としないことを求めた奏である。ここで問題となるのはa「九月の節は三月の節に準ず」の解釈である。山中氏はとくに論拠は示されていないが、おそらく全体の文意から九月の節は三月の節に準じて復興した（九月節が節会となっているからこそ園人はこの奏で節会としないことを求めている）と考えられた。そしてその前提となる三月節も復興されているものと解釈されたようである。

山中氏の解釈に比較的近いものに二星祐也氏の見解がある(21)。氏は補強材料として『政事要略』巻二四年中行事九月九日節会事に載せる次の史料をあげる。

（史料Ｂ）

天長格抄に云わく、太政官符す宮内省、まさに九月九日節は三月三日に准えるべきこと。右、右大臣宣をこうむりて云く、九月九日節は毎事三月三日節に准えよ、てへり。省宜しく承知し、自今以後、例により永く行うべし（弘仁三年九月九日）、

二星氏はこの史料より「三月節が停止されている状態だとすれば、停廃されているはずの三月節に准じて九月節を永行するというのは多少違和感がある」「弘仁三年の時点で九月節が催行されているということは、弘仁年間においても三月節が何らかの形式で行われていた可能性がある」として、桓武天皇登遐月への配慮と経費削減のねらいから節禄不支給の宴会を非公式に行っていたものと推測されている。

しかしこのような解釈は妥当であろうか。史料Ｂに続き『政事要略』には次のような史料も収録されている。

（史料Ｃ）

同格抄（天長格抄のこと―引用者注）云く、太政官符す五畿内志摩近江若狭紀伊淡路等の国司、まさに九月九日節の御贄を進むべきこと、右、右大臣宣をこうむりて云わく、件の節の御贄は廃せる三月三日節に准えて進めしめよ。諸国承知し自今以後件により進めよ、（弘仁三年九月一六日）（傍点引用者）

ここに「廃せる」三月三日節とある点に注目したい。史料Ｂでは単に三月三日節とあり、誤写などの可能性も考えられるが、私はもとより「廃せる三月三日」とあったと考えている。つまりこの史料Ｃは廃止により貢納しなくなった三月節の贄に匹敵する物品を九月節の贄としてみなし、進納するよう命じたものと考えられるのである[22]。「准える」という語には「一般に、あるものを、他のものに匹敵するものと見なす」という意味があり、このように解釈できると思われる。また、史料Ｂも史料Ａ下線ａも「九月節を（三月節を行うとともに）三月節に准じて行え」と解釈する

のではなく「九月節を三月節に匹敵するものとして三月節と同規模の形で整備して（三月節の代わりに）行え（三月節は廃止している）」と解釈すべきなのである。[23]

史料Aは九月九日重陽宴の変遷を考える上で重要な史料でその解釈をめぐっては複雑な研究史があり、論者によりその解釈も分かれるのだが、その一々にはここでは立ち入らない。[24] 三月節の状況理解のために、念のため私見に基づいた史料Aの解釈を示しておくと「大同二年に正月二節を停止し、三年に三月節を廃止した。およそ経費を削減するためであった。弘仁年間になって正月二節は復活した。九月節は三月を廃止した代わりに節会とした。弘仁三年からは更に花宴を節会とした。弘仁年間の節会を延暦年間のもの（正月二節、三月節の三つ実施）を基準として考えると弘仁年間は花宴が一つ余る（正月二節、九月節〔三月節と同等とみなす〕、花宴の四つ実施）。弘仁年間の節会を大同年間（正月二節や三月節の廃止があった）と比べると四節（正月二節、九月節、花宴の節の四つ実施。花宴が節として定められたことは『日本後紀』弘仁三年二月辛丑条にみえる）が行われている。そのため節禄などの費用負担は大きい。そこで九月節は節会とせず臨時の宴とすべきだ」となろうか。

さて、これ以後、『日本後紀』などをみても曲水宴に関する記事は出てこず、以上より嵯峨朝に曲水宴が復活したとするのは無理だといえよう。

3　宇多朝復活説の検討

大同三年の曲水宴廃止以後、史料上次に曲水宴に関する記事が出てくるのは宇多治世下、寛平二（八九〇）年三月三日の史料である。従来よりこれをもって曲水宴の復活とみなされてきたものである。具体的に史料をみてみよう。まず『日本紀略』同日条には、

三日乙丑、太政大臣（藤原基経）殿上に飲宴を命ず。三月三日雅院《がいん》において侍臣に曲水飲を賜うの詩を賦さしむ。参議橘朝臣

応相序を作る

とあり、また『年中行事抄』三月三日所引『寛平御記』には、

寛平御記に云わく、二年三月三日、御燈の事によりて諸司廃務。太政大臣参入し、終日宴飲の事あり。時に詩興有り。その題、三月三日雅院に於いて侍臣に曲水の飲を賜う。文人を召さる。前讃岐守菅原朝臣「北野」、典薬頭島田忠臣等、殿上の蔵人の文に堪うる者、その中に相い交じる。

と『日本紀略』の記事と同様のものが掲載されている。「三月三日」「曲水飲」とあることより曲水宴が行われたとひとまず考えられよう。宴の開かれた雅院は東宮に附属する施設で、東宮居住者の遊宴に用いられる場とされる(25)。宇多天皇は寛平三年清涼殿に遷るまで東宮に居住しており、そのため雅院で曲水宴が開かれたのである。

さらにこの時島田忠臣が作った「三月三日、雅院に侍す。侍臣に曲水の飲を賜えり。製に応じたり」と題する詩が彼の詩集である『田氏家集』巻下・一四八に収録されている。「製に応じる」とは天皇の命に応じて詩を作ることを指す。以下中村璋八氏の研究(26)により訓み下しと訳を引用する。

大皇　歳久しく良辰を廃せり、
聖主　初めて臨めば元巳《げんし》新なり
宮水　自《おのづか》ら流れて曲洛と為《な》り、
内臣　便《すなわ》ち引きて嘉賓《かひん》と作《な》る
壺《こ》を提《さ》げたる鳥が舌《ことば》は　催して酒を呼び、
綬《じゅ》を帯びたる花が心は　笑いて人に向かう。
荘叟嫌《しょうそういと》うこと莫《な》し　漆園《しつえん》の吏、（昔、荘漆園を溉《うる》おし、今、臣薬園を溉おす。故に之を比ぶること有り。）
明時還《ま》た侍らん　泛觴《はんしょう》の春。

（訳）先帝は永年、この上巳の節句をお止めになっていらっしゃいました。今、聖君なる帝がはじめてご幸臨下さったので、上巳の宴も新鮮な感じがいたします。宮中の水は自らに流れるままにかの曲がりくねった洛水さながらとなり、内廷の臣たちも、お仕えしているそのままにつれ立ってはよき賓客となっています。あたかも提壺鳥のような宮女たちの言葉は、我々を催して一層酒を呼び、折からの花のように美しいいでたちで印綬を帯びた官人たちの心は、喜びの笑みとともに人々に向かいます。かつて漆園の吏であった荘周は、全くその役目を嫌うことなく、自然でありました。（昔、荘周は漆園に水を引いて管理し、今、私は薬園に水を引いております。そこで、このように引き較べてみるのです）。そんな荘周ほどに頑なでないまでも、この職に安住しつつ、またこのよき世に、春の曲水の宴にお仕えしたいものです。

この漢詩冒頭二句から曲水宴が永年廃止されていたこと、宇多天皇によってはじめて再興されたことが読みとれよう。詩題に曲水とあるだけでは実際に曲水宴があったかどうか判断しづらい所だが、詩句のなかに「宮水」「泛觴」などの語があり、雅院の御溝水《みかわみず》を利用して盃を流したことなどが想定される。したがってこの年曲水宴が実際に行われたと判断してよさそうに思われる。つまり、曲水宴は寛平二年宇多天皇によって再興されたのである。

宇多朝ではこの後、寛平三年、四年、六年、七年とほぼ例年三月三日に宴がもたれたことが『菅家文草』『田氏家集』などの漢詩より知られる。『菅家文草』巻五、三四〇には「上巳の日、雨に対して花をもてあそぶ、製に応えまつる」の詩が収録されている。この詩は『菅家文草』の配列から寛平三年のものと考えられる。第二句に「流るる觴《さかずき》」の語があることよりこの年の曲水宴実施が知られるが、寛平三年の上巳は三月七日であり、三日ではない。しかし甲田利雄氏によれば「上巳の宴節」という表記はその起源を語る名のみで、曲水宴の同義語と化している。一方、曲水宴は三月三日に定着している。したがってこの年のこの詩も三月三日のものと考えられるという。[27]

一方、『日本紀略』寛平三年三月三日条には「三日。詩人に勅して花時には天も酔えるに似たりの詩を賦せしむ」とある。『菅家文草』にも同じ詩題の応製詩があるが、上述のように寛平三年には「雨に対して花をもてあそぶ」の詩題がある。甲田氏によれば「花時には天も酔えるに似たり」の詩題を寛平三年とするのは『日本紀略』のあやまりで、寛平四年のものと考えられるという。今、甲田氏の指摘に従うこととする。『田氏家集』巻下一七一にはこの「花時には天も酔えるに似たり」の詩題の漢詩が収録されているが、「曲水に陪《したが》う」の語があり、これらから寛平四年にも曲水宴が開かれたことが知られる。

寛平六年三月三日に菅原道真は「勅ありて上巳桜の下の御製の詩を視ることを賜う。敬《つつし》みて恩旨を謝し奉る」と題する詩を詠んでいる。ここからこの年も三月三日に宴がもたれたことはわかるが曲水宴であったかどうかは確認できない。寛平七年、道真は「神泉苑の三日の宴に、同じく「煙花に曲水紅なり」ということを賦す、製に応えまつる」とする詩を歌っており詩題からは曲水宴が行われたと思われる。

以上はいずれも漢詩の詩句や表題からの指摘にすぎず、実際には行っていなくても三月三日といえば曲水宴だからとイメージだけで詠まれた、というようなケースもあるかもしれない。しかしながら寛平年間のこれらの漢詩がすべて実態のないものとも考えられないだろう。このように大同二年に廃絶した曲水宴は宇多朝寛平年間に復活したのである。

このような評価はすでに倉林、北山、滝川氏らによって指摘されていることだが、ここでも再度確認しておきたい。但し、北山氏は寛平期に復活した曲水宴は「文事を中心とした宇多天皇の私的な宴」であるとし、滝川氏も密宴であったと評価している。(28)

したがって宇多朝では曲水宴は復活したが、いずれも天皇が私的に開く密宴であり、公式な節会の復活ではなかったというのがこれまでの評価である。確かに寛平二年の際にはっきりしているようにこの時は諸司廃務のなかで開催され、参加者は太政大臣、侍臣、文人と限られていた。これを天皇のもと百官人が参列して挙行される節会と比較した場合、私的な密宴という評価になるであろう。また『江家次第』巻六三月御燈事は「寛平七年御燈の日、曲水宴に行幸す。内蔵寮殿上の男・女房の酒肴を供す」との記事を収録しており、寛平七年の曲水宴の支出が内蔵寮の負担だったことがわかる。黒須利夫氏によれば嵯峨朝以降、節会などの国家的饗宴の禄物支給は大蔵省から、私的な饗宴の禄物支給は内蔵寮からと分割され、宇多朝になると内蔵寮（および穀倉院・後院）供進の儀式が増加し、大蔵省供進の儀式と明確に分かれるという(29)。この指摘を踏まえれば、この記事からも寛平の曲水宴は私宴であったということになろう。

さらにいえば、『西宮記』をのぞき『内裏式』『北山抄』『江家次第』などの儀式書が曲水宴を立項しておらず、『延喜式』の節日関係記載に三月三日が出てこないのは大同二年に廃止されたことおよび寛平の復活が節会としての復活でなかったことと関係しているのであろう。

4　私宴の意味

このような観点に立つとこの寛平の復活の意義はあまり感じられないかもしれない。

しかし奈良時代から平安時代にかけては貴族層の存在形態から官僚組織のあり方まで大きく変わっている。とくに宇多治世下では昇殿制がはじまり、天皇と殿上人という新しい人的結合が作られた時代である(30)。このような官僚機構・宮廷社会の変化を踏まえれば、全官人を集める節会ほどではなくとも、新しい宮廷社会にあった形で貴族層の結集を図った曲水宴にも一定の意味があったものと思われる。

宇多天皇は譲位後の昌泰二年（八九九）にも曲水宴を主催しているが(31)、その後は再び六〇年近く曲水宴の記事はみられなくなる。次にみられるのは村上天皇の天徳三年（九五九）、応和元年（九六一）、二年、康保三年（九六六）などである(32)。とくに注目されるのが応和元年の史料である。『北山抄』巻三拾遺雑抄上、花宴事によれば応和三年三月三日には釣殿に村上天皇が出御し、流水に觴をうかべて侍臣に飲ましむとある。同書では曲水宴を立項しておらず花宴の項にこの記事を収録しているが、三月三日という日付と「觴を流水に泛《うか》ぶ」の語から曲水宴であることは間違いない。ところが同じ日の『日本紀略』をみるとこの日の宴を「御遊」と表記している。このように寛平以後の曲水宴は花宴も兼ねた「御遊」であり、私的な宴、密宴として行われたのである。もちろん「御遊」である以上遊興的・文化的性格の強いものであろう。但し「御遊」といっても参加者は公卿・侍臣であり、君臣結合を図るかつて節会が果たした役割を縮小させつつも宮廷社会に則した形で果たす面もあったものといえるのではなかろうか。

四　藤原道長と曲水宴

1　一条朝の曲水宴

次に曲水宴がみえるのは四〇数年後の一条朝である。『権記』長保六年（寛弘元年〔一〇〇四〕）三月三日条に次の記事がある。

晩景内豎来たりて告ぐ、即ち参入せよ。作文ありと。これより先かねて曲水宴を議す。而るに尚侍四九日内によりて止めらる。今日の序者は匡衡朝臣。御書所同じく応製。題は「花貌は年々同じ」。春を以て韻と為す。

この年の三月三日はあらかじめ曲水宴が計画されていた。しかし尚侍（藤原綏子）の四九日内だったため中止となり、代わりに作文会になったという。滝川氏はこれを四九日内のため曲水宴の遊興的要素の強い流觴の部分をそぎ落として漢詩を作るという文学的側面のみを実施したと評されている[33]。なおこの時の大江匡衡の詩序と詩が『江吏部集』に残されている。その詩序のなかで匡衡は曲水宴の故事に触れている。この日、曲水宴は停止されているのだが、三月三日の宴ということで曲水宴が想起され、詩序のなかで曲水宴の故事が取り上げられているのである。滝川幸司氏はこうしたケースに注目し、史料上曲水宴と呼ばれていても実際には流觴など行われない単なる詩会などの場合もあったのではないかと注意を喚起している(34)。曲水宴については史料が限られており、詩文なども利用せざるを得ないところだが、氏の指摘には十分配慮すべきであろう。

2　道長の曲水宴

さて、一条朝で注目すべきは寛弘四年（一〇〇七）、左大臣藤原道長の主催による曲水宴である。『権記』同年三月三日条には「三月三日、庚子、雨、左府に詣る。曲水宴也」とあり、『日本紀略』同日条には「今日左大臣、上東門第に曲水宴を設ける。題に云く流れにより酒を泛ぶ」とあり、藤原道長が私第である上東門第において曲水宴を行ったことがわかる。

この曲水宴については道長自身の日記『御堂関白記』に詳細な記事が残っている。その『御堂関白記』同日条および同月四日条をみてみよう。

三日、庚子。曲水の会有り。東渡□所板、流れの東西に草墪《そうとん》・硯台等を立つ。東対《ひがしのたい》の南の唐廂《からひさし》に上達部《かんだちめ》・殿上《てんじょう》人《びと》の座、南の廊下に文人の座。辰《たつ》時ばかり大雨下る。水辺の座を撤す。其の後、風雨烈し。廊下の座に雨入る。仍《よ》りて対の内に座を儲《もう》くる間、上達部来られ座に就く。新中納言《しんちゅうなごん》・式部大輔《しきぶのたいふ》両人《りょうにん》、詩題を出す。式部大輔「流れに因《よ》りて酒を汎《うか》ぶ」を出す。これを用いる。申《さる》時ばかり天気晴る。水辺に座を立つ。土居《どい》に下る。羽觴《うしょう》、頻りに流る。

唐家の儀を移す。衆、感懐す。夜に入りて上に昇る。右衛門督《えもんのかみ》・左衛門督《さえもんのかみ》・源中納言《げんちゅうなごん》・新中納言《しんちゅうなごん》・勘解由長《かげゆのか》官《み》・左大弁《さだいべん》・式部大輔《しきぶのたいふ》・源三位《げんさんみ》、殿上・地下《じげ》の文人二十二人

四日、辛丑。文、成る。流辺に就きて清書す。流れの下に立つ。草墪を立て廻らす。詩を講ず。池の南廊の楽所《がくしょ》

に数曲、声有り。昨日、舞人は重衣を着す。今朝は位袍《いほう》。講書了《こうしょおわ》る間、被物《かずけもの》あり。納言《なごん》には直衣《のうし》・指貫《さしぬき》、宰相《さいしょう》には直衣、殿上人には或いは絹袿《きぬのうちき》、或いは白き袿《うちき》、五位には単重《ひとえがさね》、殿上《てんじょう》の六位《ろくい》には袴《はかま》、自余《じょ》は疋絹《ひつけん》。序は匡衡《まさひら》朝臣、講師は以言《もちとき》。

道長私第での曲水宴の細かな次第がわかる。およその意をとれば三日、曲水の東西に草墪（腰掛け）や硯台などが置かれ、東対の南唐廂に上達部・殿上人の座、南廊に文人の座が設置されたが朝から大雨のため流れのそばに立てられた座は撤去された。その後雨風は激しく廊下の文人の座まで雨が入ってきた。そこで対の内側に座を設けている間に上達部が来られ座に着いた。詩題が出され「流れに因りて酒を汎ぶ」が詩題となった。夕方になって天気が晴れたため水辺に座を設けた。曲水のそばまで下りた。羽の盃が頻りに流れた。唐の儀を移したもので、みな心を動かされた。夜になって対の上に上がった。そして日付が変わり四日。全員の詩が完成し、水辺の座で清書し、流れの下に腰掛けを立て座った。詩を講じ数曲の楽があった。詩の披講《ひこう》が終わり被物《かずけもの》などがあった、というものである。

ここで注目されるのは、道長の私的なものといいながら上達部・殿上人・文人の参加者がおり、かなり大規模な点である。また、漢詩は一晩かけて作られており、披露されるのは翌日であった。冒頭にも述べたように盃が流れてくるまでに歌を詠むというような形ではなかったことが確認できる。

そしてこの時の漢詩の披講はわざわざ水辺へ降りて行われている。また「水辺に座を立つ。土居に下る」などの表記から道長も含め流觴の際にも土居に降り立ったと思われる。

天皇が神泉苑などに出御した曲水宴の場合、どのような座で、どのように漢詩の披講がなされたのかは不明である。通常の曲水宴であれば文人の座はともかく公卿らの座は殿上であった。しかし、この時は水辺に座を設けられた。そしてそれは画期的だったようで、のちの建永元年（一二〇六）曲水宴について議せられた際にも「寛弘地上にて詩を講ぜらるの由、小野宮右府記に見ゆ。件の事世間流布の本に無し」と回顧されている。[35] このようにみてくるとまったくの推測だが、曲水宴についての「盃が流れてくるまでに歌を詠む」というような理解は流觴の行事とこの寛弘の水辺での披講が重なりあって生まれたものではないかなどと想像される。

ところで問題はなぜ道長が曲水宴を行ったのかだろう。この点について興味深い指摘をしているのが中丸貴史氏である。[36]氏はこの際の、大江匡衡の詩[37]に「夫れ曲水の本源は…昔成王の叔父周公旦、洛陽に卜して濫觴す。今聖主の親舅左丞相、また洛陽に宅して宴飲す」とあることから道長は「甥の成王を補弼した周公旦を自らとに重ね合わせ、摂関体制の正統化／正当化と制度的保障、文化的意味づけを行」ったと指摘している。大江匡衡の詩句から道長の意図を読みとろうという方法はいささか強引ではあるが、その評価には聞くべき点があるように思う。前年の寛弘三年三月の場合、曲水宴は行われないが、四日に花宴が開かれている。里内裏の東三条第の室礼を奉仕したのをはじめ、全面的に道長のプロデュースによって開催されている。[38]また、同年九月には道長の土御門第に一条天皇が競馬行幸を行っている。[39]このようにこの時期、道長は各種行事の整備に取り組んでいる。一条天皇の参加した花宴、競馬行幸と天皇は参加しなかった寛弘四年の曲水宴では違いもあるが、文化行事の整備・実現という意味では一連の流れのなかに位置づけられるのではなかろうか。

道長の故実観を分析された末松剛氏は「道長は、とくにどの流派の故実を基礎とするというようなことはなく、その都度適宜に判断して故実を取り入れては、多忙な政務・儀式を処理していた」と評価し、道長を政治のみならず文化に対する総攬者と位置づけられた。[40]

寛弘三年は花宴、四年は曲水宴。私宴、「御遊」である曲水宴は節会として毎年実施するものではなくなっている。遊びである以上その開催は恣意的で、曲水宴はごくまれに開かれるだけのものとなっている。その本質も遊興的、文化的側面の強いもので、政治性ばかりを協調するべきではないだろう。しかしそれでも君臣間の、あるいは道長を中心とする貴族社会の結合を示す文化行事として道長はプロデュースし、後世へ伝えようとしたのである。曲水宴という平安貴族の生活誌を彩る儀式からこのような政治文化[41]を読み解くこともできるのではなかろうか。

注

（1）拙稿「上巳祓」（阿部猛ほか『平安時代儀式年中行事事典』東京堂出版、二〇〇三年）。
（2）滝川幸司「曲水宴」（『天皇と文壇』和泉書院、二〇〇七年）。
（3）山中裕『平安朝の年中行事』（塙書房、一九七二年）。
（4）倉林正次『饗宴の研究』文学編（桜楓社、一九六九年）。
（5）『神道史研究』（五一―三・四、二〇〇三年）。
（6）滝川前掲注（2）書。
（7）『風俗』（二九―三、一九九〇年）。
（8）吉原浩人・王勇編『海を渡る天台文化』（勉誠出版、二〇〇八年）。
（9）中村喬『中国の年中行事』（平凡社、一九八八年）。
（10）古市晃「奈良時代節日儀礼の特質」（『ヒストリア』一七七、二〇〇一年）。
（11）饗庭宏・大津透「節禄について」（『史学雑誌』九八―六、一九八九年）。
（12）注（9）と同じ。
（13）丸山裕美子『日本古代の医療制度』（名著刊行会、一九九八年）。
（14）『続日本紀』同年八月辛酉条。
（15）注（9）と同じ。
（16）いずれも『続日本紀』各年三月三日条。
（17）『続日本紀』同日条。

(18) 山中前掲注(3)書ほか。
(19) 倉林前掲注(4)論文、北山円正「寛平期の三月三日の宴」(『神女大国文』一六、二〇〇五年)、滝川前掲注(2)論文など。
(20) 『日本後紀』逸文弘仁五年(八一四)三月辛亥条。
(21) 二星祐也「平安初期における重陽節の復興」(『日本歴史』七七一、二〇一二年)。
(22) 日本大辞典刊行会編『日本国語大辞典』(小学館)。
(23) 九月節を三月節に替えて行えという理解は北山円正「重陽節会の変遷」上・下(『平安文学研究』七八、七九・八〇、一九八七・一九八八年)、吉川美春「重陽節の停廃と復旧について」(『日本学研究』七、金沢工業大学、二〇〇四年)などにもみられるが嵯峨朝復活説に関する言及はない。
(24) 詳細は二星前掲注(21)論文を参照されたい。
(25) 山下克明「平安時代初期における『東宮』とその所在地について」(『古代文化』三三―一二、一九八一年)。
(26) 中村璋八『田氏家集校注』(汲古書院、一九九三年)。
(27) 甲田利雄「『菅家文草』巻五の含む問題について」(『高橋隆三先生喜寿記念論集古記録の研究』続群書類従完成会、一九七〇年)。
(28) 北山前掲注(19)論文、滝川前掲注(2)論文。
(29) 黒須利夫「節禄考」(『延喜式研究』三、一九八九年)。
(30) 古瀬奈津子「昇殿制の成立」(『日本古代王権と儀式』吉川弘文館、一九九八年)。
(31) 『日本紀略』同年三月丙申条。
(32) 『日本紀略』各年三月三日条、応和元、二年は『村上天皇御記』三月三日条。
(33)、(34) 滝川前掲注(2)論文。
(35) 『三長記』建永元年二月一六日条。
(36) 中丸前掲注(8)書。

（37）『江吏部集』巻一。
（38）この花宴については山中裕「寛弘三年三月四日の「花宴」」（『平安朝文学の史的研究』吉川弘文館、一九七四年）参照。
（39）『御堂関白記』寛弘三年九月二一、二二日条。
（40）末松剛「摂関家の先例観」（『平安宮廷の儀礼文化』吉川弘文館、二〇一〇年）。
（41）ここでは政治学の概念としての「政治文化」ではなく、文化のもつ一定の政治性という意味でこの「政治文化」という語を用いている。

第二章　院政期の大学寮と学問状況

一　藤原忠実と学問

『中外抄』下三〇に次のような話がある。

藤原師通が日頃親交のあった大江匡房に対し、息子の忠実について「この男、学問をせぬこそ遺恨なれ」とこぼした。それに対して匡房は、

摂政関白は、必しも漢才候はねども、やまとだましひだにかしこくおはしまさば、天下はまつりごたせ給ひなん。紙を四、五巻続けて「只今馳せ参らしめ給ふべし」「今日、天晴る」など書かしめ給ふべし。十廿巻だに書かせ給ひなば、学生にはならせ給ひなん

と答えたという。つまり漢文学や儒教の勉強などしなくとも政治に関する現実的な才覚さえあれば構わない。紙に「只今馳せ参る」とか「今日、天晴」などさえ書ければ学生になれるだろうというのである。

同趣旨の話は同じ『中外抄』下二にもみられるが、一方、約一〇〇年前の『源氏物語』において光源氏が息子夕霧の大学寮入学に際して「才をもととしてこそ、大和魂の世に用ひらるる方も強う侍らめ」（少女巻）と述べたこともよく知られていよう。つまりここでは漢才こそ基本とされているのである。川口久雄氏はこの両者の学問観を鮮やかに

対比させ、寛弘年間（一〇〇四—一二）と院政期における学問観の断層落差を指摘されているが、[1]こうした指摘は一〇世紀半ば以降の大学寮の衰退という歴史的事実ともよく合致し、広く受け入れられるところであろう。

ところで同じ『中外抄』には次のような話も記されている（上二九）。

六年七月四日。御前に候ふ。仰せて云はく、「吾は若かりし時に、文の事の大切なるによりて、法輪寺に参りて、申して云はく、『寿《いのち》を小し召して、文の事を援け給ふべき』の由、申し請ひき。この事を後日、外舅大納言宗俊并びに民部卿（名は仰せられず。経信か）に語り示ししところ、答へて云はく、『およそ候ふべからざる事なり。御堂も、宇治殿も、大殿も、才学は人に勝りてやは御坐せし。されどもやむごとなき人にてこそおはしませ。早く申し直さしめ給ふべきなり』と。よりて参入して申し直し了んぬ。また、阿闍梨（名は忘れ了んぬ）をもって申し直し了んぬ。よりて、学問の志は切なりといへども、この事を思ふによりて、強ちにも沙汰せざりき。寿においては、父并びに祖父には勝ち申し了んぬ」と。

ここでは先の話で学問をしないと嘆かれた忠実が寿命と引き替えに漢詩・漢文などの学問上達を願ったのである。これに対し外舅らが一斉に撤回を求めたのである。この話を先の匡房の言葉に引きつけて学問の軽視を説くことも可能であるかもしれない。しかし、この話の場合は寿命との比較の問題で語られているにすぎず、直ちに学問観一般には普遍化できないであろう。むしろ忠実が自分の不勉強を正当化した話とも読めるのである。このような観点に立てば先の匡房の発言も学問観一般としては読みにくくなるのではないだろうか。むろん「関白・摂政は詩作りて無益なり」（『中外抄』下二）というのも本当のことだろうが、息子の不勉強を嘆く父親に対し、多少のリップサービスをもって接するということも古今を問わずあり得ることであろう。

むしろ注目すべきは師通が息子忠実の不勉強を嘆いたことであり、当の忠実は寿命と引き替えにまで学問の上達を願ったことの方ではないだろうか。

大学寮が衰退し、仮名文学が花開いた「国風文化」の時代を経た院政期において儒教や漢詩・漢文学といった漢学の置かれた状況はどのようなものだったのであろうか。本章ではこうした問題について若干の検討を加えてみたいと思う。

二　院政期の大学寮

1　試験制度の形骸化

大学寮は儒教理念を教育し、官吏を養成するために設けられた教育機関である。平安前期には文章経国思想に基づいて詩文が重視されたため、儒教本来の経学より紀伝道が中心になったが、大学寮は国家の中心的教育機関として機能していた。しかし、一〇世紀後半以降、漸次衰退に向かい、院政期に特定の家に官司が世襲的に請け負われていくという官司請負制が成立すると、大学寮は官吏養成機関としての役割を実質的に失ったとされる。とりわけ大学寮教育の根幹ともいうべき試験制度においてその形骸化は激しかったとされている。

そこでまずここでは、著名な事例ではあるが『兵範記』に載る平信義の事例を紹介しよう。平信義は『兵範記』の記主信範の息男であるが、仁平四年（一一五四）三月一七日、関白忠通から来月行われる「文章生登省事」に際して忠通の「御分貢士」として省試に臨むよう仰せを蒙った（『兵範記』同日条）。登省とは大学で学ぶ学生や擬文章生が式部省の主催する試験、省試を受け、文章生となることである。省試を受けるためには二つのコースがあった。一つはまず大学に入学し、博士の挙を待って寮試（大学寮の主催する試験）を受け擬文章生となり、学習を積んでその上で受験するというコースである。もう一つは、擬文章生とはならなくとも学生のまま学習を積み、登省宣旨を賜って受験するというコースである。この二つのコースのいずれにしても本来は相当の学習期間を要するものであった(2)。

ところが信義はこの時点では大学寮に入学すらしていないのである。受験以前にまず忠通分として省試に合格し文章生となることが決まっているのである。そしてそれから入学、寮試、擬文章生、省試と形式的に進んでいくのである（このような上皇・摂関・大臣など有力者の推挙による学生を入分学生という）。しかもこの間、入学から省試合格までがわずか三ヶ月足らずである（省試及第の宣旨が下されたのは六月二四日）。入分学生の存在といい、学習期間の短さといい、教育機関としての大学寮の衰退がいわれるのも無理ないところである。

2　釈奠の状況

一方、試験とともに大学寮衰退のメルクマールとしてしばしば引き合いに出されるものに釈奠《せきてん》の衰退という問題がある。釈奠は毎年春秋（二月、八月の上丁の日）の二回、先聖・先師、つまり孔子とその弟子である顔回、とさらにその他の孔子の弟子九人を祀る儒教儀礼で、大学寮にとっては重要な行事である。

その儀式構成については『延喜大学式』や『西宮記』、『北山抄』、『江家次第』などの儀式書によって知ることができる。

その構成は時代によって若干異なるのだが、おおむね次のようなものである。当日は未明から頭・助・博士以下大学寮関係者によって祭祀が執り行われる。大学寮廟堂院に懸けられた先聖・先師の画像に対し、供物・幣・酒を捧げ、祝文を読み上げる。ついで供物を分配し、幣を埋め、祝文の版を焼く。ここまでが大学寮関係者によるもので、饋享《ききょう》、未明祭などと呼ばれる祭祀である。この際、先聖・先師ら一一座に対して様々な食物、酒とともに三牲といわれる大鹿・小鹿・豕の肉が捧げられる。三牲はいうまでもなく犠牲であるし、祝文を読み上げ焼く、幣を捧げ埋めるなど、この前段はきわめて宗教色の濃い儀式である。

続いて公卿以下が参列し、先聖・先師への拝礼を行い、さらに都堂院へ向かい、講経論議を行う。その後大学寮正庁に移り寮饗と呼ばれる饗宴があり、さらに都堂院での酒飯（百度座《ももどのざ》ともいわれる）、ついで文人による賦詩、明経・明法・算道の学生による論議が行われ（宴座）、文人の献じた詩を読み上げる（穏座《おんざ》）といった大学寮の学問成果に関わる儀式が行われる。

また、秋の釈奠の場合は翌日に明経博士が学生等を率いて参内し、天皇出御のもとで論議を行う内論議も行われた。内論議は弘仁から承和にかけて成立したもので、百度座以下内論議までは日本独自のものであるといわれる。(3)

平安期の記録や儀式書に記載されるのは公卿や官人らが参加する講論などが中心となるため、儒教祭祀の性格が濃厚な饋享については不明な点が多いのだが、このように釈奠とは儒教の宗教的な部分と学問的な部分とからなる儀式なのである。

ところで院政期にはこの釈奠も廃れていくとされる。例えば内論議に関して、『江家次第』には「後朱雀院御時、被行内論議、其後久絶」（八月釈奠後朝条）とあり、『師遠年中行事』の朱筆による書き込みには「長元以後久絶、不被行之」（八月上丁明日条）とある。前後の時期と孤立して長治二年（一一〇五）八月四日には実施された記事も残されてはいるのだが（『殿暦』同日条）、おおむね一一世紀前半には衰退し、以後釈奠の翌日に明経博士、学生等が参内し、賜禄に預かるのみという簡略なものに変わったようである。また、内論議だけではなく、釈奠当日の宴座などの饗宴が中止される場合もある。

但し、院政期の釈奠の実施状況をトータルにみれば、内論議はともかく、釈奠自体は年中行事として定着していたこともあり、ほぼ実施されていたと考えてよさそうである。(4)

なお『古事談』巻二ノ八三には次のような釈奠に関する説話が収められている。

師頼の卿は多年沈淪籠居して中納言を拝任す。後、釈奠の上卿を勤仕するに、作法進退のあひだ、事に不審を成し、粗《あらあら》人に問ふ。その時、成通の卿（参議の時）列座して云はく、「年来御籠居のあひだ公事御忘却か。うゐうゐしく思し食さるる条尤も道理なり」と云々。師頼の卿、返事を謂はず、顧眄して独言ちて曰はく、「大廟に入りて事ごとに問ふてへるは奈《いかん》」と云々（論語の文）。成通の卿、口を閉ざして止む。後日、人に逢ひて云はく、「思ひ分く方無く、不慮の言を出し畢んぬ。後悔千回」と云々。嘉承元年十二月二十七日、右大弁宗忠、左大弁基綱、左中将能俊（以上三人皆下臈なり）、中納言に任ず。時に師頼は参議・右兵衛の督にして第一の座なり。よって武衛を避きて籠居しけり。大治五年十月五日、中納言に任ず（件のころほひ、天変重畳す。諸道勘文に云はく、才学に優れらる沈淪の者、天心に叶ふかと云々。これによって任ぜしむるところなりと云々）。同じき七年、大納言に任ず。

主人公の師頼は左大臣源俊房の嫡男、承徳二年（一〇九八）正月参議、一二月右兵衛督に任じられてより三二年間参議のままで置かれ、大治五年（一一三〇）ようやく権中納言へと昇進した。その後の話である。藤原成通が参議に就任したのは天承元年（一一三一）一二月であるが、翌天承二年二月一五日の釈奠で師頼は上卿を勤めているので（『中右記』同日条）、この時のことではないかと思われる。

師頼が上卿として作法進退を進める間、不審な点について人に問いかけたのを成通がからかったのである。これに対して師頼は『論語』八佾《はちいつ》篇にある孔子が魯の大廟の祭儀に奉仕した時、事ごとに問いかけ、誤りのないよう尋ねることこそ礼であるといったという話を持ち出してやり返したのである。『中右記』によればこの日は拝廟の間、宰相中将宗能、弁少納言が遅参したとあるので師頼の不審とはその点に関するものだったかもしれない。院政期にはこのような遅参の例などもあり、そのことをもって釈奠の衰退をいうこともできようが、作法通りにスムーズに執行することが求められており、その限りにおいては決して軽視されてはいないのである。

なお、この説話の主人公である源師頼は大江匡房より『漢書』をならい、それを藤原頼長に伝えた人物で（『今鏡』第四ふぢなみの中、かざり太刀、『古今著聞集』第八孝行恩愛　宇治内大臣頼長師恩を重んずる事）、頼長は師頼没後も終生先師として敬った人物である。実際『台記』仁平元年二月二三日条にはその恩を「一字千金の恩、師光（師頼の子）に及ぶべし」と記し、師光の昇殿のために奔走しているほどである。

さて、先に釈奠は大きく分けて宗教的な要素の強い饋享と講論以下の講学の要素の強い部分とからなると述べた。このうちの饋享に関しては史料的制約や儒教の宗教的側面にあまり注目が集まらなかったことなどがあいまってさほど研究が進められてきていない。史料に関していえば『延喜大学式』がほとんど唯一の史料といってよいほどで、本章で扱う平安後期の記録類、儀式書に記載されることはまずないといってよい。しかしそのことをもって平安後期には饋享が執行されなかったと考えるのは誤りであろう。

そもそも饋享は大学寮関係者のみによって執行されるものであるから大学寮関係者の記録以外には記載される可能性は少ないのである。逆に『延喜大学式』が詳細に饋享の次第を記載しているのは『延喜式』が各官司のためのマニュアル、諸司式として作られたためなのである。

さて、では平安後期の饋享はどうだったのであろうか。『江談抄』第一—四八「亡考道心の事」に次のような話が収められている。

> 命せられて云はく、「亡考は道心者なり。毎日念誦読経してあへてもって懈らず。しかりといへども自らはしからず。彼は道心堅固なる事、他事にあらず。よくよく仮《いとま》有るか。またはすこぶる信心ありといふべし。常に頸《くび》紙《かみ》差さぬ水干の、法師の衣のごとくなる、結紐《ゆいひも》にて五十ばかりつらぬきたる珠誦を持ちて、精進を論ぜず、葷腥《くんせい》を食らふといへども、「先師助け給へ」と云ふをもってその口実と為す。あるいはまた、常に累代の文書を抜きてその朽ち損じたるを修理し、皆悉くに捺印し、重んずること極まりなし。ある人問ひて云はく、「何故かくのごとくなる」と問ひければ、「弊身は江家の文預かりなり」とぞ命せられける」と云々。

この話は大江匡房が亡父成衡を語ったものなのだが、これによれば成衡は毎日念誦読経するような道心者であった。

しかしその一方で精進を問題とせず、葷腥、臭いの強い野菜や肉といったものを食し、「先師助け給え」が口癖だったという。異本では先聖先師助け給えとあり、これは釈奠を意識した発言であることが知られる。ところで成衡は対策に及第し、大学頭を勤めたほどの人物であるから釈奠の饋享において三牲などの葷腥が供えられているという実態を当然知っているのである。そしてそれ故に釈奠を引き合いに出して道心者でありながら肉食をする自己を合理化しているのである。

釈奠の三牲については専論もあり、私も別に論じたことがあるので詳論は避けるが、[5]『古今著聞集』の説話に触れておきたい。

大学寮の廟供には、昔猪鹿をもそなへけるを、或人の夢に、尼父のの給はく、「本国にてはすすめしかども、此朝にきたりて後は、大神宮来臨同禮、穢食供すべからず」と有けるによりて、後には供せず成にけるとなん。（第一、神祇第一、一二「或人の夢に依りて大学寮の廟供に猪鹿を供へざる事」）。

これによれば釈奠饋享には三牲として猪、鹿を供えてきたが、ある人の夢に孔子が現れ、日本に来てからは伊勢神宮が来臨するため三牲を穢食として排除するよう求めたというのである。同じ話は『台記』久安二（一一四六）年四月一日条にも引かれているので一二世紀中葉には三牲供犠がとどめられていたこと、また神儒習合とでもいうべき自体が進行していたことなどが知られるのであるが、それはともかくここから一二世紀中葉までは三牲供犠を含めた饋享が執行されていたことが推測され、また、ここで問題とされているのが三牲供犠のみであることからすれば、三牲供犠はとどめられたものの饋享自体は引き続き執行されていったものと考えられよう。

さて、ここまで試験制度と釈奠という二側面から院政期の大学寮をみてきた。院政期の大学寮は試験制度の形骸化に象徴されるように教育機関、官吏養成機関としての役割を失っていたといえるだろう。一方、釈奠内論議は廃絶したが、釈奠自体は従前通り執行されていたのである。

三　藤原頼長と学問

1　頼長の経史研究

院政期の漢学をめぐる学問状況を考える際にやはり注目されるのは藤原頼長であろう。頼長はいうまでもなく関白忠実の二男、一一四九年三〇才で従一位・左大臣となり、世に悪左府と称された。一一五六年の保元の乱で失脚、落命する院政期政治史を彩るきわめて個性的な人物である。頼長は自分の勉学ぶりや男色関係までも記した個性的な日記『台記』を残しており、そのこともあって近年頓に注目されている人物である。その頼長が経学を愛好し、勉学に勤めたことはよく知られていよう。さらに後述するように大学寮再興にも取り組んでいる。ここではそれらの事績を紹介したいと思う。

彼の勉学ぶりについては『台記』に記載されており、また橋本義彦氏の伝記研究(6)にも明らかであるが、かいつまんで紹介しておこう。

彼の学問は幼少時に藤原令明から孝経を学んだことにはじまるが、本格的な学問は保延二年（一一三六）頃、一七才の頃からのようで、この年には『蒙求』を学んでいる。翌年、翌々年には『論語』『史記』『漢書』などを学んだ。このうち『漢書』に関しては源師頼を通して大江匡房の説を授かったことは前述した。学問をはじめた当初は史書や雑書が多かったようだが、永治元年（一一四一）頃からは『周礼』『儀礼』『礼記』『春秋左伝』『公羊伝』『穀梁伝』などの経書に比重が移っており、以後経書を中心とした学問を進めていく。

康治二年（一一四三）にはこれ以後毎年一二月晦日に一年間に学んだ書を書き上げることを決意し、ひとまず保延二年以後これまでに学んだ書目を列挙しているが（九月三〇日条）、「経家」「史家」「雑家」の三分野に分類して計一〇三〇巻の書目が挙げられている。頼長がいかに意欲的に学問に取り組んだかがよくわかるだろう。

この時期の彼の勉学ぶりは『台記』にしばしば記載されている。例えば康治元年（一一四二）には宇治に向かう車中で孝経を読んでいるし（二月一二日条）、翌年三月三〇日には終日春秋正義を読んだが、「専ら経を学び、史を学ぶ暇あら」ざるため、飲食の時に生徒に南史を語らせたという。

頼長はこうした読書とともに康治二年以降、孔子の生日である庚子の日毎に自宅に孔子像を懸け、膳を備え、その前で近習儒者らと経書の講論を行うようになる（例えば康治二年七月二二日条、八月一六日条など）。一種の研究会だが、こうした方法でより理解を深めたのであろう。年末に一年間に学んだ書目を書き上げるのは久安六年にはみられなくなるが、この講論による学習は台記が現存している久寿年間まで続けられており、読書から講論へと頼長が学問の深化とともに研究法を変えていったと考えられよう(7)。

ところで『台記』によればこの講論には多くの著名な儒者らが参加している。先に頼長が食事の間、生徒に南史を語らせた話を紹介したが、生徒と呼ばれ、頼長に近似しつつ学問をしている者もいた。これらの者も含めて頼長のもとには相当数の学者・学生が出入りしていたことになろう。頼長の主催した講論は頼長にとっても参加した学者・学生にとっても大学寮が衰退した後の重要な研究・教育機会であったろう。

永治二年（一一四二）が康治と改元された際、頼長は、康の字の頭音kと治の韻iとを合わせればk:i＝飢となること、康の字は穀梁伝に「四穀升らず、これを康といふ」とあること、康治の二字は水を部首とするなどともに水に従うものであることなどからこの改元は水災により飢饉となる象であると憂え、「今の卿士は皆もって経史を学ばず、国家の滅亡あに宜しからざるや」と嘆いたが（四月二八日条）、頼長にとって経史を学ぶということは一つにはこのような意味があるものであり、それ故これほどに勉学に努めたのであろう。

2　孔子崇拝

さて、頼長は上述のように孔子の画像を懸け、その前で講論を行っているのだが、頼長は孔子信仰とでもいうべきものをもっていたようである。次にその問題について考えてみよう。頼長の孔子崇拝については『台記』などに以下のような記事がある。

天養元年（一一四四）、使者を大学寮に派遣し、康治元年（一一四二）三月一三日に祈誓した五経正義以下の諸書の学習が終わったことを聖廟に奉告させ、頼長本人も私邸より庭に下りて先聖先師を再拝する（一二月二四日条）。これは学問成就を願ってのことであるが、久安四年（一一四八）には自らの師であり、近習する儒者の藤原成佐の式部権少輔昇任を先聖先師に祈願し（一月二六日条、二月六日条）、また養女多子を近衛天皇に入内させるためには伊勢・石清水などの諸社とともに先聖先師をくり返し拝している（例えば六月一八日条や八月一日条など）。仁平元年（一一五一）、頼長が内覧になると清原頼業を文宣王廟に派遣、内覧・氏長者就任を奉告（『本朝世紀』同年一一月四日条）し、久寿元年（一一五四）には「余、先聖先師を憑み奉りて年尚し」とも述べている（『台記』同年六月二〇日条）。このように頼長は孔子を崇拝しているのである。先に釈奠に祭祀的側面と学問的側面とが存在することを述べたが、頼長個人においてもそれは同様であり、漢学を研究することと孔子を崇拝することとは密接不可分の関係にあったのだろう。

孔子崇拝に関しては他の貴族らについても若干事例が知られる。いささか時期がさかのぼるが、たとえば『中右記』の記主藤原宗忠の場合は、寛治元年（一〇八七）と翌年の正月五日には大学寮に行き、孔廟を二五度拝している（『中右記』同日条）。『兵範記』の記主平信範の場合は仁平二年（一一五二）正月三日に大学寮に行き、廟蔵を奉拝して以降保元元年（一一五六）まで毎年正月三日に大学寮に赴いている。久寿二年には元日から三日まで暇無く四日に廟拝を行うが、拝廟が四日に遅れてしまったことを嘆いている。保元二年以降は年頭の拝廟について『兵範記』の記載はまれになるが、嘉応元年（一一六九）正月五日にも拝廟した記載があるので、記載がない年にも拝廟は恒例のこととして行っていたものと思われる。信範の場合はそれ以外にも仁安二年（一一六七）に蔵人頭になった際（六月九日条）や仁安三年に正四位下に加級された際（二月三日条）などに拝廟を行っている。なお、桃裕行『上代学制論攷』三五四頁によれば信範の父知信は『平知信記』[11]天承三年二月一五日条に「今案二事情一、依二先聖先師之恩一、父子三人、不慮之外皆到二成業一、次第昇進、仍毎年元正参二大学寮一、奉二拝廟像一」と記したとあり[補注]、これによれば信範の孔子崇拝は父親以来のことで、彼らが文章生として出身したことと深く関わるものであることがうかがわれる。

信範の事例とはやや趣を異にするが『水左記』の記主源俊房の場合は永保元年（一〇八一）二月より庚申の夜ごとに先聖に奉奠を行っている。これは本来道教の信仰から発した庚申信仰が混乱したものともとれるが、こうした孔子崇拝は文章生出身者や儒流の貴族らには意外に浸透していたのかもしれない。

近年、古代・中世における孔子神格化の問題を丹念にあとづけられた追塩千尋氏は貴族にとっての孔子を「釈奠の場においては孔子は立身出世といった現世利益の願いを叶える学神としての役割を果たしていた」と述べられている[8]が、このように孔子崇拝は学問と密接な関わりをもちつつ一定程度の広がりをもっていたのである。

四　大学別当頼長

さて、話を頼長に戻そう。頼長の学問や孔子崇拝については上述した通りだが、それでは頼長と大学寮釈奠との関わりはどうなのだろうか。この問題はひとり釈奠に留まらず、頼長と大学寮との関わりを考えることにもなり、ひいては院政期の学問状況の一端をも明らかにすることになると思われるので、次にこの問題について考えてみたい。

彼の日記『台記』に大学寮釈奠が最初に記載されるのは天養元年（一一四四）八月八日のことである。当時頼長は正二位内大臣であったが、この時は上卿をつとめている。恐らく自身が上卿をつとめたことにより『台記』に書き残したのであろう。この時頼長は「近年は一人を用ふ」問者学生を二人に増やして講論を行わせているが（『本朝世紀』同日条）、経学を重視し、私的にも庚子の日に講論を行っている頼長がさっそく、釈奠における講論の活性化を図ったといえるだろう。

翌久安元年二月一日の釈奠にも頼長は参加している。明記はされていないが、頼長が上卿をつとめたものだろう。この日の釈奠については「行事、講論など承平天慶の頃と異ならずと見る者が嗟嘆した」と頼長は記している。この感想のニュアンスが好意的なものなのか、否定的なものなのかはっきりしないのだが、前年以来の頼長の行事が評価されたのだろうか。なお、この日は「都堂艮」に頼長用に休幕が設けられている（『本朝世紀』同日条）。

その後の『台記』の記事で注目されるのは次の久安四年（一一四八）二月九日条である。

九日戊寅、大学寮式に云はく、釈奠祭に職掌を供奉せる学生已上、祭了るの後、具さに交名を録し、別当に申せと云々、余、大学別当たるに年来申さず、今年予め寮頭に仰す、仍ち今日、寮より見参を持ち来る

この記事の前半は『延喜大学式』の引用である。『延喜大学式』によれば釈奠に供奉した学生以上の者については交名を作成し、大学別当に報告しなければならなかった。ところが頼長は大学別当であるにもかかわらず、年来交名を受け取っていなかった。そこで今年は予め大学頭に命じておき、そのため今回は見参を受け取ったというのである。

頼長が釈奠に供奉した者の把握に努めたことの意味については後述するが、ここで注目したいのは頼長が大学別当となってこの時点で数年を経ていることである。頼長がいつ大学別当に就任したかは明らかではないが、久安四年をさかのぼる数年前から頼長は大学別当に就任していたのである。

大学別当については『西宮記』に式部卿親王と右大臣が就任した例が紹介されており（臨時四　親王・大臣補大学別当饗事）、また、『兵範記』嘉応元年（一一六九）八月二七日条には太政大臣が充てられた所充の記事がある。一方、

北畠親房の『職原鈔』は、大学別当は「近代は絶えおはんぬ」としながら「親王・大臣・納言の中、これに補す」と納言も含めて任ぜられるものとしている。『職原鈔』は時代がかなり下るのでしばらく保留するとして、『西宮記』や『兵範記』の記載から頼長の頃には親王ないし大臣が充てられたものと考えてよいと思われる。とすれば、頼長の大学別当就任は頼長が内大臣に任じられた保延二年（一一三六）のことかもしれない。

しかし、『権記』寛弘四年（一〇〇七）八月四日条に右大臣顕光が大学別当として釈奠におけるトラブル処理にあたったことが記されているから、大学別当は釈奠に関しては統括的立場だったことがうかがえる。とすると別当自身が釈奠の上卿をつとめるとは考えにくいので頼長は天養元年（一一四四）、久安元年（一一四五）と上卿をつとめた後に別当に就任したのではないか。

あるいは久安元年の際には上卿をつとめたとは明記されておらず、頼長用に休幕が用意されていることなどからこの時には別当として釈奠に臨んだとも考えられるかもしれない。いずれにしても決め手に欠き、現時点では就任時期については不明とせざるを得ない。

大学別当としての活動内容についてもあまり明確にはしえない。例えばこの後、頼長は釈奠晴儀復興をはじめいくつかの大学寮に関わる事績を残すのだが、それらが別当として関与したものなのか、内覧・左大臣として関わったものかは不明である。

但し、頼長は久安三年（一一四七）橘氏是定となるとさっそく橘氏の大学別曹である「学官院」の再建を計画している（三月二九日、五月一八日、五月二〇日、七月七日、七月八日の各条）。頼長の学問的志向性、先の釈奠参加や交名の把握といった事例と、橘氏是定としてではあるがこうした活動をも参考にすれば、頼長は大学別当として大学寮の活性化を図ろうとしていたと考えられるのではないだろうか。

橋本義彦氏は頼長にとって康治・天養年間がその修学歴の頂点をなす時期であり、いわば修業時代であったと位置づけられている。とすれば久安年間とはまさしく頼長が学問に一区切りをつけ、政治的実践を開始した時期にあたろう。頼長はそのスタート期に上卿として釈奠の切り盛りをし、また大学別当として参加者の把握に努めたのである。後年頼長は釈奠晴儀を復活させるが、それは彼の学問的志向とともに政治活動上においても必然的なものだったといえよう。なお、釈奠晴儀復活に関しては後述したい。

五　頼長と学問料試

さて、冒頭で私は大学寮教育の衰退について触れ、試験制度の形骸化について述べたが、それでは試験制度に関して頼長はどう関わったのだろうか。

実は冒頭に掲げた平信義が受けた仁平四年の省試には頼長も関わりがあるのである。信義が関白忠通分として実質省試合格が決まってから形式的に寮試、省試を受けたことは先に述べた通りであるが、頼長もこの時、左府（頼長）分として推薦枠をもらい、藤原憲孝を推薦しているのである。大学寮教育を再建しようとすれば入分学生の制度を見直し、省試までに相当の学習を要するように改革をすべきであったろう。その点、不十分さを指摘することは可能である。しかし、頼長分の入分学生を決める際の『台記』の次の記事に注目しておきたい。

今日省試と云々、余分藤憲孝。件の憲孝は前内蔵助為経の子なり。先例多く蔵人五位の子を用ふ。而るに余先聖先師を憑み奉りて年尚し。大学築垣破壊すること殊に甚だし。内覧後初めて得るところ、上下を論ぜず四面の垣を修補せる者に給ふべきの由、家臣に告げ廻らすのところ、憲孝修補すべきの由を申す。仍ち給ふところなり。

頼長は入分学生を大学寮四面の垣修補という条件で憲孝に与えているのである。試験制度改革ではないまでも入分学生をこのように利用したという点は注目しておきたいと思う。

ところで頼長が試験制度に全く手を加えなかったかというとそうではない。仁平三年（一一五三）に頼長は学問料試の実施を提案し、実行しているのである。

学問料とは紀伝道の学生や文章生の特定の者に与えられるもので、これを与えられると一般の文章生とは異なり、原則として文章得業生、そして対策へと進むいわば専門職養成のためのものであった。その対象者を選ぶために試験が行われたことは頼長以前にもあったが、おおむね自薦、他薦の者のなかから書類選考によって選んでいたようである。とくに諸道が特定の家によって担われる家学化が進むとこうした家出身者が父親の推挙を受けて選ばれることが多くなっていった。こうした状況に対して頼長は次のように批判し、学問料試の実施を提案するのである。

近代の儒士は多く無才の者なり。これ父の挙によりその子を優し、才・不才を論ぜず、学問料を給ふの故なり。所望の輩、試を奉らば無才の子を挙する者無し。（『宇槐記抄』仁平三年五月八日条）

要するに家学化の進展により無才の者までが父の挙により学問料を給されることを痛烈に批判しているのである。これを聞いた儒等は大恐懼し、当初一二名いた希望者のうち六名が試験当日所労ありと称して欠席している。

この学問料試に関しては当日の受験者のなかに頼長と近い菅原登宣がいることから頼長は最初から登宣に学問料を支給しようとする意図をもっており、その意図をカムフラージュするためのものではないかとみる見解がある。事実当時そのような噂もあったらしく、頼長はその疑いを避けるため、その出題は当日式部大輔永範、文章博士茂明、式部権少輔公賢に行わせている。永範には左伝を、茂明には礼記、公賢には毛子を与え、そのなかからそれぞれ五題ずつ出題させ、さらにその一五題のうちから不適切なもの五題を除外し、紙に書き分け、蔵人頭に一題をくじで選ばせて出題するという厳密さである。判定も歌病などを衆議し注文にまとめ、後日、本人たちに弁明させ、その一方、鳥羽法皇にも答案であるそれぞれの詩を献じ、判定を求めている。鳥羽法皇は自身では判定せずにこれを通憲法師（信西）に渡して判定させているが、このように判定にあたっても慎重に進められているのである（以上の経過は『宇槐記抄』同年五月二一〜二四、二六日条、『本朝世紀』同二一日条など）。この判定の結果、藤原光憲とともに登宣も学問料を支給されるのであるが、こうした経過をみればこの学問料試が登宣のためのカムフラージュとまではいえないのではないかと思う。

頼長は当日受験し、今回及第しなかったものに対しては重ねて学問料試を行い、その時に失がなければ学問料を給付することを主張し、また今回、不参したものに関しては受験したもの全員が学問料を給されるようになる以前には学問料の望みは絶つべきことを通達している（五月二六日条）。このような頼長の主張を踏まえれば、やはり頼長はこの学問料試の実施を通して専門職のレベルアップを図ったといえるだろう。

六　釈奠晴儀の復活

さて、頼長はこのように大学寮活性化のための諸策を行ったのであるが、その最大のものに釈奠晴儀の復活がある。次にこの問題について考えよう。

仁平三年（一一五三）八月一〇日、頼長は釈奠晴儀を復活させる。釈奠では大学寮関係者による饋享、未明祭のあと公卿等が参入し、廟堂で先聖先師らを拝してから、都堂院に場所を変えて講論などの諸儀が行われるのだが、『西宮記』『北山抄』などでは論議の後、一度大学寮正庁に戻り、饗応がもたれる（これを寮饗という）。その後再び都堂院に戻り、羞飯献酒《しゅうはんけんしゅ》の座がもたれ（百度座という）、さらに宴座（都堂院で明経・明法・算道の論議、紀伝道の文人学生による献詩、胙《ひもろぎ》の分配、宴会などが行われる）、穏座（献詩の披露）があって散会という次第になっている。この次第で行うものが晴儀である。一方、雨儀では都堂院での講論に先だって寮饗が行われることになっている。つまり正庁で先に寮饗を行い、その後都堂院で講論以下、百度座、宴座、穏座などを行うという手順である。晴儀と雨儀との違いはそのほかにも都堂院に入るにはどこの門から入るかなど、細かな違いはあるのだが、大きな違いは都堂院→正庁→再び都堂院と動く（晴儀）か、正庁→都堂院と動く（雨儀）かという点である。この両者を比較すれば雨儀の方が参加者にとって至便なのはいうまでもあるまい。そのために一一世紀初頭にはすでに近代（この時代に接続する近い時代）の例として雨儀が一般化していた（『権記』寛弘二年二月九日条、『中右記』嘉保元年八月八日条）。頼長はそれに対して晴儀を復活させるのである。

晴儀復活のために頼長が周到に準備した様子は『台記』に詳しい。自身で釈奠次第四巻、指図七枚を書き、礼服についても私領のものを分配して整えさせるなど大変な情熱である（仁平三年七月八日条）。関係者には数度にわたって予行演習を行わせている。七月二五日から八月五日までの間に少納言以下の官人は四回予行演習を行っている。さらに直前の八月八日には頼長は「釈奠晴儀妨げなかるべき」由を先聖先師に祈願し、午刻に兼長、師長、隆長の三人の子と従者を伴い密々に大学寮を訪れ、都堂、寮局を見回る一方、従者に未明祭の予行演習を行わせている。あるいはこれは『延喜大学式』に「前享一日」の「午一尅」に享官を率いて習礼せしめよとあるのを意識してのことかもしれないが、享日の二日前であり、「密々」と記されているところなどから私的な行為のように思われる。いずれにしても、一般の公卿にとっては自身の関わることのない未明祭に対する関心は薄いものだが、このあたり、自身の孔子崇拝とも関わろうが、頼長が釈奠の本質をよくとらえていることを示すものだろう。

なお、未明祭は大学寮関係者による儀式であるが、未明祭に関わる大学寮関係者を頼長が従者（『本朝世紀』同日条では「問客」と記されている）として把握していることは注目しておきたいと思う。

さて、釈奠当日の一〇日は『本朝世紀』によれば「雨降る、時々休止す」という天候だったようだが、かねての予定通り晴儀で執行された。当日の次第は『台記』には別記に記すとして記載されておらず、現在では詳細を知り得ない。『本朝世紀』には太政大臣も参加したことが記されており、盛大に行われたものと思われる。なお、準備段階で頼長は明経博士中原師安に講論の問者について「十人を満たすべき」ことを指示している（『台記』七月八日条）。『西宮記』以下の儀式書によれば講論の際の問者は一〇人が予定されていたが、同時に「問者は必ずしも十人を尽くさず」とあった。これは当初は必ずしも一〇人全員が論議を行わなくてもよいという程度の意味であったと思われるのだが、『江家次第』の頃には「近代は唯一人問ふ、仍ち第二問以後は無し」という簡略化された状態になっていた。頼長は天養元年（一一四四）釈奠上卿をつとめた際にも「近年は一人を用ふ」問者学生を二人に増やして行わせているが（『本朝世紀』八月八日条）、こうした実績を踏まえてさらに講論の充実を図ったのだろう。頼長の晴儀再興は形式だけではなく、実質的な内容をも含めて意図されていたのである。

七　院政期の学問状況

1　頼長の学問評価

さて、やや散漫になってしまったが、ここまで頼長の事績について述べてきた。最後に頼長にとっての学問の意味について考えてみよう。頼長にとっての学問については評価が二つに分かれているようである。一つは小島小五郎氏に代表される否定的な評価である(9)。小島氏は「学問が頼長の情意の外に在って之を監視規定する規範ではなくて、頼長の情意の下僕であり、身の飾りであった」とまことに厳しい。要するに頼長は何かを行いたいという気持ちが先にあって、それを正当化し、周囲を納得させる権威づけのために非常に功利的に学問を用いたというのである。これに対して橋本義彦氏は「頼長は経書に行為の一般準則を求めるとともに、史書の個々の具体的な事実からも、公私にわたる言行の基準を学びとろうとしたと言ってよいであろう」とする(10)。しかし、頼長に関するこうした評価は決して二者択一のものではないだろう。その孔子崇拝や経学学習にみられるように純粋に儒教に傾倒した一面もある一方で、逸脱する場合も多い。ここで問題としたいのは、経学に照らして頼長の行為を評価することではなく、逸脱自体の意味である。

頼長が多くの師や同学、生徒らと経学研究を行ったことは上述したが、実はこれらの者の多くは頼長の家司やブレーンとなり、頼長の家政や政治を支えるネットワークを形成しているのである。そしてこのブレーンとともに逸脱することもあるのである。例えば頼長が奥州の藤原基衡に自領荘園の年貢増徴を命じたことがある。奥州の年貢増徴は父忠実以来の懸案であったが、基衡に拒否されて成功していなかった。そこで頼長は家司であり、ともに経学を学ぶ近習儒士の源俊通や家司藤原成隆らの「あらかじめ高額をふっかけておき、もし基衡が従来の額で納めてきたら受け取りを拒否すべきである。そうすれば最初の提案額には及ばずとも従来の額よりは増額できるはずである」という提案を採用することにした。一方、これに対して頼長の師である藤原成佐は中国の匈奴の例をあげ、「匈奴のごとき基衡は仁をもって接すべきである。成功しなければ頼長の権威は失墜する」として猛反対した。しかし頼長は俊通らの提案を受け入れ、そして年貢増徴に成功した。成佐の言からすれば著しい逸脱である。しかし頼長は次のようにうそぶく。「成佐の言う所巧みなりといえども慮りは二子に及ばず」と（以上、『台記』仁平三年九月一四日条）。

つまり頼長は学問を重視する一方で、その上に立った現実的な能力「慮り」をも求めていたのである。頼長の求めた学問とはその学問を基礎としながら、その上で現実的・功利的な応用を行いうるものだったといえないだろうか。頼長が経史を学ばない卿士の多いことを嘆き、学問料試を実施し、底上げを図ったのも当然であろう。そして学問研究を通してそのような能力をもったものを組織していたのである。

2　儒者ネットワーク

ところで、頼長が男色を通して独特のネットワークを形成したことは近年の研究が明らかにしたところであるが(11)、頼長が組織した儒者のネットワークにも注目する必要があるだろう。頼長の組織した儒者の働きを政治史上に位置づけ、保元の乱に至る過程を描いたのは五味文彦氏であるが(12)、こうした観点に立つ時、頼長の学問・大学寮再興のもう一つの意味合いに気づくであろう。頼長が大学別当として大学寮を統轄したことも、釈奠の交名にこだわったことも、儒者等とくり返しもった講論も儒者ネットワーク形成の文脈からも位置づける必要があろう。釈奠晴儀再興の際、未明祭を習礼させた従者はこうして組織された大学寮関係者らであったのだろう。

院政期に大学寮教育が衰退したことは疑いようがない。しかし、そのことは大学寮で学ばれていた諸道そのものが無意味になったことを意味しない。木村茂光氏は国風文化の時代に「職能」という新しい価値観が生まれ、院政期に至っても「思慮ある」者を評価する価値観として引き継がれていくことを指摘されたが(13)、諸道の基礎の上に立って現実的な実務能力「慮り」をもった諸道官人らは依然実務官人として多くの官職を担っているのである。記録所や文殿がこれら諸道官人を結集させる場として機能したことを明確に論じたのは上杉和彦氏であるが(14)、頼長は大学寮を再興し、大学寮をおさえることによって頼長を中心とする諸道官人のネットワークを形成しようとしたのではないだろうか。家業化が進展し、人材育成はもっぱら諸道を請け負った家によってなされていた院政期において、大学寮を再興することは時代錯誤的な印象を与えるが、そのことの意味を単に復古的政策とのみ評価すべきではない。

さて、ここまで院政期の大学寮の状況や頼長の事績についてみてきた。最後に『大槐秘抄』の次の文をみておきたい。

御学問のさぶらはまほしき故、このおもむきのことを、唐にも日本にもしけるやう、委旨をしろしめさむがためなり、ただ詩賦つくらせおはしまさむが為にはさぶらはず、臣下をつかはせおはしまさむも、この事をすこしもまなびしりて、そのままをふるまふものをつかはせおはしますべく候なり、学文すとて、詩このみてつくり、もしは我まなびたれど、ただ詩賦つくりばかりをしりて、よの事しらぬものは、よしなしものに候、よおさまるやうをまなびて、心にすこしもかけたらむ人の候ふべきなり。

これは藤原伊通が二条天皇に説いたものであるが、帝王学として詩文にとどまらず学問を学ぶことは依然求められているのである。院政期に試験制度が形骸化し、大学寮が衰退したことは先学の説かれる通りである。諸道官人らがかつての文人貴族のように顕職に昇り、直接的に国政を左右する段階ではなくなっている。しかし、一方で諸道官人らは官庁はもとより、院司や家司としても活躍の場を広げ、専門学問の上に立った才覚を要求されてもいるのである。そしてそれらを使いこなす上でも、帝王学としての学問的素養は依然必要とされているのである。

むろん学問的素養がなくともこれら実務官人を使いこなせればそれで済むことではある。冒頭に紹介した『中外抄』下三〇の大江匡房の発言はそのことを端的に示しており、『源氏物語』との間に貴族社会における学問観の変化を見出した川口久雄氏の見解は卓見というべきである。

しかし一方で、本章でみてきたような学問観が依然として貴族社会を律している一面も存在しているのである。むしろ諸権門が分立している院政期こそ、実務官人を組織し、諸権門の上に立つ者としての正当性を訴えるためにこうした素養が王権や摂関家には必要とされたのではないだろうか。頼長の事績は復古的装いを伴いながらもこうした学問と政治の状況に対応したものだったのではないだろうか。

注

（1）川口久雄『平安朝の漢文学』（吉川弘文館、一九八一年）。
（2）桃裕行『上代学制の研究〔修訂版〕』（桃裕行著作集　第一巻、思文閣出版、一九九四年）。
（3）倉林正次「釈奠内論議の成立」（『饗宴の研究　歳事・索引編』桜楓社、一九八七年）。

（4）翠川文子「釈奠（一）」（『川村短期大学研究紀要』一〇、一九九〇年）。
（5）中野昌代「衛府と釈奠」（『京都市史編さん通信』二五七、一九九四年）、「釈奠三牲奉供をめぐって」（『史窗』五三、一九九六年）、拙稿「釈奠の三牲」（虎尾俊哉『律令国家の政務と儀礼』吉川弘文館、一九九五年）本書第三章。
（6）橋本義彦『藤原頼長』（吉川弘文館、一九六四年）。
（7）橋本前掲注（6）書。
（8）追塩千尋「古代・中世日本の孔子像に関する覚書」（『史料と研究』二五、一九九六年）。
（9）小島小五郎『公家文化の研究』（国書刊行会再刊、一九八一年、原本発行は一九四二年）。
（10）橋本前掲注（6）書。
（11）東野治之「日記に見る藤原頼長の男色関係」（『ヒストリア』八四、一九七九年）、五味文彦「院政期政治史断章」（『院政期社会の研究』山川出版社、一九八四年）、神田龍身「男色家・藤原頼長の自己破綻」（小嶋菜温子編『王朝の性と身体』森話社、一九九六年）。
（12）五味文彦「儒者・武者及び悪僧」（『院政期社会の研究』山川出版社、一九八四年）。
（13）木村茂光『「国風文化」の時代』（青木書店、一九九七年）。
（14）上杉和彦「平安時代の技能官人」（『日本中世法体系成立史論』校倉書房、一九九六年）。
〔補注〕なお、『平知信記』同日条は京都大学貴重資料デジタルアーカイブで閲覧が可能である（『知信記』で検索のこと）。https://rmda.kulib.kyoto-u.ac.jp（二〇一八年一二月三〇日最終閲覧）。また、桃氏が天承三年としているのは天承二年の誤りである。

第三章　釈奠における三牲

釈奠は古代中国ではじまり、わが国にもたらされた孔子、顔回以下儒教の先学を祭祀対象とする儒教儀式である。日本の古代国家が儒教を単なる教養としてではなく、政治理念として受容したことはこれまでに指摘されているが、日本の古代国家が釈奠をどのように受け入れ、国家儀礼として位置づけていったかを考察することは日本における儒教の受容過程や位置づけを考える上で重要な視点になると思われる。

この釈奠に関しては戦前に近藤春雄氏がその沿革を略述しており(1)、戦後では弥永貞三氏(2)や近年の倉林正次氏(3)、翠川文子氏による一連の研究(4)などがある。弥永氏の研究はわが国における釈奠の受容過程を詳細に論じたもので、今日の釈奠研究の基礎を作ったものである。倉林氏はおもに儀礼の構成を解明され、翠川氏の研究は釈奠年表の作成、孔子像や釈奠図など釈奠儀式の基礎部分を研究されたものである。これらの研究により釈奠についてはかなり明らかになったといえる。

しかし、いまだ十分に論じつくされていない点もあるように思われる。その一つに釈奠における三牲の問題があげられよう。中国においては釈奠で三牲を捧げることは儀式の重要な構成要素であった。一方、日本においては触穢意識が拡大していくにつれ、獣死や食宍が穢と認識されていくことが知られている。このような日本の場合、釈奠を受け入れるにあたって三牲はどのように扱われていったのだろうか。上述の釈奠研究においても三牲について関説されてはいる。しかし、三牲を主題に扱った研究ではないためその変遷などについて十分明らかにはされていないのである。そこで本章では釈奠における三牲の位置づけを追うことを通して釈奠の受容過程や触穢思想の展開を考えてみたいと思う。

一　『延喜式』および先行式の三牲に関する規定

釈奠における三牲についてもっとも詳細に規定しているのはいうまでもなく『延喜式』である。そこでまず最初に『延喜式』における三牲に関する規定を確認しておこう。(5)

（史料A）

三牲（大鹿、小鹿、豕各加二五臓一、兎醢、料）

右六衛府別大鹿、小鹿、豕各一頭、先レ祭一日進之、以充レ牲、其兎一頭、先レ祭三月致二大膳職一、乾曝造レ醢、祭日辨貢、其貢進之次、以二左近一為二一番一、諸衛輪轉、終而更始、

凡諸衛所レ進之牲、若致二腐臭一、早従二返却一、令二換進一之、

凡享日、在二園韓神並春日大原野等祭之前一、及與二祭日一相当、停レ用二三牲及兎一、代レ之以レ魚、其魚毎レ府令レ進二五寸以上鯉鮒之類五十隻鮮潔者一、

つまり『延喜式』には、

① 三牲（大鹿、小鹿、豕）は六衛府がそれぞれ各一頭釈奠祭日の一日前に進めよ。醢《ひしお》にする兎は三ヶ月前に大膳職に送れ。大膳職で干して醢にして釈奠祭日に供えよ。兎の貢進の順は左近衛府からはじめて諸衛が輪転せよ。一巡後また左近衛府に戻り、はじめよ。

② 牲が腐っている場合は返却して新鮮な物に代えよ。

③　釈奠の祭日が園韓神、春日、大原野等の祭の前、または同日にあたる場合は三牲や兎は供えずに魚に替えよ。
　その魚は府ごとに新鮮な五寸以上の鯉鮒の類を五〇隻供せよ。

といった規定があったことが知られるのである。

　ここで注目されるのはすでに諸祭に際して三牲を忌避するという規定がみられる点である。こうした三牲に関する規定は『大唐開元礼』などにはみられない日本独自のものなのであるが、こうした規定はいつ頃生まれたものであろうか。『延喜式』に先行する『弘仁式』『貞観式』ではどのように規定されていたのだろうか。その点について考えてみよう。周知のように『弘仁式』『貞観式』の大学寮式は現在伝わっていない。しかし幸い釈奠三牲に関してはその逸文を知る事ができるのである。

　やや長文になるが、その典拠になる史料を引用しよう。(6)

（史料B）

十日庚寅、勅定㆓左右近衛左右衛門左右兵衛等府所㆑送釈奠祭牲㆒、其一応㆑送㆓進鮮牲㆒事、検㆓太政官去延暦十二年五月十一日格㆒云、祭礼之事、潔浄為㆑本、又割㆑牲體、明在㆓礼法㆒、然而頃年諸国進牲、既以㆓割穢㆒供㆑祀、釈奠多乖㆓礼制㆒、須㆘並用㆓全体㆒、令㆑進㆓祭庭㆒、一依㆓礼法㆒、割㆑鮮升供㆖、式云、①三牲各加㆓五臓㆒、六衛府別各一頭供之、今案㆓延暦格㆒、所㆘以令㆗全体㆒供㆖者、以取㆔其新合㆓其礼法㆒也、而式文曰、②各加㆓五臓㆒、即是体解可㆑知、雖㆓全体解体前後各異㆒、而至㆓于潔清新鮮㆒、是古今不易之法也、而今諸衛牲、腐臭尤甚、弃而不㆑可㆑用、匪㆓常祀㆒、忍而供㆑之、恐乖㆓礼制㆒、祭祀之正道、鮮潔為㆑先、宜㆘厳下㆓新制㆒、令㆖㆑合㆓礼法㆒、其二応㆑定㆓牲代魚色㆒事、式云③享日在㆓諸祭之前㆒、及与㆑祭相当停㆑用㆓三牲及兎㆒、代以㆑魚、而今諸衛所㆑進牲代物、或乾魚、或菓子、所㆑送非㆑一、猥任㆓人意㆒、宜㆑令㆖㆓六府㆒送㆗鮒鯉鮮潔者㆖也、其三応㆘停㆓六府送兎㆒輪轉令㆖㆑送㆓乾兎一頭㆒事、式云、④三牲及兎、六衛府各一頭供之、又云、⑤豆実兎醢五合、今検先聖先師、独供㆓兎醢㆒、其餘不㆑供之、加以造㆑醢之法、先乾㆓其肉㆒、百日即成、謂㆓之干豆㆒者、是取㆓其義㆒也、而今諸衛府、前㆑祭一日之夕、送㆓鮮兎㆒、夜中造㆑醢、豈合㆓礼意㆒、自今以後、潔浄乾曝、先㆑祭三月、送㆓大膳職㆒、依㆑礼令㆑造、其送致之次、左近為㆓一番㆒、餘府依㆑次輪轉、終而更始、如㆑此則豆実合㆑礼、衛府省㆑煩、先㆑是、大学寮申㆔請改㆓行此事㆒、至㆑是許㆑之、

この記事は大学寮の行った三牲に関する申請に対しての勅定であるが、その申請中に先行式が引用されており、ここから先行式にも釈奠三牲に関する規定があったことが知られるのである。すなわち傍線部①～⑤である。これらのうち①②は同一の式文を重複して引用したもので、さらにこの二者を比較しても明らかなように①～⑤は適宜省略した取意文として引用されたものである。したがって厳密な意味での式文の復元は難しいのであるが、先行式にはおよそ以下のような規定があったと思われる。

Ⅰ　三牲には五臓を加え、六衛府別に各一頭供せよ（傍線部①②）。
Ⅱ　三牲及び兎は六衛府別に各一頭供せよ（傍線部④）。
Ⅲ　釈奠の祭日が諸祭の前、あるいは当日にあたれば三牲および兎は供せずに魚をもってこれに代えよ（傍線部③）。
Ⅳ　豆のなかには兎の醢五合を入れよ（傍線部⑤）。

この式が『弘仁式』『貞観式』のいずれなのかについては式文が取意文としてしか伝わっていない事もあり、明らかにすることはできないが、ここでは『延喜式』に先行する式において三牲を供すべきことが規定されていたこと、さらに諸祭の前や当日においては三牲が忌避されていたことを確認しておきたいと思う。

さて、ここまで『延喜式』および『延喜式』に先行する式における三牲の規定についてみてきた。その結果、先行式においても諸祭との関係で三牲を忌避する規定が存在することが明らかになったのだが、こうした規定はいつ頃から現れるものなのだろうか。

この点について次に日本が釈奠を受容した時期にまでさかのぼって考えてみたいと思う。

二　受容期の三牲について

ここでは釈奠受容期において三牲がどう扱われていたのかを考えてみたい。そこでまず釈奠の受容がどのような形で行われたのか、弥永貞三氏の研究を参照しながら概観しておきたい(7)。

釈奠が日本にいつ伝わったのか、正確には不明である。史料上確実に確認できるのは『続日本紀』大宝元年二月丁巳条に「釈奠（釈奠之礼、於レ是始見矣）」とある記事で、大宝令施行に先立って釈奠が行われたことがわかる。また『令集解』古記から大宝学令に釈奠に関する条文があったことも知られる。但しこの時期の釈奠は孔子のみを対象としており、単純素朴な形で受容したものと考えられている。

このように大宝年間に釈奠が行われたことは確実だが、令規通りに施行されるようになるのは慶雲以降であり、以後もしばらく釈奠儀礼整備の時期が続く。養老四年には検校造器司が釈奠の器を造るなど釈奠器が整えられ(8)、さらに吉備真備によって本格的に整備が進められる。

真備は留学生として入唐していたが、天平七年の帰国に際しては『顕慶礼』を将来し、釈奠整備に意を注ぎ、さらに天平二〇年には釈奠の服器、儀式を改定している。このように釈奠受容に真備が果たした役割は大きなものがあった。

この時期の釈奠の実態を示すものには国学における釈奠ではあるが、天平八年度の薩摩国正税帳の記載がある。また学令釈奠条集解古記によれば「釈奠儀式並所レ須物等事」を記した別式が存在していたことが知られるが、これは古記の成立した天平一〇年頃までには完成していたと考えられる。但し、この別式がいかなるもので、いつ頃の成立になるものなのか、真備によるものなのか、それ以前のものなのか、詳細は不明である。

延暦一二年には諸国の貢進する牲が鮮度が悪く礼法に背いていると問題になっているので、これ以前には礼法も備わったものと思われる。

以上が釈奠を受容してから儀式として整備されるまでの概略であるが、この一連の経過のなかで三牲はどのように規定されていったのだろうか。

この問題について弥永氏は次のように考えておられる。

①まず氏は天平八年度の薩摩国正税帳を分析される。同正税帳には「先聖先師」の料稲酒、「国司以下学生以上」の食料稲、脯《ほじし》、鰒《あわび》などの支出が書かれているが、この記載通りだとすると先聖先師に対して脯などは供せられないことになる。しかし、弥永氏は賜胙（神人共飲食）は釈奠の中核であり、これは薩摩国正税帳作成上の手違いであって、脯、鰒などの進饌は行われたであろうとする。但し日本では祭祀に脯乳動物の犠牲を用いる習慣がないため、この正税帳からもうかがえることだが、天平頃までは魚介類で代替されていたものとする。

②続いて延暦一二年五月の格の分析から、中国の釈奠を知るにつれ、代替物では礼法にはかなわないため、天平以降延暦一二年以前に犠牲が導入されることになったと推定されている。

弥永氏が②で述べられているように延暦一二年以前に三牲が用いられていたことは間違いない。すでに氏が指摘されていることだが、延暦一二年格に関する史料を確認しておこう。

『日本紀略』延暦一二年二月己未条に次のようにある。

己未、大学寮言、云々、供牲全体、令レ進二祭庭一、一依二礼法一、許レ之、

すなわちこの年二月一〇日に大学寮が牲の全体をもって供進せしむるよう求め、許可されていることがわかる。『日本紀略』のこの記事だけではこの年になって牲を進めることが決まった様にも取れるがそうではない。この申請はその後、格として定立され、前掲史料Bにも引用されているのだが、その格に次のようにある。

検二太政官去延暦十二年五月十一日格一云、祭礼之事、潔浄為レ本、又割レ牲體、明在二礼法一、然而頃年諸国進レ牲、既以二割穢一供レ祀、釈奠多乖二礼制一、須下並用二全体一、令レ進二祭庭一、一依二礼法一、割レ鮮升供上

つまり延暦一二年の大学寮の申請とは従来から進められてきた牲が「割穢」であったため、「全体」を進めるよう求めたものであり、ここからこれ以前、「割穢」といわれるようなものであったにせよ、延暦一二年以前の段階で諸国が牲を進めていたことが確認できるのである。

さらにこのことは奈良時代末のものと考えられる平城宮出土木簡からも確認できる。『平城宮木簡三』に三五六五号として紹介されたものであるが、

鹿宍在二五臟一

とある。この木簡は衛府関係木簡の近くより出土しており、釈奠用の鹿肉の付札木簡と考えられている。

こうしたことから延暦一二年以前に三牲が供進されていたことは確実であるといえよう。では、それは弥永氏が推定されたように天平以降のことなのだろうか。弥永氏がこのように推定された論拠は日本には犠牲を用いる習慣がないこと、薩摩国正税帳の記載に三牲がなく、鰒などがみられること、釈奠儀礼は天平期に真備によって整えられたのであり、それ以前は単純素朴なものであったことなどだが、次にその点を検討してみたい。

当初日本が釈奠を単純な形で受容し、真備によって整備されたことは弥永氏が明らかにされたところだが、どのように単純な形で受容し、それをどのように整備したのか、その具体的内容については不明なのである。弥永氏も指摘されているように釈奠において賜胙（神人共飲食）は儀礼の中核といえ、中国において三牲を捧げることが釈奠の重要な構成要素であったこと、そして近年の研究で明らかなように日本にも広範に殺牛馬など動物供犠の習俗が存在していた(9)ことなどを考えあわせれば、受容当初から三牲供犠を受け入れていたと考えた方が自然なのではないだろうか。

では薩摩国正税帳の記載の問題はどうであろうか。ここから積極的に三牲供犠を証明することはできないのだが、

少なくともここには脯の記載がみられ、肉食に対する拒絶はみられないこと、正税帳に記載されるのは当然のことながら正税が支出される品目に限られるので、三牲が正税支出にかかわらずに用意されたとすれば正税帳に記載されていなくとも不自然ではないことを確認しておきたい。三牲が具体的にはどのように用意されたのか、これを明らかにすることはできないのだが、『続日本紀』の二つの記事をみておきたい。

＊天平二年九月庚辰条

（前略）又造レ阹多捕二禽獸一者、先朝禁断、擅發二兵馬人衆一者、当今不レ聴、而諸国仍作二阹籬一、擅發二人兵一、殺二害猪鹿一、計無二頭数一、非三直多害二生命一、実亦違二犯章程一、宜下頒二諸道一並須中禁断上

＊天平一三年二月七日戊午条

詔曰、馬牛代レ人、勤労養レ人、因レ茲、先有二明制一、不レ許二屠殺一、今聞国郡未レ能二禁止一、百姓猶有二屠殺一、宜下其有二犯者一、不レ問二蔭贖一、先決杖一百、然後科上レ罪、又聞国郡司等非レ縁二公事一、聚レ人田獵、妨二民産業一、損害実多、自今以後宜レ令二禁断一、更有二犯者一必擬二重科一[10]、

これらの史料から国郡司によって民衆が動員され、狩猟が行われていることがわかる。釈奠三牲についても正税による交易ではなく、このような形で調達されたのではないだろうか[11]。このように推測することが許されるのであれば正税帳に三牲に関する記載がないことをもって三牲供犠が行われなかったと考える必要はないことになろう。

この正税帳の記載から積極的に三牲供犠の存在を証明することはできないのだが[12]、上述したような理由からここでは釈奠受容当初より三牲供犠を受け入れていたものと考えておきたい。

さてここまで釈奠受容の当初から三牲供犠が行われたと思われることを述べてきた。では、前節で確認した『延喜式』や先行式にみられる諸祭にあたり三牲を忌避するような規定はいつ頃出現したのだろうか。

その際注目したいのが『小野宮年中行事』の次の記事である[13]。

類聚国史第七十四云、弘仁十一年二月丁丑、停二釈奠一定二中丁一、縁下当二祈年祭一可上忌二三牲一也、当二祈年祭一用二中丁一之濫觴也

現存する『類聚国史』に該当記事は見出せないが、『日本紀略』弘仁一一年二月丁丑条にも、

丁丑、停二釈奠一定二仲丁一、縁下当二祈年祭一可上忌二三牲一也、

とあり、弘仁一一年に祈年祭と釈奠が同日にあたり、三牲を忌むために釈奠が延引されたことが確認できる。そして『小野宮年中行事』がいうようにこれがその初見なのである。[14] つまりこれによれば三牲を忌むという風潮はこの弘仁前後の時期に出てきたことになる。

六国史における獣死の記述を検討された土谷博通氏は九世紀半以前においては獣死を穢とする意識が薄いことを指摘され、穢意識の時代的変遷を跡づけられた三橋正氏は弘仁から貞観の間に穢に対する意識が増大すると指摘されている。[15] こうした指摘を踏まえれば、『延喜式』や先行式にみられる釈奠が諸祭の前や当日にあたる場合に三牲を停めるという規定は弘仁以降作られていくものといえるのではないだろうか。

そしてその後仁和元（八八五）年に至り三牲に関する規定が整備される。その詳細は前掲史料Bによって知り得るのだが、ここでは大学寮の申請に基づいて、

① 礼法にかなうよう三牲は新鮮なものを送るべきこと。
② 諸祭の前や当日にあたる時の代替は鮒鯉の鮮潔のものに限定すること。
③ 醢用の兎は六衛府が輪転して三ヶ月前に送り、礼法にかなう形で醢にすること。

などが勅定された。

この仁和元年の改定は弘仁以後現れた三牲を忌避する穢意識に対応しながらも、礼法を重視し、釈奠を礼意を損なわず執行することを目指したもので、『延喜式』の三牲に関する規定の法的淵源ともなる重要なものである。

この三牲規定の整備は藤氏献策のはじめといわれる大学頭藤原佐世によるものと思われる。佐世は前年の元慶八（八八四）年三月九日に大学頭になるが(16)、その後精力的に大学寮の環境改善にあたっている。

すなわち同年九月一四日には京職の出挙息利を学生の菜料に充てることを求め、仁和元年九月一四日には大学寮の幕が不足しているため、その料物を申請している。同年一〇月五日には貞観一四（八七二）年に借り受けた修理料五〇貫文を返上している(17)。この記事の背景は明かではないが、所期の修理を終え、借用銭を返済したものと思われる。このように佐世は積極的に大学寮の整備にあたり、かなり有能な仕事ぶりであったと思われるのである。

この能吏藤原佐世による一連の大学寮整備の一環として三牲規定の整備は行われたのである。この申請が勅定されたのは一一月一〇日であるが、申請自体はそれに先立って出されている。この申請の三条目で醢用の兎を釈奠に先立つ三ヶ月前に送るよう求めているが、明年二月の釈奠を礼法にかなうものにするために釈奠の約三ヶ月前にあたるこの時期に申請したものであろう。

このようにして釈奠三牲は礼法を重視しながらも、弘仁以降顕著になった触穢意識とのバランスを取りつつ実施されるよう規定が整備されたのである(18)。

三　『延喜式』以降の三牲について

前節では釈奠の受容以来三牲がどのように扱われ、『延喜式』の三牲に関する式文がどのような経過をたどって成立したかをみたわけだが、続いて本節では『延喜式』以降、三牲がどのような変遷をたどるのかを探ってみたいと思う。

まず注目したいのが『西宮記』が伝える次の記事である(19)。

延長元年八月十四日、依㆓伊勢幣使㆒、釈奠祭三牲進㆓其代㆒事、

この記事によれば『延喜式』編纂中の延長元（九二三）年には伊勢幣使のため三牲ではなく代物が進められたことがわかる。天慶六年の事例ではあるが、同様の事例は『北山抄』などにもみえる。(20)

　同（天慶　引用者注）六年八月一日、釈奠、依二明日伊勢奉幣事一、諸衛並本寮三牲、以レ代可レ令レ進之由、右大将仰二外記公忠一、

このように『延喜式』の成立と前後して伊勢奉幣に際しても三牲を忌むという慣習が成立しつつあったようである。つまり一〇世紀以降、礼法よりも穢意識の方が拡大し、『延喜式』で魚の代用を規定していない神事の場合でも三牲を忌避するケースが増えつつあることが確認できよう。

しかし、これ以降、とりわけ一一世紀に三牲がどのように意識されたのかは史料がなく、はっきりとしない。唯一推測の手がかりになりそうなものが、諸記録類にみえる釈奠に用いた胙を天皇に献上したという記事である。(21) 例えば『小右記』天元五（九八二）年二月二五日条には「大学助有家献二昨日釈奠胙一」とある。胙とは「神に供へて祭祀が濟んでからくばる肉」（諸橋轍次『大漢和辞典』）のことで、延喜大学寮式釈奠饋享条によればそれは先聖先師に捧げられた三牲の前足第二骨であった。

しかしここで留意しなければならないのが、こうした諸記録にみえる胙献上の記事が三牲の肉の献上を意味したとは限らない点である。例えば先の『小右記』の天元五年二月の場合、穢により釈奠が延引され、二四日に行われたのであるが、同じように園韓神祭、大原野祭も延引され、それぞれ二六日と二八日に行われたのである。(22)『延喜式』の規定によれば釈奠が春日、園韓神、大原野祭に先立って行われる場合、三牲は用いられず、魚に変更することになっていた。この天元五年の場合、釈奠は園韓神、大原野祭の前に行われているのであり、三牲は用いられず、魚に変更されたと考えられるのである。したがってここにいう胙も三牲の肉ではなく、魚肉を指したものと思われる。つまり諸記録では胙の本来の字義を離れて用いられる場合もあるのである。(23) このように考えてくると「胙献上」の記事が存在

するからといって三牲の肉が献上されていたとはいえないだろう。

したがってこの時期の三牲がどうなっていたのかうかがえる史料は今のところ見出し得ない。一〇世紀の動向から考えて、恐らく三牲を忌避する神事の範囲は広がっていったものと推測される。しかし、後述するように三牲供犠が停止されるのは一二世紀に至ってからであり、ここから逆に一一世紀段階では神事と重ならない限り、三牲供犠は行われていたと考えられよう。

続いて一二世紀になると次の記事が注目される。

大治二（一一二七）年八月一〇日の釈奠について『百錬抄』は次のように伝えている。[24]

八月十日、釈奠依二殺生禁断一、不レ供二葷腥之類一、

つまりこの日の釈奠では殺生禁断により三牲などの「葷腥之類」の供犠が停止されたのである。白河上皇が殺生禁断に意を注いだことはよく知られているが、直接的には石清水放生会を五日後に控え、停止されたものであろう。このように殺生禁断という仏教イデオロギーとの関連からも三牲は忌避されていったのである。

そして一二世紀中葉には三牲供犠は廃絶された。『台記』久安二（一一四六）年四月一日条に次のようにみえる。

一日庚子、依レ例講二毛詩一、講師廣季、問者孝能、成佐、各二重、問答皆無レ失、可レ謂レ優、注記頼業、有レ詩、題云、我有二嘉賓一、依二祭礼一、今日不レ入二鹿於家中一、又当日食レ之者不レ入二家中一、昨食者無レ妨相逢、往古釈奠供レ肉見レ式、中古以来止レ之、或者云、人夢云、文宣王云、太神宮常来臨莫レ供レ肉、因止レ之、今日准レ彼、又止レ之、

この日、藤原頼長は私的に毛詩の講経論議を行ったのだが、釈奠が中古以来三牲供犠を止めたのに准じて鹿肉を当日食したものは家中に入れず、昨日食したものについては妨げなしとして相逢ったという。

穢や忌に関する解釈は当時だいぶ混乱していたらしく、当日食したものは家中に入れず、昨日食したものについては妨げなしとした点、錯誤がみられる。同年四月一〇日、梅宮奉幣に際して頼長は同様に処置したのだが、この点に

ついては頼長自身が「後日聞、神祇式、食レ肉未レ過二三日一者、祭時可レ忌之由、所見也、而今日依二明法博士有隣申一、当日不レ食者在二家中一、可レ為レ誤」と記しているように[25]誤りであった。

その点はともかくとして、この記事から当時すでに三牲供犠が停止されていたことが明らかになる。しかもそれはある人の夢に孔子が現れ、伊勢大神宮が常にいるので肉の供進を止めるようにいったことによるという。この話は後に説話化され、『古今著聞集』にも収められている。同書には次のようにある[26]。

大学寮の廟供には、昔猪鹿をもそなへけるを、或人の夢に、尼父の給はく、「本国にてはすすめしかども、此朝にきたりて後は、大神宮来臨同禮、穢食供すべからず」と有けるによりて、後には供せず成にけるとなん。

『延喜式』では釈奠が諸祭の前や当日にあたる場合のみ三牲がとどめられていた。一〇世紀には伊勢奉幣に際し、三牲供犠がとどめられたことを先にみた。しかし、ここでは日本には伊勢神宮がつねに来臨しているので穢食を供すべからずと永久に三牲供犠がとどめられたのである。

こうして釈奠における三牲供犠はその歴史を閉じるのであるが、ここで注目しておきたいのは三牲忌避という意識を作り上げていく上で果たした伊勢神宮の役割である。

『中右記』天永三（一一一二）年二月四日条をみてみよう。

四日辛卯、従二殿下一有レ召、則参入、（中略）、民部卿、新中納言被レ参、被レ仰云、中納言中将今日為レ令レ勤二祈年祭上卿一、出立之間、分配蔵人弁雅兼走来云、祈年祭祭物近江国所レ進猪、今朝於二神祇官中一斃了、而可レ為レ穢哉否事、門（問カ）二明法博士信貞一之処、所レ申不レ明、或為レ穢或不レ可レ然、可レ随二勅定一者、又問二大外記一之処太神宮之習忌レ鹿者、於レ鹿者不レ入二六畜一、於レ猪者入二六畜一、可レ有二其忌一者、被レ問二祭主親貞卿一之処、申云、可レ忌二鹿穢一之由、嘉承之間公卿僉議了者、件旨奏レ院之処、可レ被レ問二公卿一者、以二蔵人弁一遣二左大臣里亭一之処、被レ申云、凡年来間不レ知二猪穢忌由一、仍自レ本不レ忌事歟者、民部卿被レ申云、如レ此穢気有レ疑之時、先々依二勅定一事也、然者可レ随二当時

仰一者、予申云、六畜可レ忌由見二式文一、但鶏者非二忌限一者、依二此文一除レ鶏之外可レ有二穢之義一也、就レ中太神宮忌レ鹿、然者鹿猪同物也、祈年祭被二延引一可レ宜歟、殿下被レ仰云、⑥可レ有二猪穢一者、参二釈奠一人々自今以後可レ為レ穢歟、是依レ供二三牲一也、件三牲之中有レ猪也、而大外記師遠申上云、大学寮式当二諸社祭日一者、止レ用二三牲一可レ用レ魚之由見也、付二此文一者頗有レ忌歟者、此文尤有レ興事也、右中弁為隆云、六畜無二五体不具類一歟、仍強不レ忌也、殿下仰云、猶可レ為レ穢之事也、以二人々申旨一、以二蔵人弁一被レ奏レ院、仰云早可二延引一、蔵人弁向二左大臣亭一、仰二下其旨一、則被レ下二知彼弁一云々、但可レ被レ仰二外記一歟件猪有レ疵云々、七八所、近江国司被レ疵之猪所レ献不便也、被二実験一所々有レ疵也祈年祭延引之由俄被レ行二大祓一云々、

この日、祈年祭に供進する近江国所進の猪が斃れ、それが穢にあたるかが問題となったのである。『延喜式』の規定(27)によれば六畜の死穢に該当することになるのだが、この記事で左大臣源俊房が「凡年来間不レ知二猪穢忌由一、仍自レ本不レ忌事歟」と述べ、民部卿源俊明が「如レ此穢気有レ疑之時、先々依二勅定一事也、然者可レ随二当時仰一」と述べるなど院政期には触穢意識の拡大とともに何を穢とすべきか判然としなくなっている様がうかがえよう。

そして最終的には、当時祈年祭が伊勢神宮を対象とする天皇祭祀と考えられるようになっていたこと(28)から伊勢神宮の鹿を忌むという「習」も参考にされ、延引されることになった。

ところで注目したいのはこの一連の審議中の摂政藤原忠実とそれを受けての大外記師遠の発言である（傍線部⑥）。藤原宗忠の鹿と猪は同物であり、伊勢神宮が鹿を忌む以上、猪も穢となるという発言を受けて、忠実は猪が穢となるならば釈奠に参加する者は今後穢となるのではないかというのである。

この発言からこの時期に至っても神事と重ならない限り、三牲が供進されていたことが確認できるが、それは措くとしてこの天永三年二月の祈年祭が猪の死穢によって延引されたことがきっかけとなり釈奠の三牲供犠も穢にあたるのではないかと意識されていったことがうかがえよう。忠実の発言を受けた大外記師遠は『延喜式』の諸祭にあたっ

ては三牲を止めるという規定を引いた後、「付二此文一者頗有レ忌歟」と述べているが、諸祭の当日や前日にあたる場合のみ忌むべしとされていた三牲に対して、こうした規定があることから三牲は「頗有レ忌」るものとされ、「頗有レ忌」るものである以上、恒常的に忌むべきものと考えられていったと推測できよう。

伊勢神宮が鹿を忌むようになったのは嘉承二（一一〇七）年のことで『中右記』同年五月一九日条に次のようにある。

（前略）次有二仗議一（中略）大神宮鹿斃之事可レ為レ穢哉否之由、法家勘文両端也、何様可レ被レ行哉事、僉議之処、雖レ不レ入二六畜一、大神宮忌習者、可レ為二三日穢一之由定申了、左大弁書二定文一、及二夜半一事了、（後略）

つまりこの年陣定において伊勢神宮の忌習として鹿の死穢は三日と決定されているのである。

釈奠における三牲とは鹿と猪である。鹿の死は嘉承二年以来伊勢神宮では穢とされた。祈年祭でも天永三年猪の死は穢とされた。そして院政期に高まった伊勢神宮に対する信仰[29]はその忌とする鹿、猪を殺し、捧げる釈奠の三牲供犠を廃止させていったのである。先に伊勢神宮が来臨するため、中古以来三牲供犠を止めたという記事を紹介したが、この記事には以上のような背景があったものと思われる。

以上、本章では釈奠における三牲供犠がどのような変遷をたどるかを追ってみた。

一節では先行研究に依拠しながら『延喜式』および先行式で三牲供進についてどのように規定されているかを確認した。

二節ではそれ以前の三牲について検討を加え、

① 受容期から三牲供進は行われていたと思われること、

② 弘仁期に諸祭に際して三牲を忌避する穢意識が現れること、

③　仁和元年には後に『延喜式』の規定として定式される三牲規定の整備がなされるが、それは大学頭藤原佐世による大学寮の環境整備の一環としてなされたこと、
④　弘仁以降、諸祭にあたっては三牲を忌避するようになったものの九世紀段階では釈奠の礼法も重視されており、穢意識とバランスを取りつつ三牲は供進されていたこと
などを指摘した。
三節では『延喜式』以降の変遷を追った。そこでは以下のことを指摘した。
①　一〇世紀には三牲をやめ、代物にするケースに伊勢奉幣も加わり、適用される神事の範囲が広がったが、一二世紀にはさらに放生会の際にも三牲が禁止された。
②　一二世紀には伊勢神宮が猪や鹿の死穢を忌む習が明確化するが、伊勢神宮に対する信仰の高揚とともにそれは釈奠の三牲にも影響し、ついに釈奠において三牲を供進することは行われなくなった。
触穢思想が摂関・院政期を通じて拡大していくことは周知のことだろう。その一方で、何を穢と認定するのかといった点について貴族層の間でも意見が分かれるなど混乱が起きることも諸記録などから指摘できるところである。釈奠三牲の場合、三牲が忌避されていく上で伊勢神宮の果たした役割には大きなものがあったのだが、このような伊勢神宮の役割というのはどこまで一般化できるのだろうか。穢意識の強化や穢の認定に伊勢神宮はどのような役割を果たしたのだろうか。ここでは釈奠三牲に問題を限定したため十分には考察できなかったが、今後の課題としたいと思う。(30)

注

（1）　近藤春雄「我国に於ける釈奠に就て」（『大東文化』八、一九三四年）。
（2）　弥永貞三「古代の釈奠について」（『古代の政治と史料』高科書店、一九八八年、初出一九七二年）。

(3) 倉林正次「釈奠儀礼の形成」「釈奠および御斎会における講論」「釈奠の百度座」「釈奠内論議の成立」「釈奠内論議の構成」「釈奠構成論」(いずれも『饗宴の研究　歳事索引編』桜楓社、一九八七年。なお、「釈奠の百度座」「釈奠内論議の成立」の初出は一九八五年、「釈奠構成論」の初出は一九八六年)など。

(4) 翠川文子「釈奠」(一)〜(四)(『川村短期大学研究紀要』一〇〜一三、一九九〇〜一九九三年)、「孔子廟の制度と祭儀(釈奠)」(小野泰博他編『日本宗教辞典』弘文堂、一九八五年)。

(5) 『延喜式』巻二〇大学寮式(神道大系本『延喜式』上巻七六六頁)。なお、以下本章で引用する『延喜式』はすべて神道大系本による。

(6) 『三代実録』仁和元(八八五)年一一月一〇日条。なお、虎尾俊哉編『弘仁式貞観式逸文集成』(国書刊行会、一九九二年)八〇頁参照。

(7) 弥永前掲注(2)論文。

(8) 『続日本紀』養老四年二月乙酉条。

(9) この点については多くの論文があるが、さしあたり上田正昭「殺牛馬信仰の考察」(同編『神々の祭祀と伝承』同朋舎出版、一九九三年)参照。

(10) 『類聚三代格』巻一九禁制事(『国史大系』五九九頁)も参照。

(11) なお、これらの記事はいずれも狩猟を禁止したものではあるが、いずれも公事によらざる私的な狩猟の禁止であって、釈奠三牲のような公的な目的のための狩猟を禁止したものではない。

(12) なお、すでに指摘されているとおり天平期の正税帳のうち、釈奠について記載しているのはこの薩摩国正税帳のみである。このことは中央はともかく、諸国釈奠はこの段階ではまだほとんど行われていなかったことを示しているかと思われる。ではなぜ薩摩国では釈奠が行われたのだろうか。この点について中村明蔵氏は隼人の因習的宗教観念克服を意図して行われたものと指摘されている(『隼人と律令国家』名著出版、一九九三年)二〇二頁。また、この薩摩国正税帳には遣唐使第二船供給穎稲の記載がみられるが、この前後の時期、南島路を通った遣唐使が薩摩国庁に立ち寄ることもあったものと思われる。そして薩摩国では遣唐使からより直接的な形で釈奠を受容し、執行したと考えることも可能ではないかと思われる。

(13)『小野宮年中行事』二月四日祈年祭事。

(14)なお、宮城栄昌氏は日本における最初の釈奠である大宝元年二月の釈奠が中丁に実施されていることに注目され、これは上丁が祈年祭にあたるため延引されたものと述べている（『延喜式の研究』論述編五六一頁、大修館書店、一九五五年）。しかし、弥永氏が指摘されている通り、大宝令に祈年祭と重複した際に中丁に延期するという条文があったかどうかは疑わしく（弥永前掲注（2）論文三九四頁）、初の釈奠実施にあたっての何らかの特殊な事情を考えた方がいいように思われる。

(15)土谷博通「獣死穢考」（『神道宗教』一一一、一九八三年）、三橋正「『延喜式』穢規定と穢意識」（『延喜式研究』二、一九八九年）参照。

(16)『日本三代実録』元慶八年三月九日条。

(17)以上、出典はいずれも『日本三代実録』の当日条。

(18)これ以前、諸衛が送ってきた代物は乾魚や菓子であったのに対して、ここでは鮮潔な鮒鯉に限定している。これも触穢意識とバランスを取りながらもできるだけ牲のイメージに近づけようとしたものといえるのではないだろうか。

(19)恒例第三　八月釈奠条（神道大系本二三〇頁）。

(20)『北山抄』巻第一　年中要抄上　二月　釈奠事（神道大系本四〇頁）。なお、同じ事例が『江家次第』では「依レ在二奉幣齊内一、進二三牲代一事（天慶六八）」と引用されている（『江家次第』第五　二月　釈奠、神道大系本一五九頁）。なお、この時の奉幣は『日本紀略』同年八月二日条に「天皇幸二八省院一、奉二幣伊勢大神宮一、依レ祈二太宰府四王寺仏像堂舎鳴響一也」とあるように怪異に伴う臨時奉幣であった。

(21)『春記』長久元（一〇四〇）年八月六日条、『後二条師通記』永保三（一〇八三）年二月二日条、同年八月五日条、応徳三（一〇八六）年二月九日条など。

(22)『小右記』天元五年二月三日条参照。

(23)同様の事例は『後二条師通記』の永保三年二月の記事でも確認できる。この年は一日に釈奠が行われ、翌二日胙が献上された。しかしこの年の春日祭は二日、園韓神祭は七日、大原野祭は九日であった。したがってここにいう胙もやはり魚肉であったと考えられる。

(24)『百錬抄』大治（一一二七）二年八月一〇日条。
(25)『台記』同日条。
(26)『古今著聞集』巻第一、神祇第一、一二「或人の夢に依りて大学寮の廟供に猪鹿を供へざる事」。引用は日本古典文学大系五六頁による。
(27)『延喜式』臨時祭式穢忌条。
(28)小松馨「院政期に於ける朝廷の神祇信仰」（古代学協会編『後白河院』吉川弘文館、一九九三年）。
(29)（28）に同じ。
(30)なお、三宅和朗「日本古代の大儺儀の成立」（『日本歴史』五二一、一九九一年）によれば、釈奠同様、中国伝来の儀である大儺の場合は中国で行われた犠牲が日本では忌避されたという。釈奠においては『大唐開元礼』にみえる牲の毛血を捧げる儀は省略されたものの三牲の供犠は受容されている。この両者の差が何に由来するものであるかについても今後の課題としたい。

第四章　釈奠と穢小考

神祇信仰と穢の関わり方について考察した三橋正氏は論文「神道と穢」[1]のなかで、「穢」は唐の祠令の影響を受けて成立した神祇令散斎条「穢悪の事」に淵源をもち、『延喜式』臨時祭式にみえる穢規定によって明文化されたこと、平安貴族社会では「神に穢を近づけると祟がもたらされる」という神観念が形成されており、『延喜式』穢規定は神事を厳格に執行するため制定されたことなどを指摘した。むろん穢観念は拡大して、貴族社会にとどまらず、広く民衆レベルにも展開していくのであり、民衆における穢という問題も解明していく必要があるのだが、氏の研究は貴族社会における穢の性格を解明したものとして注目されるものである。

ところで平安貴族社会においてはいったん触穢が認定されると様々な神事が延引されたり、停止された。氏によればそれは神に穢を近づけると祟がもたらされると考えられたための措置であった。一方、儒教儀礼である釈奠なども同様に触穢の際は延引、停止されている。しかしながら釈奠の場合は神祇信仰に基づく神事ではないため穢との関連については従来あまり取り上げられてこなかったように思う。そこで本章では釈奠がどのような場合に延引・停止されるのか、穢と釈奠の関係などについて考えてみたい。そしてそのことを通して釈奠の性格をより明らかにしていきたいと思う。

一　釈奠とは

釈奠とは周知のように孔子およびその弟子を祭る儒教儀礼である。(2) 日本で最初に行われたのは大宝元年（七〇一）である。その後どの程度実施されていたのか判然としない点もあるが、奈良時代の吉備真備による整備を経て『弘仁式』以降、儀礼内容などが整備されたようである。平安期には年中行事として二月と八月の上丁の日に挙行するのを原則としている。

儀式構成はまず大学寮廟堂において孔子以下顔子《がんし》、閔子騫《びんしけん》、冉伯牛《ぜんはくぎゅう》、仲弓《ちゅうきゅう》、冉有《ぜんゆう》、季路《きろ》、宰我《さいが》、子貢《しこう》、子游《しゆう》、子《し》夏《か》の一一座に酒食、祝文を捧げる饋享を行い、その後都堂院で行う講論、さらにその後、宴を行うという構成になっている。

平安期の実例からみると、前半の饋享までは主に大学寮官人らによって執行され、公卿らが参加するのは概ね後半の講論からとなっていたようである。『三代実録』仁和二年（八八六）八月丁未条には、

丁未朔。釈奠如レ常。祭祀礼畢、太政大臣入レ廟、拝二文宣王影一。公卿大夫畢会。令下明経博士、講中論周易上。文章生等賦レ詩如レ常。

とある。このように公卿らは祭祀（饋享）が終わってから廟堂に掲げてある文宣王孔子像を拝し（これを拝廟という）、ついで都堂院に行き、講論に参加するのである。

この釈奠執行にあたっては厳密な散斎（あらいみ）と致斎（まいみ。祭祀の際に行う斎戒）が要求されている。『延喜大学式』致斎散斎条には、

預享之官。散斎三日。致斎二日。散斎皆於二正寝一。致斎一日於二本司一。一日於二享所一。其無二本司一者。皆於二享所一。散斎理レ事如レ舊。唯不二弔喪問疾一。不レ作レ楽。

> 不レ判二署刑殺文書一。不レ行二刑罰一。不レ預二穢悪一。致斎唯享事得レ行。其余悉断。其享官已斎而闕者。通摂行レ事。余館官学官及諸学生。雅楽工人。皆清二斎於学館一一宿。

とある。これによれば散斎に際して釈奠を執行する官人には弔喪問疾や音楽の演奏、刑殺を判断する文書への署名および刑罰、その他穢悪のことに触れることが禁じられている。さらに散斎より厳密な潔斎である致斎では享事以外の一切の行為が禁じられる。もっとも本条文は大唐開元礼の規定と同内容で、さらには散斎・致斎中の禁忌については唐祠令とも同様のものである。

一方、神事に際しての潔斎を規定した神祇令散斎条は、

> 凡散斎之内。諸司理レ事如レ旧。不レ得二弔レ喪。問レ病。食レ宍。亦不レ判二刑殺一。不レ決二罰罪人一。不レ作二音楽一。不レ預二穢悪之事一。致斎。唯為二祀事一得レ行。自余悉断。其致斎前後。兼為二散斎一。

と規定している。この神祇令散斎条も祠令の影響を受けており、釈奠の致斎散斎条とほぼ同内容になっている。したがって釈奠も神事も宗教儀礼という点でほぼ同様に扱われていたと思われる。但し、神祇令の場合は日本独自の規定として「食宍」が禁止されている点に注意したい。つまり釈奠とは異なり、神事の場合には肉食も忌避されているのである。一方、釈奠においてはそのような食肉に対する忌避は規定されず、唐祠令や大唐開元礼と同内容の潔斎を規定するのみである。これは釈奠が中国に淵源をもつ儀礼であること、何よりも釈奠においては三牲が捧げられることと関連するであろう。

釈奠における三牲については別に述べたことがあるので詳述はしないが[3]、釈奠においては先聖孔子、先師顔回らの座の前に大鹿、小鹿、豕の肉が供えられたのである。

さらに八月上丁の釈奠の場合は翌日に釈奠で講論を行った博士が学生を連れて参内し、天皇の前で講論を再現する内論義も行われた。その際に釈奠で先聖以下に捧げられた胙が天皇に対しても献上される。

これと関連して『枕草子』一三二段の次の記事をみておきたい。

二月、官の司に定考といふことすなる、なにごとにかあらむ。孔子などかけたてまつりてすることなるべし。聰明とて、上にも宮にも、あやしきもののかたなど、かはらけに盛りてまゐらす。

枕草子本文では二月の定考となっているが、孔子の画像を架けて祀っていることなどから定考は釈奠のあやまりと考えられるものである[4]。二月を八月のあやまりと考えて、釈奠翌日に内裏で行われる内論義の記事と考えるか、二月の釈奠の後のことと考えるか、二通り考えられるのだが、いずれにしてもこの記事によれば釈奠の後に釈奠で神座に捧げられた胙＝ひもろぎ＝聡明が内裏にももたらされていることがわかる。そしてそれは「あやしきもののかた」（怪しきものの肩の意であろうか？）などといわれているのである。ここから釈奠の三牲は一般には「あやしきもの」とされるようなものであったこと、しかし釈奠においてはその「あやしきもの」が神座に捧げられ、天皇にももたらされていたことがわかる。

このように中国に淵源をもつ釈奠は独自の儀礼を伴っており、そのため潔斎においても日本の神事などとは一部別のルールが適用されていたのであった。

さて、平安中期以降貴族社会において穢観念が発達すると神事などは様々な理由で延引されたり、停止されたりしている。

では神事とはいささか異なる潔斎を行う釈奠の場合はどうだろうか。以下釈奠がどのような場合延引され、停止されるのかみていきたい。

二　延喜式における穢規定と釈奠

ここではまず考察を進めるにあたって、『延喜式』の穢規定および参考すべき釈奠に関する条文について確認しておきたい。

『延喜臨時祭式』に規定された穢規定は以下の通りである。

①　凡触二穢悪事一応レ忌者。人死限二卅日一自二葬日一始計、産七日。六畜死五日。産三日鶏非二忌限一、其喫レ宍三日此官尋常忌レ之。但、当二祭時一、余司皆忌、

②　凡弔レ喪。問レ病。及到二山作所一。遭二三七日法事一者。雖二身不一レ穢。而当日不レ可レ參二入内裏一。

③　凡改葬及四月已上傷胎。並忌二卅日一。其三月以下傷胎忌二七日一。

④　凡祈年。賀茂。月次。神嘗。新嘗等祭前後散斎之日。僧尼及重服奪情従公之輩。不レ得レ參二入内裏一。雖二軽服人一。致斎幷散斎之日。不レ得二參入一。自余諸祭斎日。皆同二此例一。

⑤　凡縁二無服殤一請レ暇者。限日未レ満。被レ召參入者。不レ得レ預二祭事一。

⑥　凡宮女懐妊者。散斎之前退出。有二月事一者。祭日之前。退二下宿盧一。不レ得レ上レ殿。其三月。九月潔斎。預前退二出宮外一。

⑦　凡甲処有レ穢。乙入二其処一謂二著座一、下亦同、乙及同処人皆為レ穢。丙入二乙処一。只丙一身為レ穢。同処人不レ為レ穢。乙入二丙処一。同処人皆為レ穢。丁入二丙処一不レ為レ穢。其触二死葬一之人。雖レ非二神事月一。不レ得レ參二著諸司幷諸衛陣及侍従所等一。

⑧　凡宮城内一司有レ穢。不レ可レ停二廃祭事一。

⑨　凡触二失火所一者。当二神事時一忌二七日一。

このうち①と②は『弘仁式』では一つの条文であったと思われる。『西宮記』定穢事所引の『弘仁式』には、

⑩触二穢（悪）忌事一応レ忌者、人死限二卅日一、産七日、六畜死五日、産三日、其喫完（宍）及弔レ喪、問レ疾三日

とあり、[5]①、②は一つの条文で、弔喪問疾は三日の穢とされていた。これが、恐らく『貞観式』段階で分割され整理され[6]『弘仁式』段階では穢とされていた弔喪問疾が延喜式では内裏への参入は認められないものの穢とはされないこととなったのである。

③は改葬や四月以上の流産などの規定。④は神事の前後や散斎致斎の日における参内について定めたもの。僧侶や、欠くことのできない重要な人であっても重服の者の参内などが禁じられている。⑤は流産により休暇を取っている者の祭への関与を禁止したもの。⑥は懐妊した女房や生理に関する規定、⑦は有名な穢の伝染に関する規定、⑧は宮城内に穢があっても延引などにして停止しないよう求めたもの、⑨は失火の穢に関するものである。これらはいうまでもなく神事に関する穢規定である。神事においてはこのように多様なものが穢とされ、詳細に規定されていたのである。そしてこれらの穢に触れた場合、神事は延引や停止ということになったのである。

続いて釈奠と穢、釈奠と延引・停止などに関わる条文を『延喜大学式』からあげてみよう。

⑪凡享日。在二園韓神幷春日大原野等祭之前一。及与二祭日一相当。停レ用二三牲及兎一。代レ之以レ魚。其魚毎レ府令レ進二五寸以上鯉鮒之類五十隻鮮潔者一。

⑫若上丁当二国忌及祈年祭。日蝕等一。改用二中丁一。

⑬其諒闇之年。雖レ従二吉服一亨停。

⑪は園韓神祭などと釈奠が同一日になった時の三牲の扱いに関する規定。⑫は国忌や祈年祭、日食との関係。⑬は諒闇中の挙行についてである。詳細は以下の行論のなかで触れていくが、釈奠と穢の関連を規定する条文はこれらと前節で示した散斎致斎条のみである。しかし、実態はまた別である。そこで次に実例をみてみよう。

三　釈奠の延引・停止

さて、延喜式は前節のように穢や釈奠の延引などについて定めていたが、ここでは実例を探ってみたいと思う。六国史上で最初に釈奠停止の記事がみえるのは『続日本紀』宝亀元年（七七〇）八月八日条である。同日条には、

停二釈奠一。以二天下凶服一也。是日自二天皇崩一。

とある。この日称徳天皇が死去したため釈奠が停止されたというものである。天皇が父母やそれに準ずる人の喪に服する諒闇の際にも釈奠は停止されている。『続日本後紀』承和七年（八四〇）七月一〇条には、

令下二五畿内七道諸國一。諒闇之間。停中釈奠祭上。

とある。これはこの年五月八日に淳和上皇が死去し、諒闇中ということで八月の釈奠を中央で行うものも各国衙で行うものも停止するよう命じたものである。

同じように諒闇のため停止された例は『三代実録』貞観元年（八五九）二月一日条や元慶五年（八八一）二月九日条などにもみえる。なお、諒闇の際の釈奠の扱いについての『延喜式』の規定は先にあげた⑬である。⑬にいう吉服とは吉事の際に着る礼服のことだが、服喪中、遺詔などによって喪服をやめることを意味すると思われる。つまり、諒闇の場合には喪服を着さない場合でも釈奠はやめよということで、諒闇の際釈奠は停止するのが原則であったことがわかるだろう。

ところで諒闇中になぜ釈奠は停止されるのだろうか。死穢のためなのだろうか。あるいは服喪のためであろうか。次の史料をみよう。(7)

　三日丁丑、釈奠、停二講論宴飲一、以二勝子内親王薨後一、輟レ朝三日之限在二此日一也

この記事によれば勝子内親王の死去に際し、釈奠儀礼の前半、饋享などは執行され、後半部、講論や宴飲が停止されているのである。死穢が蔓延して停止するのであればこのような形ではなく儀礼全体が停止されなければならないだろう。この記事は服喪のため講論や宴などを控えた史料なのである。次の史料も同様の事例である(8)。

　七日丁未。釈奠。助教従五位下善淵朝臣永貞講二毛詩一。所司不レ給二百度一。大学寮設二酒食一。未二開講一之前。公卿就而饌レ之。不レ召二文人及諸道学生等一。以二去年九月太皇大后崩一。主上心喪日未レ満之故也。

百度とは百度座といわれるもので講論の後に行われる宴である。通常であれば講論を行った後、最初の宴である百度座がもたれ、その後さらに五位以上の者によって二度目の宴、宴座が行われる。この宴座では文人が召され、詩を作り、また明経・明法・算の三道の学生が論義を行うことになっているのだが、ここでは講論後、先年九月に太皇太后藤原順子が亡くなり、心喪の期間が終わらないため宴が停止されたのである。このような事例を勘案すれば諒闇の際に釈奠が停止されるのは服喪のためであるといえるだろう。

先帝・母后らの忌日である国忌にも同じようなことが指摘できる。例えば簡略な記事であるが、『三代実録』元慶元年（八七七）八月九日条には「停二釈奠一、縁二国忌一也」とある。国忌のためにこの日の釈奠はとどめられたのである。そして一九日に延引されたところ、その一九日に犬の産穢が起こり、この年の釈奠は最終的に中止されている(9)。

延喜式では上掲の⑫のように国忌と釈奠を行う上丁の日が重なった際には中丁に延引することになっている。この元慶元年の事例も中丁に延引され、そこで不都合が起こって停止されたのである。つまり国忌の場合、釈奠は延引されるのである。この時の国忌が誰を対象とする国忌なのか明かではないのだが、通常国忌の対象となる先帝は数年前に亡くなっているのであり、死穢の直接的な影響を考えるのは無理であろう。国忌に際して延引するのは服喪の意志を表するためなのである。

さて、では穢などの影響で釈奠が停止されたり延引される事例はないのだろうか。六国史で確認できるその早い例は『三代実録』貞観一八年（八七六）二月九日条、同一九日条である。九日条には「停二釈奠之礼一」とあるのみだが、これは穢によって中丁の一九日に延引されたものだった。一九日条には、

丁夘十九日。釈奠如レ常。先レ是。九日丁巳。皇太后宮司染レ穢。輙入二内裏一。由レ是延而行レ之。

とある。皇太后司の穢がどのようなものだったかは判然としない。

また、先の元慶元年の事例では国忌により延引された後、

是日、可レ行二釈奠之礼一、大学寮犬産成レ穢、因而停止

とあり、犬の産穢によって停止されている[10]。

その他『三代実録』元慶三年八月一〇日条には、

停二釈奠之礼一、以下今月八日木工頭藤原朝臣維邦於二寮直曹一頓卒、諸司入中彼寮上也

『三代実録』元慶八年（八八四）八月一九日条には、

十九日丁未。釈奠如レ常。従五位下行助教浄野朝臣宮雄発二礼記題一。文章生学生等賦レ詩。讌礼未レ竟、雷霆発レ声。公卿遽参二内裏一。去九日丁卯、可レ行二此礼一。而六日負レ氷牝馬、於二主水司一傷胎。馬主隠蔵、不レ令二人知一。司以二其氷一、供二奉御膳一。後遂発顕。故延而行レ之。

とある。前者は藤原維邦の死穢が伝染したために停止されたものである。後者は主水司で氷を運ぶ馬が流産したが、馬主がそれを隠したため、主水司の氷が御膳に供奉された。後にそれが発覚したため釈奠が延引されたという史料である。

この牝馬の傷胎は死穢、産穢いずれとされたのか微妙であるが、穢と認定されたのである。

これらはいずれも『延喜式』成立以前の事例であるが、後に『延喜式』で神事の際の穢と認定されるような事例が

ほぼ釈奠に関しても穢とされていることがわかるだろう。

一方、他の神事と異なり釈奠独特の事例と考えられるものに次の『日本紀略』弘仁一一年（八二〇）二月四日条がある。

丁丑、停二釈奠一、定二仲丁一、縁下当二祈年祭一可上レ忌二三牲一也

本来二月の上丁に行うべき釈奠を停め、中丁に行うことにしたという史料である。『延喜式』では国忌・祈年祭が上丁の日と重なった場合釈奠を中丁に延期すると規定されていたことは先にみたが⑿、ここではその理由が三牲にあると明確に示されている。

釈奠においては孔子以下の神座に三牲の供犠を行うことは重要な儀礼構成要素であった。そのため散斎においては食宍も禁じられていなかった。しかし、他の神事においては三牲供犠は忌まれる行為であり、そのために釈奠は延引されたのである。

また、釈奠を延引するのではなく、三牲を他のものに代えて釈奠を行う場合もあった。『延喜式』には釈奠が園韓神祭や春日、大原野祭などに先だって行われる場合および同日に行われる場合、三牲や兎の肉を使わず、魚を用いる規定があったが⑾、『三代実録』仁和元年（八八五）一一月一〇日条には、

式云、享日在二諸祭之前一、及与レ祭相当、停レ用二三牲及兎一、代以レ魚

とあり、延喜式に先行する弘仁式ないしは貞観式段階で諸祭にあたって三牲を魚に代える規定があったことがわかる。そして伊勢奉幣の場合ではあるが、『西宮記』の[11]

延長元年八月十四日依二伊勢幣使一、釈奠祭三牲進二其代一事

という事例や『北山抄』にある[12]

同（天慶）六年八月一日、釈奠、依二明日伊勢奉幣事一、諸衛幷本寮三牲、以レ代可レ令レ進之由、右大将仰二外記公忠一

などの実例も見出すことができる。

　また、釈奠と穢の関係を考える上で注目される次のような事例もある。『西宮記』に引用された『吏部王記』の逸文である。[13]

　吏部王記天暦三年二月三日、釈奠云々、中納言在衡・左大弁庶明従レ官参云、内裏犬産穢、至レ官後参官人為二内（丙カ）穢一、仍令レ検レ例、有レ穢時、先巻二収廟像一、後着二廟門一、仍令レ奏二其由一、依レ有レ例可レ行仰、勘レ例奏定之間、時剋自移也、廟像先収司（了カ）、即着二廟門一

　これは内裏に犬の産穢があったため、廟堂に掲げてあった廟像、すなわち孔子以下の像を巻き収めて、その上で釈奠を挙行しようという史料である。同様の事例は『北山抄』にもみえる。[14]

　同（天慶）八年、元方卿触二丙穢一着二釈奠一、依二祭外一也、依二旧例一、以二廟像一令レ納二廟倉一了准レ之軽服人可レ着歟、然而有レ服者不レ着、注文有レ例、不レ見二参着例一云々

　このように丙穢などの場合には廟像をしまい、穢に触れないようにした上で釈奠は挙行されたのである。黒田日出男氏は日食・月食に際して天皇の身体を妖光から守るため御所全体を席で裹む作法があったことを紹介されたが、[15]ここでは廟像を穢から守るために廟像を巻き、廟倉に収め、その上で釈奠が実施されたのである。丙穢や軽服の場合だが、注目すべき事例であろう。

　なお、日食に関しては延喜式の規定によれば延引し、中丁に実施することになっていた[12]。実例として『中右記』嘉保二年（一〇九五）二月一日条に「今日大原野祭幷釈奠、依レ可レ有二日蝕一皆以延引」とある例などをあげられる。日食に際しては廟像を収めるだけではなく、延引することによって廟像を穢から守ったのである。

　余談であるが、釈奠で用いられる廟像とは『江家次第』巻第五、二月釈奠の頭書[16]によれば「元慶四年巨勢金岡以二唐本一所レ奉二図絵一也」とも、また「或説曰、吉備大臣入唐、（時脱カ）持二弘文館之画像一来朝、安二置太（大）宰府学業院一、大臣又命二百

済画師一奉レ図二彼本一、置二大学寮一云々」ともいう。これらの伝承の真偽は不明だが、いずれにしても釈奠に用いられる廟像は巻子状の画像であったのである。

また、廟像を収めずとも穢に触れさせないために触穢の者の拝廟を省略する場合もあったようである。公卿らが釈奠に参加する際には講論から参加するのが普通であるが、講論参加に先立って、廟堂で孔子以下の廟像を拝礼する拝廟を行わなければならなかった。しかし触穢の者は拝廟を許されなかったのである。『中右記』嘉保元年（一〇九四）八月八日条には、

　召使来催云、可レ有二拝廟一、早可二参進一者、（中略）少納言成宗依二妊者陣（障カ）一不レ可二拝廟一由被レ申、定俊又有レ障、予一人具二六位上官一進二廟南門一

という記事がある。ここで少納言成宗は妊者の障りによって拝廟が許されず、定俊も障りありとして拝廟をしていない。妊者の障りが産穢を指しているのか、あるいはこの頃には妊娠自体が障りありとされたのか判然としないが、いずれにしても廟像を穢から守る行為であったのだろう。

続いて『小右記』に記された万寿二年（一〇二五）八月の事例をみよう。この年は赤班瘡がはやり、京中に穢が満ちていた。そこで釈奠の実施について検討されていたのだ。さらには皇太弟敦良親王の王子親仁を妊娠中の尚侍藤原嬉子（道長の女）も赤班瘡を煩っており、王子出産後、五日に死没している。そのような状況のなかでの一連の記事である。

　五日条

　大外記頼隆云、諸卿悉触レ穢、釈奠祭如何、余答云、触穢人納二廟像一有二着行例一歟、頼隆云、軽服人例也者、引二見故殿（卿記脱カ）一天慶八年触レ穢又着行、依二外記日記一被レ行云々

　六日条

頼隆云、見二天慶八年釈奠日記一、上達部身為二丙穢一、内裏乙之故、仍雖二触穢一更着処不レ可レ穢、有二此定一、納二廟像一須着行者、仰下可レ進二日記一由上了、（中略）釈奠祭可レ用二中丁一、軽服人有二着行例一之由頼隆令レ申、仍権大納言行成・右兵衛督経通・皇太后宮権大夫資平可レ行由可二戒仰一者（中略）上達部悉依レ触二尚侍穢一云々

これらの史料から穢中であっても何とか釈奠を実施しようと検討されていることがうかがえよう。そして、軽服の人の例とはいえ廟像を納めて釈奠を挙行した前例があることから中丁に延引した上で、軽服の行成らを中心に実施しようというのだ。しかしながらその後も穢は拡大し「天下又無レ不レ穢」（七日条）といわれるまでになった。その結果、一一日には大学頭大江通直が実資に「尚侍穢来二交寮家一、縦雖レ可レ用二中丁一猶在二穢中一」と報告している。その後も釈奠の挙行について関白頼通と実資の間でギリギリまで実施が検討されていたが（一四日条など）最終的には「釈奠事、寮中二触穢一、難レ被レ行歟、又有下不レ行之例上、假令雖レ無二前例一、寮家触穢之間不レ可レ被レ行、亦無下改レ月之例上歟」ということで中止された。

結局この時は中止されたが、他の神事同様、釈奠も重要な年中行事として何とか実施しようとされていること、そしてそのための方策として軽服の場合には廟像を巻き納めて実施するという便法がとられていることが知られるのである。

なお、時代が前後するが、触穢の際にも何とか釈奠を挙行した事例として次の『西宮記』所引『九暦』天暦二年八月一一日条もあげられる。(17)

左大臣参内、藤大納言・修理大夫不レ参、其外皆参レ官云々、依二貞観四・九・延喜九・天慶三、並四箇年例一、相幷行レ之、予並大納言清蔭着二大学一云々、了付二遺事大納言一出、前例行二同日一時、上臈着二大学一、下臈着レ官、須左大臣可レ被レ参二大学一、而内裏犬死穢也、納言・参議等同触二彼穢一、予並両大納言不レ穢、仍只両人着二大学一、又兀子納二掃部寮一了也、内侍皆穢、昨日装束史是隆来云、依レ無二兀子一、可レ闕二装束一、予並大納言、各可レ被レ儲二倚子一者、雖

レ無二事前例一、為レ済二公事一、当日早旦送遣了、

ここでは内裏に犬の死穢が発生したため納言・参議などで釈奠に参加できる者がおらず、「不穢」の藤原師輔と大納言が参加して行われたのである。しかも掃部寮に納められていた兀子が穢のため用意できないという状態であった。これに対して師輔らは「雖レ無二事前例一、為レ済二公事一」め、自らが椅子を用意して挙行したのである。

触穢思想の拡大につれ、摂関期以降、釈奠の延引・停止などの事例は増えていく。三牲を用いる儒教儀礼である釈奠は特異な性格ももつ面もあるが、他の神事などと同様、公事として位置づけられギリギリまで挙行が検討されているのである。

本章では釈奠と穢について考えてきた。釈奠は中国受容の儀礼であり挙行にあたっては散斎致斎が要求されるものであった。神祇信仰もそれは同様であったが、その後の穢観念の拡大に伴い、神祇信仰の場合は『延喜式』では詳細な穢規定をもつに至った。釈奠の場合は条文としてはそのような規定をもたなかったが、実際には本章でみてきたように神事同様、穢の影響を受け、延引、停止などされるものであった。さらにそのようななかでも廟像を巻くなどの作法により極力実施することが追及されていた。それは釈奠が宗教儀礼として重視され、また貴族社会のなかで欠くことのできない年中行事、公事として定着していたことのあらわれでもあった。

注

（1）『神葬祭総合大事典』（雄山閣出版、二〇〇〇年）。

（2）釈奠および釈奠研究に関する文献については拙稿「釈奠」（阿部猛他編『平安時代儀式年中行事事典』東京堂出版、二〇〇三年）を参照されたい。

（3）拙稿「釈奠の三牲」（虎尾俊哉編『律令国家の政務と儀礼』吉川弘文館、一九九五年、本書第三章）、中野昌代「釈奠三牲奉供をめぐって」（『史窗』五三、一九九六年）など。
（4）翠川文子「釈奠」（二）（『川村短期大学研究紀要』一一、一九九一年）。
（5）虎尾俊哉編『弘仁貞観式逸文集成』（国書刊行会、一九九二年）。
（6）三橋正「『延喜式』穢規定と穢意識」（『延喜式研究』二、一九八九年）。
（7）『三代実録』貞観一三年（八七一）八月三日条。
（8）『三代実録』貞観一四年二月七日条。
（9）『三代実録』元慶元年八月一九日条。
（10）『三代実録』元慶元年八月一九日条。
（11）恒例第三　八月　釈奠（神道大系本二三〇頁）。
（12）巻第一　年中要抄上　二月　釈奠（神道大系本四〇頁）。
（13）恒例第三　八月　釈奠（神道大系本二三五頁）。
（14）巻第一　年中要抄上　二月　釈奠（神道大系本四〇頁）。
（15）「こもる・つつむ・かくす」（黒田日出男『王の身体　王の肖像』平凡社、一九九三年）。
（16）神道大系本二五一頁。
（17）神道大系本二三五頁。

第五章　軍記物語に見る死刑・梟首

近年歴史研究者による軍記物語や説話集の分析が盛んになり、多くの成果を生んでいる。もちろんこれらはいうまでもなく文学作品であり、成立年代や作者などはっきりしない場合もあり、歴史学の史料として扱うには難しい問題もある。しかし武器論や武士論などを論じる際には欠かすことのできない史料であり、現実にこれらを分析することによって様々な成果があげられているのである[1]。

つまり軍記物語や説話も文学作品であることを十分意識し、歴史史料としての一定の限界性を踏まえれば、古文書や古記録といった史料からは得られない相当の情報が得られるのである。もちろんこうした用い方だけではなく、作品全体を分析してその作品が書かれた時代の感受性に迫ることもできるのである。このように様々な可能性を秘めた軍記物語や説話集は今後も歴史学の研究対象として積極的に分析されていくべきであろう。本章ではその一つの試みとして軍記物語や説話集などを素材としながら平安時代における死刑や梟首の実態、ひいては武士のあり方について考えていきたいと思う。

平安時代の死刑といえば、誰でも弘仁の薬子の変を最後に廃止され、保元の乱で復活するという話を聞いたことがあるのではないだろうか。嵯峨天皇から後白河天皇までの二六代、三四六年間、実際上死刑が執行されることはなかったといわれ、「世界的にもきわめてめずらしい」とか日本人の穏和な国民性と関連づけて論じられたりしている[2]。しかし後述するように平安期における死刑廃止という話は必ずしも実態を正しく反映したものではないと考えている。そこで、ここでは軍記物語などを手がかりにこうした問題について考えていきたい。

一　弘仁の死刑廃止とその実態

さて、死刑は弘仁以来廃止され、保元の乱の際、信西によって復活されたといわれるが、その史料的根拠はあまりはっきりとしない。こうした死刑に対する認識は『日本霊異記』や『保元物語』の記事のなかにみられ、おそらく『保元物語』の影響などで流布していったものと思われる。まずその記述を確認しておきたい(3)。

吾朝ニハ、昔、嵯峨天皇御時、右衛門督仲成ガ被レ誅テヨリ以来「死者二度生不レ被レ返、不便ノ事也」トテ議定有テ、死罪ヲ被レ止テ、年久シ。サレバ、長徳ニ、内大臣藤原伊周公、花山院ヲ射奉タリシハ（中略）「死罪有ベシ」ト、法家検申シ然共、死罪一等ヲ減テ、遠流セラレキ。其後、死罪久絶タリ。今改メ行ハルルニ不レ及。（中略）少納言入道信西頻ニ申ケルハ「此御計悪ク覚ヘ候。（中略）サレバ多クノ謀叛ノ輩ヲ国々ニ遣サレバ、僻事出来リ、定世乱候ナンズ。只切セ給ヘ」ト勘申ケレバ（中略）皆被レ切ニケリ

この記事から嵯峨天皇が死刑を廃止したと認識されていたこと、保元の乱の際、信西によって死刑が復活していることなどがわかる。また、藤原伊周が花山法皇を襲った長徳の政変以後死刑が途絶えたと二段階で考えていることも読みとれよう。

これ以外に『日本霊異記』にも記述があるが、正史である『日本後紀』の欠失などもあって文学作品以外で死刑停止という事実を確定することは難しい。また停廃を命じる官符類も見当たらないようである。ここから利光三津夫氏は死刑停止は臨時の処分であり、永格ではなかったのだろうと推測されている(4)。氏の指摘通り、恐らく死刑制度自体が廃止されたわけではなく、別勅などで個別的に死刑が停止されたのだろう。そうした事例が重なって後世、弘仁以

降死刑が停止されたと認識されたのではないだろうか。この史料で長徳の政変がもう一つの画期とされているのもこうした事情を反映したものだろう。

さて、次に死刑停止の原因について考えてみたい。この問題については①日本人の穏和な国民性によるとする説(5)。②仏教の影響をみる説(6)。③日本においては流刑が社会外に追放するという意味において死刑と同一のものと考えられたためとする説(7)。④死刑廃止は唐制の模倣とする説などがある(8)。また利光氏は死刑停止が維持された要因として穢の忌避や因果応報説の影響、怨霊の恐怖などがあったともしている(9)。

①はしばらくおくとして②③などには一定の妥当性があるものと思われる。④は玄宗治世下に唐で死刑が停止されておりその情報が日本に伝わり、日本においても死刑が停止されたとするものである(10)。しかし、利光氏も指摘するように唐の死刑廃止の情報は聖武、あるいは孝謙治世（七四九〜）下に日本に伝わっていたはずである。唐制の影響があったことを否定するものではないが、情報が伝わった直後ではなくなぜ弘仁年間なのかも考えなければならないだろう。ちなみに唐制の情報が入る以前の神亀二（七二五）年にすでに死刑の停止が行われていることにも注目しておく必要があろう(11)。

唐制との関連でいえば日本の死刑停止の背景には儒教的徳治主義の影響もあったものと思われる。『日本霊異記』には嵯峨の死刑停止を評して「国皇の法は人を殺す罪人は必ず法に随ひて殺す。是の天皇は、弘仁の年号を出して世に伝え、殺す応き人を流罪と成し、彼の命を活して人を治めたまふ。是を以て昢《あきら》かに聖君なることを知るなり」と述べている。ここでは仁を弘める弘仁という儒教的な年号を定め、死刑を停止したことによって嵯峨が聖君として評価されているのである。嵯峨が唐文化を好んだこともよく知られていよう。嵯峨の死刑停止の背景には儒教的徳治主義の影響もあったのである。

ところで死刑停止のきっかけとなった藤原仲成の処刑はどのようなものだったのだろうか。『日本後紀』弘仁元年九月一一日条には「是夜、令三左近衛将監紀朝臣清成、右近衛将曹住吉朝臣豊継等、射二殺仲成於禁所一」とある。つまり仲成は夜、禁所である兵衛府で射殺されているのである。『獄令』決大辟条や『延喜刑部式』死囚条によれば死罪は市において行われるものであり、みせしめ的な要素の強いものであった。しかし仲成の場合このようなあり方とは著しく異なるものである。ここから死刑を忌避する嵯峨の姿勢が読みとれるのではないだろうか。弘仁以降貴族社会においてケガレ（穢）観念が肥大していくことが指摘されているが[12]、儒教的徳治主義とともに穢に対する忌避も死刑停止の背景にあったのではないだろうか。今は十分に論じることができないが、人目を避け、夜処刑している点などはこうした問題と関連するように思われる。

　ところで、儒教的徳治主義や寛刑主義には実効性という点では限界がある。そのために弘仁以降も実質的な死刑が行われていたと考えられる。例えば『日本紀略』延喜六年（九〇六）九月二〇日条には鈴鹿山の群盗が過状提出後、誅殺されたという記事がある。これは過状を提出してその後誅殺されていることから死刑実施を示す可能性があるものと考えられる。また同書万寿元（一〇二四）年三月一〇日条には「京中盗被二追捕一之間、犯人逃二入散位顕長母尼宅一、質レ尼、検非違使搦二捕之一、梟首懸二獄門一」という記事がある。『小右記』など関連史料とあわせてみると京中で盗みを働いた者が追われて、尼宅に逃げ込み、その後検非違使にとらえられる時に射殺され、梟首されたという史料である。これは追捕時に犯人が殺されたというもので正式には刑罰としての死刑ではないが、実質的な死刑と評価することもできるのではなかろうか。また、『台記』久安三年（一一四七）一〇月二四日条には「人伝、禅閤（忠実）殺二法橋寛誉一、世以為三刑罰過二於法一。」とある。これは摂関家内部の私的制裁に関するもので、しかも法にすぎるものと評されているが、刑罰として法橋寛誉は殺されているのである[13]。

　平安時代には儒教的徳治主義や穢忌避による死刑廃止という要求と現実の問題としての犯罪防止という要求があり、これらの矛盾する要求のため理念としての死刑停止と実態としての死刑というダブルスタンダードが生まれたのである。

二　首をみること

ここでは梟首について考えてみたい。梟首に関しては近年多くの研究が行われており、(14)京外で処刑された首が三条（四条、六条、七条）河原で検非違使に引き渡され、大路を渡し、獄門にかけられることが明らかになっている。(15)さらに注目されるのが首入洛にあたって経路は内裏、里内裏を避けている点である。これは首の穢、死穢を王権が避けたものと考えられる。

『中右記』天仁元年正月二九日条には但馬守平正盛が源義親の首を携えて入京する際の記事がある。義親の首は七条末河原で検非違使に渡され大路渡しを経て西獄門の樹にかけられるのだが、この首の入洛について記主宗忠は「凡諒闇之中、雖㆓犯人首㆒入洛事、頗可㆑有㆓議定㆒歟、就㆑中祈年祭春日祭以前、触穢遍㆓天下㆒歟、旁可㆑有㆓用心㆒也」と記しており、穢をもたらすものとして用心すべきだと考えている。但し、それにもかかわらず首がもたらされたのは「懸㆓首於獄門之前㆒、後悪之者見㆑之可㆑恐歟」と後悪を起こさせないためであった。先に儒教的徳治主義や触穢との関係で建前として死刑が停止されるが、実態としては死刑が行われるダブルスタンダードが存在することを述べたが、これと同じ構造がこの梟首についてもうかがえるのである。

死穢との関わりで梟首を忌む点については摂関家に次のような故実がある。(16)

　仰せて云はく、「義親の首を渡さるる日、故殿(師実)に、『人々多く見物するに、見るべき』由、申ししところ、故殿の仰せて云はく、「貞任の首を渡されし日、この旨を宇治殿(頼通)に申ししところ、仰せて云はく、『死人の首を見るあたはず』てへり。仍りて御覧せず」と。また、我(忠実)も見ざりき」と。（義親の事、僻事なり。分明ならず）。

源義親の首が入京する日、藤原忠実はその首を見物しようとその旨を父親である師実に告げたが師実に反対された。というのも師実自身、前九年合戦で討たれた安倍貞任の首をみようとしたところ父頼通より止められてみなかったからだという。そのため忠実も義親の首をみることをあきらめたという話である。

この話は『古事談』第二にも採られているが、但し事実関係には若干混乱がある。というのも義親の首が入京するのは天仁元（一一〇八）年のことであるが、師実はその七年前の康和三年（一一〇一）に没しているからである。したがって師実・忠実父子間で義親の首をめぐってこのような会話をするということはあり得ないのである。しかし『殿暦』天仁元年正月二九日条には「今日但馬守正盛随二身義親首一入京。（中略）検非違使等来云、河原ニ可二罷向一、（中略）余宿所さ志きにて検非違使随兵幷検非違使等渡テ見レ之、内女房同見レ之、余首を不二見物一、院於二鳥羽殿一御見物云々、」とあり、忠実が義親の首をみなかったのは事実である。

また、『後二条師通記』寛治六年一一月一九日条には「殿下《(師実)》渡御、御言語之間、中納言《(忠実)》中将有二勘当気一云々、一日仲宗朝臣相二具犯人一罷二入京中一、依二見物事一、勘当所レ被レ仰也、故宇治《(頼通)》殿御時、関白《(師実)》殿所レ不レ見也、（中略）雖二見物一密々可レ見之処」とある。この記事によれば仲宗朝臣が連れてきた犯人を忠実がみたために忠実は勘当されているのである。そしてそれは頼通在世中に師実は見物しなかったためだという。ここにいう仲宗朝臣が連れてきた犯人が何者で、首だったのかどうかは不明だが、この時のことが義親首入京時のこととされて、先の『富家語』の話となったものと思われる。したがって先の話には事実誤認があるものの摂関家では頼通以来梟首などをみることは忌むべき事とされていたことがわかるだろう。

一方で天皇家の場合はどうだろうか。『今昔物語集』巻二五—二「藤原純友、依二海賊一被レ誅語」をみてみたい。この説話では純友の乱の経過を述べた後、純友とその子供重太丸が討たれたことに触れ、二人の首の処置について次のように述べている。

重太丸ヲモ殺シテ首ヲ斬テ、父ガ首ト二ノ頭ヲ持テ、天慶四年ノ七月七日、京ニ持上リ着。先ヅ右近ノ馬場ニシテ其由ヲ奏スル間、京中ノ上中下ノ人見喤ル事無限リ。（中略）其ノ次ノ日、左門ノ府生掃守ノ在上ト云高名ノ絵師有リ。物ノ形ヲ写ス、少モ違フ事無カリケリ。其レヲ内裏ニ召テ、「彼純友幷ニ重太丸ガ二ノ頭、右近ノ馬場ニ有リ。速ニ其所ニ罷テ、彼ノ二ノ頭ノ形ヲ見テ、写テ可二持参一シ」ト。此レハ彼ノ頭ヲ公ケ御覧ゼムト思食ケルニ、内裏ニ可二持入一キニ非バ、此ク絵師ヲ遣ハシテ、其形ヲ写シテ御覧ゼムガ為也ケリ。然テ絵師、右近ノ馬場ニ行テ、其ノ形ヲ見テ写テ内裏ニ持参タリケレバ、公、殿上ニシテ此ヲ写テ御覧ズル事ヲバ世人ナム承リ不申ケル。

純友とその子重太丸の首は入京後右近馬場に梟首された。それを朱雀天皇が見ようと思ったが首を内裏に入れることはできないため、高名の絵師に写生させ、これを朱雀天皇は見たというのである。しかも絵とは雖も天皇がこのような物を見たことを世人は容認しなかったというのである。この話は事実を反映していたようで、『吉記』養和元年八月二〇日条にはこの話を裏づける次のような記事がある。

数刻与レ師(藤原隆季)言談、気味殊甚、近代識者也、尤可レ取レ信、談数之中、故高倉院密々御二覧刑人首一（三條宮、頼政以下、）事、不二甘心一之由語出之、被レ答云、故中院(源雅通)右府入道被レ語云、為二宰相一之時参レ政、相二待上卿一之間、徒以祇候、仰二文殿助正一、有レ興物在レ局者、可二取出一之由示之、取出見レ之、有二純友首図一、（画二打紙一、有二日記一、）朱雀院於二門外一令レ写二其首一、有二叡覧一云々、但此事無二記録一、下官師已相尋之処、近代無レ之云々、首御覧以レ之可レ准歟、有レ興之、予問二頼業一、答云、外記日記所レ候也、件顔絵近代不レ候、失了云々、

ここでは高倉上皇が以仁王、源頼政らの首をみたこと、それについて甘心できないことが語られ、ついで純友首図について語られている。記主の吉田経房はこの日藤原隆季より「源雅通が参議だった頃（久安六〔一一五〇〕年～久寿三〔一一五六〕年）、文殿助正に命じて朱雀天皇が描かせた純友首図を取り出させて見た」という話を聞いた。そこ

で経房と隆季は首図の所在を訪ねたが、実物は紛失してしまったという話である。このように朱雀が命じた純友首図は一二世紀中葉まで存在していたのである。

なお、高倉上皇が頼政等の梟首をみたという話の方は『百錬抄』治承四年五月二八日条にもみえ、「新院密々幸㆓入道大相国第㆒、御㆓覧頼政已下首㆒」とある。

このようにみてくると摂関家と同様あるいはそれ以上に天皇が梟首をみることははばかられたこと、一方で上皇になると比較的に自由にみることができたことがうかがえる。上皇が梟首をみたことについては『百錬抄』文治元年六月二三日条の「前内大臣並右衛門督清宗等首、検非違使請㆓取之㆒、懸㆓獄門樹㆒、法皇於㆓三条東洞院㆒御見物。可㆑梟㆓彼首㆒哉否事、被㆑尋㆓三丞相㆒云々」という記事からもうかがえよう。恐らく国家的祭祀を司る天皇にとって死穢と関わる梟首見物は許されるべき物ではなかったのであろう。上皇になり国家的祭祀から自由になれば比較的行動は自由になるが、それでも高倉上皇の行為は「不甘心」と評されており、歓迎されるようなものではなかったのは間違いなかろう。

このように天皇家にとっても摂関家にとっても死穢やそれにつながる死刑・梟首といった行為は憚られるものであったのである。それにもかかわらず保元の乱の際に死刑を復活したのは何故なのだろうか。次にあらためて保元の死刑復活の意味について考えてみたい。

三　保元の死刑復活の評価

保元の乱後の保元元年（一一五六）閏九月八日、後白河上皇は石清水八幡宮に宣命を捧げている。そのなかで後白河は乱関係者の処罰について次のように弁明している(17)。

其外党類、或仰二刑官一弖召捕倍、或帰二王化一志弖来服須、即令二明法博士等一勘二申所当罪名一爾、拠レ無二首徒（従カ）律一、各可レ処二斬刑一之由乎奏世利、然而殊仁有レ所レ念、右近衛大将藤原兼長朝臣以下十三人乎波、一等減弖遠流罪爾治賜布、合戦之輩、散位平朝臣忠貞以下二十人乎波、考二古跡於弘仁一倍、訪二時議於群卿一弖、且法律能任爾処二斬罪一世利、夫法令駁俗之始奈利、刑罰波懲悪之基奈利、若寄レ重爾依弖優志、職高加為爾宥波、中夏乎毛難レ治久、後毘乎毛難レ懲加良牟、是為二眇身一爾不レ行須、唯国家爾無レ私良牟止奈利、即可レ告二申此由一之処爾、依レ憚二穢気一弖、于今延怠世利、

ここで後白河は明法博士の勘申にもかかわらず右近大将藤原兼長以下一三人は死罪から罪一等を減じて流罪としたと述べている。結局保元の乱で死罪とされたのは平朝臣忠貞以下の「合戦之輩」であった。それも明法博士の勘申だけではなく群卿に時議を訪ねた上で行ったもので国家のためだったと必死で弁明しているのである。さらにこの死罪断行により穢気が満ちると考えたため、奉告が遅れたと詫びている。

ここから保元の死刑復活といっても実際に処刑されたのは合戦の輩と呼ばれた武士たちであったこと、(18)それすらやむを得ない処置であったと必死で言い訳し、処刑によって穢気が満ちることを恐れていることが知られよう。保元の死刑復活は少なくとも公卿層にとっては歓迎できるものではなかったのである。

次の史料をみよう。元暦二（一一八五）年壇ノ浦の戦いで生虜となった平宗盛の処遇について源義経から問われた九条兼実は死罪とはならずに遠流になるだろうとの見通しを示して次のように述べている。(19)

被レ仰二追討之由一、可二梟首一之由雖レ無レ疑、為二生虜一参上、其上可レ賜レ死之由難レ被レ仰、我朝不レ行二死罪一之故也、保元有二此例一、時人不二甘心一、仍今度、無二左右一可レ被レ処二遠流一也、

ここで兼実は、日本では死罪は行われないのだ、保元の乱の際に死罪の例があるが、それは時の人も甘心しなかったといっている。先ほどと同様、保元の死刑復活に関して批判的立場をとっているのである。このような認識は他にもみられる。『平治物語』下「経宗・惟方遠流に処せらるる事」には平治の乱でとらえられ死罪と定まった経宗・惟方

両人をかばい、藤原忠通は次のように述べたとある。

嵯峨天皇の御宇、左衛門督仲成が誅せられてより以来、死罪をとどめられて年久しかりしを、保元の乱に少納言入道信西ほどの才人が誤りて死罪を申行ひ、中二年有ッて、去年の逆乱は起れり。死罪を行へば兵乱のたえぬことわざ、忽にあらはれて候。公卿の頸を左右なくきられん事、いかが候べからん。「遠流は二度帰る事なし、死罪に同ず」とうけたまはる。死罪をなだめられて、遠流に処せられれば、宜かるべく候」と申されければ、「大殿は、ゆゆしく申させ給ふ物かな。（中略）」と諸人、誉しめけり。

ここで忠通は「保元の死刑復活は信西ほどの才人が誤って行ってしまったことだ」といい、公卿の首を斬ることに反対し、褒め称えられているのである。

次の事例は上杉和彦氏[20]が紹介した延慶本平家物語（一末、成親卿流罪事）にみえる大変興味深い事例である。

成親卿ヲバ、夜漸アクル程ニ、公卿座ニ出シ奉テ、物マヒラセタリケレドモ、胸モセキ喉モフサガリテ、聊モメサレズ、ヤガテ追立ノ官人参テ車指寄、「トクトク」ト申ケレバ、心ナラズ乗給ヌ、御車ノ簾ヲ逆ニ懸テ、後ロサマニ乗奉テ、門外へ追出ス、先ヅ火丁一人ツトヨリテ、車ヨリ引落シ奉テ、祝ノシモトヲ三度アテ奉ル、次ニ看ノ督長一人ヨリテ、殺害ノ刀トテ、二刀突マネヲシ奉ル、次ニ山城判官季助、宣命ヲ含奉ル、カカル事ハ人ノ上ニテモ未御覧ジ給ハジ、増テ御身ノ上ニハイツカハ習給ベキト、御心ノ内、押ハカラレテ哀也、門外ヨリハ軍兵数百騎、車ノ前後ニ打カコミテ、我方サマノ者ハ一人モナシ、イカナル所へ行ヤランモ、知スル人モナシ

これは鹿ヶ谷事件により藤原成親が流罪にされる際の記述である。流罪に際して、後ろ向きに車に乗せられ、門外に出され、車から降ろされる際に火長から「祝の笞」を三度あてられ、看督長が「殺害の刀」で二突き、突く真似をするというのである。このように遠流に際して儀礼的に死刑を執行しているのである。

遠流が二度と戻ってくることがないという意味で死罪と同様だという観念があることは今までの史料のなかにも見

えていた。死罪を忌避する観念がこうした疑似死刑を生み出し、死罪と遠流を同一視し、死罪を遠流で処理するようになっていったのであろう。

このように保元の死刑復活といっても実際に処刑されたのは合戦の輩のみ、場所は京外であった。そして貴族らは死刑を忌避し、死刑復活に対して反発しているのである。依然、貴族らの認識としてはダブルスタンダードが生きているのである。

弘仁以降のケガレ観念の肥大とともに天皇も都も静謐で清浄であることが求められていた。死刑の停止自体は嵯峨以前にもみられたのだが、このような京を清浄に保つという観念が薬子の変を乗り切り平安京を確定した嵯峨のイメージとともに嵯峨の政策として死刑廃止を強調していくことになったのではないだろうか。

四　検非違使の穢

さて、前節までで平安期には儒教的徳治主義や穢忌避のために死刑が忌まれる一方、実態としては死罪が必要とされ、実施されていることを述べてきた。そしてこのダブルスタンダードを矛盾なく行っていくために武士や検非違使の役割が求められていたのである。しかしそのために武士や検非違使は忌まれる存在でもあったのである。検非違使が穢を清める役割を果たしたことはよく知られるが[21]、一方で忌まれる側面もあったのである。

嘉応二年（一一七〇）七月一九日、神祇官町に検非違使看督長下部が乱入することを禁じた官宣旨[22]には本官町地弐町伍段に「催二夜行門並役一間、検非違使庁看督長下部等乱二入在家一、妄以二汚穢身一踏二穢糞祭地一事」を永く停止すべきとある。検非違使下部が乱入した場所が神祇官町という潔斎の地であった影響もあろうが、ここで検非違使下部は「汚穢身」といわれているのである。

次の史料は殺人を犯した武士が穢を持ち込むことを示す史料である[23]。

（前略）下野守明国余美濃庄下向之間、左衛門尉為義郎等を殺害、仍件明国即京上、仍所々皆以有レ穢（中略）凡世間皆触穢云々

摂津源氏下野守明国が藤原忠実領有の美濃庄に下向した際、源為義郎等を殺害する。そしてそのまま明国が京上してしまったため、世間触穢という事態に発展してしまったのである。征東将軍などの場合は入京に際して河辺で解除が行われた。追捕使の場合には解除は必要なかったようだが[24]、追討対象の首が入京する際には検非違使に引き渡され大路渡しが行われていた。恐らくこれが解除と同じ役割を果たしたものと思われる。解除を経ない殺害人の入京は触穢を引き起こすのであり、死刑、梟首、殺害などを業とした検非違使・武士などは畏怖の対象であると同時に忌まれる側面も有したのである。

その点については源頼朝ですら同様であった。建久六年の東大寺大仏再建供養の際頼朝は陳和卿との対面を希望したが、陳和卿は「国敵対治之時。多断二人命一。罪業深重也。不レ及レ謁之由。固辞再三」であったという[25]。死罪・梟首などの治安維持活動と穢という矛盾をどう調整していくのか。言い換えれば実態としての死刑と理念としての死刑廃止というダブルスタンダードをどう調整していくのかという問題は弘仁以降の王朝国家の課題であった。こうした矛盾の調整弁の役割を果たしたのが検非違使や武家であったのであろう。そしてこのような武家の機能分担は権門体制的な機能分担の原初形態ともいえるのである。武家と公家の機能分担が中世国家のメルクマールの一つとすれば本章でみてきたダブルスタンダードの成立に中世国家の成立をみることもできるかもしれない。

さて、本章では軍記物語などを手がかりに弘仁の死刑停止や保元の復活、梟首や武士の果たした機能といった問題を考えてきた。『保元物語』の記述は丁寧に読み込んでいけばこの問題を考える際に多大の示唆を与えてくれる史料である。しかしその一方で、単純化して読み伝えられた時、「日本人の穏和な国民性によって平安時代は死刑が行われ

なかった」というような「常識」を生み出していくことにもなるのである。

軍記物語は、武士・武芸・戦乱あるいはそれらをみつめる作者・読み手・貴族らの視線・感性を考える上で重要な史料であるが、それだけでなく現代に至る歴史認識を考える上でも重要な史料なのである。

なお、本章発表後、本章と密接に関連するものとして注（13）に引用した拙著『平安時代の死刑』（吉川弘文館、二〇一五年）および拙稿「平安時代の死刑と現代」（『本郷』一一七号、二〇一五年）を発表した。また梅田康夫「平安期の死刑停止について」（『法制史研究』六六、二〇一七年）は拙著などにも触れながら平安期の死刑停止についてあらためて検討を加えられ、死刑停止の背景には従来いわれてきた怨霊の問題よりも穢の問題が大きいこと、保元の死刑復活後は公家社会においても死刑忌避感に関する変化がみられること、それは院政の確立により天皇の清浄性を保持しつつ上皇による刑政への関与が可能となったためであることなど重要な指摘を行っている。あわせて参照をお願いしたい。

注

（1）例えば近藤好和『弓矢と刀剣』（吉川弘文館、一九九七年）、高橋昌明『武士の成立　武士像の創出』（東京大学出版会、一九九九年）など。
（2）川尻秋生『揺れ動く貴族社会』（小学館、二〇〇八年）、石井良助『日本法制史概説』（創文社、一九六八年）など。
（3）『保元物語』下巻　忠正、家弘等誅セラルル事。
（4）利光三津夫「嵯峨朝における死刑停止について」（『律の研究』明治書院、一九六一年）。
（5）滝川政次郎「日本法律生活の特質」（『日本法制史研究』名著普及会、一九八二年）、石井良助『刑罰の歴史』（明石書店、一九九二年）など。
（6）杉山晴康「わが古代における赦についての一考察」（『日本の古代社会と刑法の成立』敬文堂出版部、一九六九年）。

（7）石尾芳久「日本古代の刑罰体系」（『日本古代法の研究』法律文化社、一九五九年）。

（8）利光前掲注（4）論文。

（9）利光三津夫「平安時代における死刑停止」（『律令制とその周辺』慶応通信、一九六七年）。

（10）利光前掲注（4）論文参照。例えば『唐会要』巻39には「天宝六載（七四七）正月一三日勅、自今已後、所レ断絞斬刑者、宜削二除此条一、仍令三法官約二近例一、詳定二処分一三」とある。

（11）『続日本紀』神亀二年一二月二一日条。

（12）例えば三橋正「『延喜式』穢規定と穢意識」（『延喜式研究』二、一九八九年）など参照

（13）『日本紀略』延喜六年九月二〇日条、万寿元年三月一〇日条については拙著『平安時代の死刑』（吉川弘文館、二〇一五年）五〇頁、一〇八〜一一一頁参照。また、これらを検非違使の独断によるものとか、私的な刑とみなすこともできよう。しかし自力救済や私法権が拡大しつつある当時、これらの事例は国家による死刑停止という建前を補う「公」的なものだと思われる。告井幸男「摂関期の騒擾事件と権門・検非違使」（『日本史研究』四三三、一九九八年）によれば摂関期以降検非違使は直属の上司である別当だけではなく、公卿の命令を受けても動くようになるという。検非違使のこのような「私」的なあり方にみられる自力救済、私法権の拡大のなかでは先の事例も一種「公」的なものと位置づけられると思う。そしてそのような想定が可能であればこれらの事例は平安時代に実態として死刑が行われていたことを示すものなのである。

（14）黒田日出男「首を懸ける」（『月刊百科』三一〇、一九八八年）、丹生谷哲一「中世における他者認識の構造」（『歴史学研究』五九四、一九八九年）、大村拓生「中世前期における路と京」（『ヒストリア』一二九、一九九〇年）、菊地暁「大路渡とその周辺」（『待兼山論叢』二七、一九九三年）、生嶋輝美「中世後期における「斬られた首」の取り扱い」（『文化史学』五〇、一九九四年）、同「鎌倉武士の死刑と斬首」上・下（『文化史学』五四・五五、一九九八・一九九九年）、中澤克昭「寺院の武力に関する覚書」（『中世の武力と城郭』吉川弘文館、一九九九年）など。

（15）大村前掲注（14）論文、菊地前掲注（14）論文参照。

（16）『富家語』一一四。

（17）『平安遺文』二八四八。

(18) 保元の乱で処刑された者の名は『兵範記』保元元年七月二七、二八、三〇日条などから知られる。なお刑場は六波羅、大江山、船岡などいずれも京外の地である。
(19) 『玉葉』元暦二年四月二一日条。
(20) 「中世成立期刑罰論ノート」(『日本中世法体系成立史論』校倉書房、一九九六年)。
(21) 丹生谷哲一『検非違使』(平凡社、一九八六年)など。
(22) 『平安遺文』三五五一。
(23) 『殿暦』天永二年一一月四日条。なお元木泰雄「京の変容」(『古代文化』四五—九、一九九三年)参照。
(24) 『本朝世紀』天慶四年八月七日条。
(25) 『吾妻鏡』建久六年三月一三日条。

第Ⅱ部

荘園整理令と政治秩序意識

第六章　一一世紀中期の荘園整理令について

かつて石井進氏は後三条政権を院政の前史として位置づけ、諸荘園本所のさらに上部に立つものとされた。(1)また五味文彦氏は、後三条政権や白河院政初期を「荘園整理の時代」ととらえ、荘園整理の実施、摂関権力の衰退、王権の拡大をその特徴とされた。(2)このように、後三条政権に関しては、後の院政にひきつけて、その王権の強力さがしばしば強調されている。しかし、石井氏は延久の荘園整理令について、最終的には天皇の意志を貫徹させるものではあったが、受領の要求も取り入れたものとされており、(3)五味氏もまた、「荘園整理の時代」を受領が王権に収斂することによって王権が拡大されていく過程と位置づけており、(4)後三条政権の支持層として受領の存在が強調されているのである。このように後三条政権については受領の支持を受けながら成立する強力な王権と位置づけられている。こうした見解の背景には、後三条政権の代表的政策の一つである延久令が受領の要求に応じるもの（それのみではないとしても）とする見方が存在するためであるといえるだろう。

ところで、近年の荘園整理令に関する研究(5)によると、整理令には、全国を対象とする中央政府主導のもの（通常全国令と呼ばれる）と、国司の申請によってその任国を対象として出されるもの（「国司申請令」とか「一国令」と呼ばれる）の二系列があることが明らかにされている。(6)さらに平安後期の全国令については、内裏焼亡を直接の契機として造内裏役の賦課範囲を確定するために発令されたとする有力な見解(7)も提出されている。しかし、もしこの見解が妥当だとすると、全国令の発令は内裏焼亡という偶然に左右されることになり、受領の要望により荘園整理令が発令されたとするようなこれまでの研究は大幅に見直されることになる。ひいては延久荘園整理令の評価も再検討が必要になるかもしれない。果たして荘園整理令は内裏焼亡、造内裏役賦課を契機としていたのであろうか。

また、全国令と国司申請令との関連についても、今日相対立する二つの見解が提示されている。その二つの見解とは、国司申請令が集積されて全国令へ結実したとする谷口昭氏の見解(8)と、国司が整理令を申請するという慣行が一一世紀末頃に成立しており、全国令との間に政策的関連は見出せないとする曽我良成氏の見解(9)である。この問題全般については、今後なお研究が深められねばならないであろうし、かりに曽我説が成り立つとしても、本章で扱う一一世紀中期に関していえば、国司の要求が全国令へと結実すると考える余地がなお残されているのであるが、延久荘園整理令の位置づけや後三条政権と受領の関わりを明確にするためにも、当該期の国司申請令と全国令との関係について、あらためて検討することが必要であろう。

そこで本章では、延久令の前提とされる長久令以降(10)の整理令を取り上げ、以上の二つの課題について検討し、その結果に基づきながら、後三条政権と受領の関係、および後三条政権の歴史的位置について考えてみたい。

一　内裏造営と荘園整理令

ここでは内裏焼亡を契機として全国令が発令されたとする市田氏の見解(11)について検討を加えてみたい。

まず、延久令についてみていくことにするが、検討をはじめる前に、発令前後の事実関係を年表にして示そう（表1参照）。これによると、康平元年（一〇五八）二月二六日に内裏が焼亡、そして延久元年（一〇六九）二月または三月に荘園整理令が発令され、延久二年（一〇七〇）三月一一日には新造内裏事始が行われているから、ここまでは一応市田氏の内裏焼亡→荘園整理令発令→内裏造営という図式はあてはまっているようだが、もう少しみていくことにしよう。延久三年（一〇七一）五月六日には同年三月二一日の醍醐寺の解により河内国の醍醐寺領に対する造内裏役の免除が命ぜられ、同年五月一九日には寺社領本免田に対する造内裏役賦課の中止が寺社側の訴えにより決定されている。これらのことから逆に、この五月以前に頻繁に造内裏役が在地に賦課されていたことがわかり、そして一〇月八日には後三条天皇が新造内裏に遷幸しており、これ以前に内裏が完成していたことになる。ところで一方、荘園整理作業はこの内裏完成後も続いており、有名な石清水八幡宮護国寺領の荘園整理に関する太政官牒は延久四年（一〇七二）九月五日に至ってなされているのである。市

表1　延久の荘園整理令および内裏造営関係略年表

年月日	荘園整理令関係	内裏造営関係
康平元（1058）2/26		内裏焼亡＜『扶桑略記』同日条＞
延久元（1069）2/10		梁年によりこの年内裏作らず＜『扶桑略記』同日条＞
同 2/11 同 2/22。3/22 同 8/29	記録所設置＊ 荘園整理令発令＜平 1039・1041＞＊＊ 観世音寺領碓井封坪付提出＜平 1039＞	
延久 2（1070）3/11	↑	新造内裏事始＜『園太暦』貞和 2 年 7 月 21 日条＞
延久 3（1071）3/5 同 5/6 同 5/19 同 10/8	（中略）	新造内裏上棟＜『園太暦』貞和 2 年 7 月 21 日条＞ 河内国醍醐寺領造内裏役免除＜平 1056・1100＞ 寺社領本免田造内裏役免除＜平 1057＞ 後三条天皇遷幸＜『園太暦』貞和 2 年 7 月 21 日条＞
	↓	
延久 4（1072）9/5	石清水八幡宮領の停止または領有認定＜平 1083＞	

注　＜　＞内は出典。平は『平安遺文』を示す。

＊　『百錬抄』延久元・閏 2・11 条。従来はこの年の閏月が 10 月であることから閏 10 月 11 日と考えられてきたが、槇道雄「延久荘園整理令考」（『古代文化』36―10）は同 2 月 11 日の誤りではないかと推測されている。今はこれに従う。

＊＊　荘園整理令の発令月日については諸説があるが、その点についてはここでは保留しておく。

田氏が説くように荘園整理令が内裏焼亡を契機として、造内裏役賦課のために発令されたとするならば、造内裏役が実際に在地に賦課された延久三年三、四月頃には荘園整理は完了していなければならないだろう。ところが、その時点では荘園整理は完了しておらず、また内裏完成後もその作業は続くのである。このように考えてくるならば、延久令が内裏焼亡を契機として、この時の造内裏役の賦課範囲決定のために発令されたと考えるのはやや無理があるといえるのではないだろうか。

里内裏造営関係	出典、備考
	百・扶・中
高陽院焼亡。天皇冷泉院に渡御	百・扶・中
冷泉院より四条宮に遷御	百・扶
	平 709・710
	山・扶（4/12 条）
四条宮より京極院に行幸	百
京極院焼亡。民部卿長家卿家に遷幸	百・中
四条宮に遷幸	百・扶
	天喜令発令　平 881・1016・補 273
一条院造作始	園
一条院上棟　並びに立柱	園
大井荘、一条院造廓作料米 190 石 6 升のうち 14 石 4 石（ママ）4 斗 8 升の免除を求む。	平 748
摂津守藤原師家、水無瀬荘に一条院御材木を賦課す	平 768
四条院より新造一条院へ遷幸	扶・園・百（2/21 条）
	百・扶・中

日条を、中は『中右記』嘉保元年 10 月 24 日条を、山は『山槐記』
日条を指す。

次に天喜三年（一〇五五）三月一三日に発令された天喜令に関して考えてみよう。天喜令に関しては、すでに市田氏自身が指摘されているように、天喜令発令以前に「造内裏料加徴」が徴収されている事実がある[12]。市田氏はこれを天喜三年六月に事始を行った一条院里内裏のもの[13]とされたが、この推測は正しいであろうか。そこでまず、天喜令発令前後の関係年表を示

表2　天喜の荘園整理令および里内裏・内裏造営関係略年表

年月日	内裏造営関係
永承3（1048）11/2	内裏焼亡
天喜2（1054）1/8	
同2/16	
同2/23	大井・茜部荘等の造内裏料加徴物を免除
同4/11	内裏上棟
同9/22	
同12/8	
同12/28	
天喜3（1055）3/13	
同6/27	
同8/3	
同11/26	
同3・2/2以降～同4・3/10以前	
同4（1056）2/22	
康平元（1058）2/26	新造内裏焼亡

注　出典の欄の百・扶はそれぞれ『百錬抄』・『扶桑略記』の当
治承4年2月15日条を、園は『園太暦』貞和2年7月21

そう（表2）。

天喜令発令以前の天喜二年に「造内裏料加徴」が賦課された荘園のうちに、美濃国大井・茜部荘がある(14)。同年二月二三日の官宣旨案(15)はこの両荘に対する「造内裏料加徴」の免除を伝えるものである。そして、約五ケ月後の天喜二年七月二八日美濃国司請文(16)によれば、宣旨の旨に任せて、「造宮加徴作料」はすでに免除したという。

ところが、一年以上経った天喜三年一一月二六日に大井荘住人が「一条院造廊作料米」の免除を要求しているのである(17)。このことは、もしも天喜二年段階の「造内裏料加徴」を一条院造営のためのものとするならば、一度宣旨により免除したものを再び賦課したことになる。もちろん、国司が非法としてこのような強引な賦課をする可能性はあるが、やや苦しい解釈ではないだろうか。一条院里内裏の造営が天喜三年六月から行われ(18)、明らかに一条院造営のための賦課とわかる例が、天喜三年一一月頃(19)、天喜四年三月頃(20)とその前後に集中していることも考えるならば、天喜二年段階の「造内裏料加徴」は一条院造営のためのものとは考えにくいのである。

では、天喜二年段階の「造内裏料加徴」とは何だったのか。『山槐記』治承四（一一八〇）年二月一五日条によれば「天喜二年四月十一日甲辰、立内裏殿舎幷諸門」とあり、また『扶桑略記』天喜二年四月二二日条に「四月十二日甲辰、竪柱上棟」とあり、この頃内裏が造営されたことがわかる。つまり、天喜二年段階の「造内裏料加徴」とは、この天喜二年四月の内裏造営のためのものと思われるのである。

このようにみてくると、天喜二年の内裏造営の開始に際しては、荘園整理令は発令されず、造内裏役が賦課されていたと考えられるのである。そして、少なくとも天喜二年段階で荘園整理令を発令することなく着工し、造内裏役の賦課が行われ、上棟にまで至っていたものが一年後に、内裏造営のためにあらためて天喜令を発令するとは考えにくいのである(21)。

以上、延久令と天喜令については、内裏焼亡を契機として、造内裏役賦課のために発令されたとは考えにくいことを述べてきた。この他、本章で扱う長久令、寛徳令に関しては内裏造営と時期が一致するほかは、関連するかどうか不明である。もちろん平安後期の整理令のなかには内裏焼亡を契機として発令されたものがあったかもしれないが、内裏造営の時期と発令の時期が一致するだけでは必ずしも関連があるとはいえないことが明らかとなった以上、長久令・寛徳令についても、ひとまず関連はないものとして考えていくことにしたい。

二　一一世紀中期の荘園整理令

ここでは長久令以下の全国令と国司の要求について考えていきたい。

長久元（一〇四〇）年六月に出された長久令は、後朱雀天皇と藤原頼通とを中心に審議がくり返され(22)、最終的には次のように決定した。

庄園事国司所㆓申請㆒、其任以後荘園可㆓停止㆒之由所㆑申也、依㆑請可㆓停止㆒Ⓐ、但国司猶有㆓阿容㆒不㆑申㆓事由㆒、幷不㆑加㆓制止㆒之輩、可㆑解㆓却見任㆒Ⓑ、又百姓等中有㆓募立之輩㆒、国司慥長可㆑追㆓却其国境㆒[23]（傍線引用者、以下同じ。）

これは『春記』の記主藤原資房が聞いた後朱雀天皇の仰せであるが、ここで難解なのは傍線Ⓐである。この部分に関しては、現在二通りの解釈がなされている。一つは国司が「其任以後」の荘園停止を申請してきたとするもの[24]、今一つは国司が申請してきた場合に荘園整理令を出すと解釈するものである[25]。つまり、前者では国司申請はすでに行われたことに、後者ではこれ以降申請されることになる。傍線Ⓑには、国司で阿容したり、制止しない輩は「可㆑解㆓却見任㆒」とあり、複数の国司を対象とする規定があり、後者の解釈があてはまるようではある。しかし、傍線Ⓐを素直に読むと、「国司の申請してきた内容は、『其任以後』の荘園を停止してほしいということである。申請に従って停止せよ」と読め、すでに国司による申請がなされたかのような印象を受けるのである。ここで想起されるのが、次に引用する長久令に関する審議がはじめて『春記』にあらわれる部分である[26]。

予(資房)申㆓但馬守中文㆒了、又参内奏㆓件文㆒了Ⓒ、仰(後朱雀)云、庄園事申㆘可㆓停止㆒由㆖、慥可㆓停止㆒之事如何Ⓓ、

前後関係を説明すると、関白殿で、資房が頼通に対して但馬守中文について申し、その後参内し、その中文について後朱雀天皇に奏したのである。そして、長久令に関する最初の記事が表われるのである。従来は、これ以前の但馬守中文に関する部分（Ⓒ）と長久令に関する部分（Ⓓ）を切り離して考えてきたようである。しかし、長久令に関する記事（Ⓓ）は「荘園の事、停止すべき由を申す」というものであり、ここは、但馬守中文をみた後朱雀天皇が「その中文は荘園整理を申請しているが、どうしたものだろうか」と述べたものと考えられるのである。

つまり、但馬守中文に関する記事（Ⓒ）と、長久令に関する記事（Ⓓ）は連続するものと考えられるのである[27]。こ

のように考えるならば、長久令は但馬国司によって申請されたことになり、傍線Ⓐの解釈は前者、すなわち但馬国司が「其任以後」の荘園停止を申請してきていたものを裁許したもの、と解釈するのが妥当であるということになろう。

しかし、傍線Ⓑには複数の国司を対象とする文言がみえ、長久令は但馬一国のみに発令されたものとはいえないようである。

確かに、『春記』の伝える長久令の審議過程では、例えば頼通の言葉に「諸国庄園事」(28)とあるように、明らかに全国令として審議がなされているのである。また、但馬国司の申文をみた後朱雀天皇の「慥可㆓停止㆒之事如何」という言葉を伝え聞いた頼通は「諸国庄園事可㆓停止㆒事、先日内々奏聞了」(29)と述べており、但馬守申文より以前に頼通が諸国荘園整理について奏聞しているようである。そこで次に、但馬守申文とこれらの事実との関係を考えなければならないだろう。この疑問を解く鍵は、実は、但馬守にある。当時の但馬守は藤原章信であるが(30)、この章信は、資房が関白殿を訪れた際に取次ぎをしており(31)、頼通邸である高陽院の造作にあたってはその行事をつとめ、またその懈怠により頼通から勘当を蒙っていることなど(32)から頼通の家司と考えられるのである。つまり長久令は、但馬国司であり頼通の家司であった章信と頼通の間で計画されたと考えられるのである。章信は、これ以前にも和泉守(33)や伊予守など(34)を歴任しており、在地の状況には詳しかったと思われる。そして、この長久元年正月廿五日に但馬守に任ぜられると(35)、荘園整理の申請を思いついたのであろう(36)。なお、彼が「其任以後」の荘園の停止を申請したのは、彼の任期以前に立荘されていた荘園を停止することよりも、彼の在任中に、権門が圧力をかけて立荘させようとする行為そのものに歯止めをかけることを期待したからなのであろう(37)。章信からこのような要求を聞いていた頼通は、一方では全国令としての荘園整理令を企画し、逸早く内々に奏聞し、後朱雀天皇の意向を聞くなどし、一方で章信は但馬一国に対する荘園整理令を申請したと考えられるのである。そして、それを契機として、頼通と後朱雀天皇とを中心にして全国令としてその計画が練られるのである。その審議過程で頼通が「格後庄園可㆓停止㆒之由、度々有㆓官符宣旨㆒、然而一切無㆓停止㆒」

高家権門責二陵國司一、或又公文勘了之咎歟(38)」と述べ、新立荘園が増加する理由を的確に把握していることがわかるが、その背景の一つとして章信の存在があげられるのではないだろうか。

さて、長久令の審議過程では、「当任以往一両代以来(39)」の新立荘園を停止すべきだとする頼通案と、「庄園事指二一両代一、為二後代一可レ在二其難一、唯近代以来庄園長可二停止一(40)」と近代以来という整理基準を主張する後朱雀天皇の案とが対立し、一度は頼通側が「庄園事仰尤宜(41)」と妥協したようである。しかし、どのような事情からか、最終的には本章の冒頭に引用した形になるのである。恐らく、頼通と後朱雀天皇との間の意見の調節がつかず、結局、本来の但馬守章信の申請をそのまま認める、但し、但馬一国のみに適用するのではなく、諸国もこれに准ぜさせ、傍線Ⓑの部分をつけ加え、全国令として発令するという調停案に落ち着いたのであろう。傍線Ⓐと傍線Ⓑとがなじみにくいのも、傍線Ⓐの部分は但馬守申文の内容を活かし、傍線Ⓑの部分はそれを全国令として発令するに際してつけ加えた部分であるからなのである(42)。

さて、以上長久令の内容ならびに審議過程についてみてきたが、そこでは、頼通の家司であったことも影響はしていようが、但馬国司の申請が重要な役割を果たしていたことがわかった。そして、長久令が出されて五年後に発令された寛徳令についてもそのような可能性があるのである。

寛徳令を伝える史料は、治暦元年九月一日太政官符写(43)と永承五年七月一一日太政官符案(44)である。前者は寛徳令を「寛徳二年下二五畿七道諸国一官符」と表わしており、全国を対象としたものであることがわかる。ところが、後者所引の寛徳令には「内大臣宣、奉レ勅、宜仰二彼国一」という文言がみられ、寛徳令が「彼国」に対して発令されたことが知られる。この「宜レ仰二彼国一」という文言は前者にはみられないものであり、両者には五畿七道諸国と「彼国」という、その対象に違いがあるように思われる。この点について、すぐに思いつくのが、寛徳令は全国を対象としたものだが、実際には一国ごとに官符が出されたとする考え方であろう。しかし、筆者は「彼国」の「彼」という語句に引っ掛かるのである。「彼国」という表現がとられる場合、その前提として、ある特定の国で何らかの事態が出来し、それに対して発するというニュアンスがあるように思われるのである。ただ単純に全国令を一国ごとに発令しただけでは「宜レ仰二彼国一」という表現はとらないのではなかろうか。

つまり、寛徳令の前提として、「彼国」からの解状などが考えられるのであり、寛徳令は「右、得二某国……解状一云、……者、内大臣宣、奉レ勅、宜下仰二彼国一……上者、自餘諸国准レ此」というような形式だったのではないだろうか。無論、寛徳令の全文は今日伝わっておらず、また、寛徳令の逸文を伝える二史料が両方とも写または案文でもあり、しかも、そのなかで取意文として伝わっているにすぎないことから、これは全くの推測にすぎない。しかし、長久令のようなケースを考えるならば、こうした可能性もあるのではないかと思われる。

以上、長久令および寛徳令の発令契機について考えてきたが、そこで得られた結論は、両者とも国司申請が重要な発令契機となっていると考えられることであった。天喜令、延久令に関しては、このような直接、発令契機となる国司申請は見出せなかったが、この、一連の荘園整理令の背景に国司の要求を想定することはできそうである。

ところで、長久令では、すでにみたように当任以後の荘園停止が命じられていたが、続く寛徳令では「停二止前司任中以後新立庄園一」(45)というものになっている。この間の変化は、申請した国司の問題の把握の仕方によるものと考えられるのである。長久令は整理基準が当任以後であることから前述したように既存荘園の停廃というよりも、今後の立荘行為に対する禁止を意味し、それが国司により申請されたことも考えるならば、権門や不当に立荘を進める輩に対する意味合いが濃かったといえるだろう。それに対し、寛徳令は、長久令のように権門などが新しく立荘することを禁じるだけではなく、前司が任終にあたって立荘した国免荘を新任国司が停廃することを要求したものといえよう。

このように、長久令を申請した国司は権門側の行為に重点を置いて荘園整理令を考え、寛徳令では前司の行為に重点を置いて問題を把握していたのである。なお、永承五年七月二一日太政官符案所引和泉国司解(46)や治暦元年九月一日太政官符写所引越中国司解(47)などで国司が寛徳令を法源に荘園整理を申請しているが、このように寛徳令が重視されるのは、権門の立荘行為を押さえることもさることながら、前司の時に立荘されてしまった荘園の整理が新司の任国支配にとってより重要だったからであろう。

ところで、天喜令では「寛徳二年以後庄園、且加二禁遏一、永令二停止一(48)」とあり、整理基準が寛徳二年以後となっている。この寛徳二年とは寛徳令が発令された年であるが、ここではなぜ寛徳二年という整理基準になったかについて考えてみよう。そこでヒントになるのが、次の天喜元年（一〇五三）三月に伊賀国に下された官宣旨案である。(49)

左弁官下伊賀国
　Ⓔ応レ令下官使抜二前前司藤原朝臣顕長任以後庄園牓示一、催中徴官物上事、
右、得二彼国去年十二月三日解状一云、謹案二事情一、当国狭少之地、亡弊之境也、而前司公則朝臣悉打二立毎郷庄園牓示一之間、百姓遁二避官物一、不レ叶二国務一、Ⓕ因レ茲以二去年一経二上奏一。随則以二同年十月二日一可二停止一之状、雖レ被レ下二官符一、猶張二各本家之威勢一、敢無下叶二国務一之輩上、（中略）望請官裁、早任二道理一、且被レ抜二新庄牓示一、且被レ催二徴対捍之輩一、将レ仰二憲法之貴一者、右大臣宣、奉レ勅、宜遣二史生一、且抜二棄牓示一、且催二徴官物一者、国宜承知、依レ宣行レ之、不レ可二違失一、
　　天喜元年三月廿七日　大史小槻宿禰
少弁藤原朝臣

これによれば、永承七年（一〇五二）一〇月二日に伊賀国司の申請に基づき、前司公則が牓示を立て立荘した荘園の停止を命じた官符が下されたことがわかる（傍線Ⓕ）。つまり、ここでは、永承七年当時の国司が、彼の前司任中の荘園整理を申請しているのである。また、永承五年（一〇五〇）に和泉守菅原定義が寛徳令を引用しながら、前司任中以後の荘園整理を申請したことは有名である。このように、寛徳令は、国司には彼が補任された段階からみての前

表3　伊賀国国守一覧

藤原顕長	長元4（1031）.2.17	補任	
	長元7（1034）.7.23	見任	
（姓欠）良賢	長元7（1034）.11.23	見任	惟宗義賢カ
惟宗義賢	長暦元（1037）.12.29	見任	
藤原定任	長久元（1040）.4.27	見任	
藤原資国	長久4（1043）.1.24	補任	
藤原（名欠）	長久4（1043）.12.21	見任	資国カ
藤原（名欠）	永承3（1048）.閏1.3	見任	

宮崎康充編『国司補任』第四（続群書類従完成会、1990年）により作成。

司が立荘した荘園を整理するものと解され、それが裁許されていることから、中央政府もそのように解していたと思われるのである。しかしそれでは整理の基準が次々とくり下がってしまうのである。

長久令の審議課程で後朱雀天皇が近代以来の荘園整理を主張したように、当初はある一定の時点よりの荘園整理を中央政府側は想定し、「其任以後」や前司任中以後の荘園整理を発令したはずである。ところが、実際に長久令や寛徳令を実施する際には、新任国司からみて前司任中以後の荘園整理とするなどの混乱がみられたのである。

先の官宣旨案は「前前司藤原朝臣顕長任以後」の荘園整理を指示している（傍線Ⓔ）。この点に注目された川島茂裕氏は、寛徳二年段階の伊賀国司を藤原定任と推定し、その前司を顕長として、これは、天喜年間の国司に対し、寛徳二年段階の国司定任の前司顕長以来の荘園整理を指示したもの、すなわち寛徳令の本来の意図、整理基準の適用を求めたものと解された[50]。しかし、宮崎康充編『国司補任』[51]によれば、定任の任期は長久元年（一〇四〇）から長久四年（一〇四三）までであり（「伊賀国国守一覧」参照）、その後、藤原資国が補任されていることがわかる。また藤原顕長と藤原定任の間に惟宗義賢が守に補任されていたことも知られる。藤原資国が寛徳二年段階で国司であったかどうかは不明であるが、こうしてみると、少なくとも顕長は寛徳二年段階の国司からみて三代以上前の国司となり、「前司任中以後」という基準をもつ寛徳令そのものの適用とはいえなくなるのである。結局ここでなぜ「顕長任以後」という基準が出てきたのかは不明であるが、いずれにしても、従来のような長久令や寛徳令の解釈（ある時点で補任された国司の当任中やその国司の前司任中以後の荘園整理[52]）―その場合、整理基準は次々とくり下がってしまうのだが―とは違う、ある一定の時点よりの荘園整理を天喜令発令において中央政府は打ち出したのである。

このように天喜元年段階には整理基準に関し混乱が生じ、それを是正する必要があったのである。長久令の審議過程で、国司の任期に整理基準を置こうとした頼通に反対して、後朱雀天皇は「為二後代一可レ在二其難一[53]」と述べたが、国司の任期に基準を置けば、国ごとに基準が異なることにもなり、また解釈にも混乱が生じ、「難」があったのであろう。このために、全国一律の整理基準を設ける必要があったのである。そこで、恐らくは長久令より国司から重視されていた寛徳令の発令された年を基準に「寛徳二年以後」という整理基準を設定し、天喜令を発令したのであろう。天喜令をこのように考えることができるとすれば、それは直接、国司の要求があって出されたものとはいえないものの、長久令、寛徳令にみられた国司の要求を貫徹させるために出されたものといえるのではないだろうか。

三　延久令の歴史的位置

前章では、長久令、寛徳令、天喜令と国司の荘園整理に対する要求が、次第に全国家的な政策となっていったことをみてきた。そして、この一連の流れのなかに延久令も位置づけられるのである。延久令の内容を伝えるものに、延久元年（一〇六九）八月二九日筑前国嘉麻郡司解案[54]と延久元年閏十月一一日伊賀国司庁宣[55]があるが、前者によれば延久令の内容は、

① 寛徳二年以後の新立荘園の停止

② 痩せ地と交換した肥地、荘園のなかに取り込んだ公田、定まった坪付のない荘園、諸荘園の所在、領主、田畠

数等を言上せよ(56)

というものであった。一方、後者によれば、

③　寛徳二年以後の新立荘園の停止

④　往古の荘園でも、券契不分明のものや国務に妨げのあるものは停止する

というものであった。従来、この二者の関係をめぐって様々な解釈がなされたが、ここではそれらの問題について触れないで、両者の間に方針の変更があったかどうかについてだけ考えてみよう(57)。

この二者の間で、①と③は同じ内容であり、問題となるのは②と④が同一かどうかである。ところで、②のうち、諸荘園の所在、領主、田畠数については、荘園整理に際しての基礎的データとでもいうべきもので、それのみでは整理の基準とはなり得ないと思われるので、ここでは暫く除外して考えることにしたい。つまり、②にいう痩せ地と交換した肥地、荘園のなかに取り込んだ公田、定まった坪付のない荘園と④が同一かどうかを考えてみたい。そこで、実際に延久令により整理された石清水八幡宮護国寺領についてみてみよう。

まず、河内国矢田庄については、国司免判が数一〇代に及ぶ往古の荘園ではあったが、相博田が停止されている。和泉国放生米代荘は「浮免田肆拾町、前司顕綱朝臣任中、公家御祈放生米代、以料田所奉寄也」といわれるように放生会料米代として設定された浮免田であったが、この場合、寛徳二年以後の立券であったこともあろうが、浮免田が停止されている。また、河内国にあった九ケ所の田は籠作公田として停止させられている(58)。これらの相博田、浮免田、籠作公田とは、いずれも②で言上が義務づけられているものである。ところが、これらの停止が命ぜられたのは③、④を命じた官符が出された後であるから、結局②と④との間で、整理方針について基本的には差違はなかったといえよう。つまり、延久令の内容とは、基本的には、寛徳二年以後の新立荘園の停止、往古の荘園でも券契不分明のものや国務に妨げのあるものは停止すると理解してよいであろう。ここで、注目されるのは、このうちの後者の内容である。

当該期の国司は、増加する荘園、および荘住人による公田籠作[59]などにより、その任国支配は困難をきわめていた。とりわけこの時期は、荘園制的領域支配が成立してくる時期とされており[60]、このような荘園領主側の動向に規制されながらも、国司は規定の官物納入を果さねばならず、それはいきおい、国司による公領支配の強化を導き出すことになった。しかし、すでに指摘されているように、このような国司の公領支配強化は国司苛政上訴と呼ばれる抵抗を惹起し、さらにはこのような民衆の抵抗から公田官物率法が成立してくるのである[61]。このような状況のなかで国司がその任国支配をまっとうしようとすれば、一つには荘園を整理し、また一つには公領はもとより、荘園整理では整理できなかった荘園に対する新しい賦課方式—すなわち一国平均役であるが—を作り出すことが必要となるのであった。このような国司の要求のうちの前者が、国司による荘園整理令の申請となって現われたのである。

それは、前章でみたように、長久令、寛徳令、天喜令へと次第に全国家レベルの政策として重要性を増していき、延久令に結実していったのであった。そして、そこでは国務に妨げのある荘園総てをも整理対象とし得るにまで至ったのである。むろん、最終的には国司側の主張のみが承認されたわけではなく、権門も国家構成員である以上、一面では妥協し、その荘園領有を認める必要があり、個々の事例では国司の主張が斥けられることもあった[63]。

しかし、この住古の荘園でも券契不分明のものや国務に妨げのあるものは停止するという条文が国司の要求の反映であることは間違いないであろう。

また、延久令のもう一つの内容である寛徳二年以後の新立荘園の停止という条文については、天喜令で打ち出した整理基準を徹底させるものであり、同様のことがいえるのである。例えば、丹波国安田園では長元八年（一〇二五）に国司によって「奉免」された作田が、この延久の荘園整理作業の結果、寛徳二年以前という理由で本免田として確定されている[64]。また、永保前後のものと推定される闕年の左馬頭某申状案[65]によれば、摂津国猪名荘の「免田不足」という訴えが「若寛徳以前所免之内、漏坪候歟」と考えられていたことがわかり、寛徳二年以前の免田は、国免であれ、何であれ、延久令以後は本免田と認識されていたことがわかる。このように延久令を境として、本免田の範疇が大きく変わっているのである。延久令以前と以後とで、本免田数のみを比較すれば、恐らくは延久令以後の方が増大しているものと思われ、延久令のこの条文は一見、荘園領主にとって有利に働いているかのようにみえる。しかし、この点のみに注目するのは一面的な評価にすぎないであろう。延久令のこの条文は、寛徳二年以前のものは本免田として認めるという形で荘園領主に対して一定の妥協を行ってはいるものの、寛徳二年以後に加免された部分に対しては停止しているのであり、前述のような荘園領主の荘域拡大の運動に対して、寛徳二年段階まで荘域を押し戻していったものと評価しうるのである。(66)このように考えてくれば、延久令のこの条文も国司の要求に答えたものといえ、延久令の政策基調には、上述来の国司の要求が大きく影響していると考えられるのである。

このように後三条政権は国司の荘園整理に対する要求を受け、延久令を発令したのである。その意味で、後三条政権は国司の動向に規定され、また国司をその支持基盤にすえていたものといえよう。(67)しかし、記録所の設置にみられるように、この中央政府がより積極的に取り組んだ荘園整理によって荘園を停止し、あるいは認定したことは後三条政権が荘園領主より高次の存在であることを明確にし、(68)さらに内廷経済の充実や宮廷行事における天皇の主導権の確立(69)などを通して王権が拡大され、やがて院政を生み出していくことになるのである。

以上、後三条政権の歴史的位置を明らかにするために、一一世紀中期の荘園整理令について、その発令契機と内容等の分析を試みた。そこでは、当該期の荘園整理令全てが内裏焼亡を契機としているとはいえず、また、国司の申請や要求が発令の重要な契機となっていることを述べ、後三条政権において国司の果した役割を再確認した。

注

（1）石井進「院政時代」（『石井進著作集　第三巻　院政と平氏政権』岩波書店、二〇〇四年）。

（2）五味文彦「前期院政と荘園整理の時代」（『院政期社会の研究』山川出版社、一九八四年）。
（3）石井進「院政」（『石井進著作集　第三巻　院政と平氏政権』（岩波書店、二〇〇四年）。
（4）注（2）に同じ。なお、後三条政権の支持層である受領の存在については、林屋辰三郎「院政政権の歴史的評価」（『古代国家の解体』東京大学出版会、一九五五年）らがすでに指摘している。
（5）主要な研究をあげると、荘園整理令全般を扱ったものとしては、
○川上多助「平安朝の荘園整理策」（『日本古代社会の研究』河出書房、一九四七年）。
○竹内理三「藤原政権と荘園」（『竹内理三著作集　第五巻　貴族政治の展開』角川書店、一九九九年）、同「院庁政権と荘園」（『竹内理三著作集　第六巻　院政と平氏政権』角川書店、一九九九年）。
○阿部猛「平安時代の荘園整理」（『律令国家解体過程の研究』新生社、一九六六年）。
○森田悌「摂関期における荘園整理」（『平安時代政治史研究』吉川弘文館、一九七八年）。
○中野栄夫「荘園史研究と荘園整理令」（『岡山大学教育学部研究集録』五一、一九七九年）、同「荘園整理令史料集成（稿）」（一）～（三）（『岡山大学教育学部研究集録』五〇―一～五一、一九七九年）。
○吉永良治「荘園整理令の基礎的研究」（『史学論集』一三、一九八三年）。
○坂本賞三『荘園制成立と王朝国家』（塙書房、一九八五年）。
等がある。
また記録所と国司申請荘園整理令については、差しあたり、
○佐々木文昭「平安・鎌倉初期の記録所について」（『日本歴史』三五一、一九七七年）。
○谷口昭「諸国申請雑事」（日本史研究会史料研究部会編『中世の権力と民衆』創元社、一九七〇年）。
○曽我良成「国司申請荘園整理令の存在」「諸国条事定と国解慣行」（『王朝国家政務の研究』吉川弘文館、二〇一二年）。
○市田弘昭「王朝国家期の地方支配と荘園整理令」（『日本歴史』四四五、一九八五年）。
を参照されたい。
この他、本章で扱う長久令については、

○槙道雄「藤原頼通政権論」(『院政時代史論集』続群書類従完成会、一九九三年)。

を、また寛徳令については、

○坂本賞三『日本王朝国家体制論』(東京大学出版会、一九七二年)、同『摂関時代』(小学館、一九七七年)。

○川島茂裕「寛徳庄園整理令と天喜事件」(『日本史研究』二二七、一九八一年)。

を、延久令については膨大な研究史があるが、代表的なものとして、

○宮川満「延久の庄園整理について」(『滋賀県立短期大学雑誌』一―B、一九五一年)。

○竹内理三「平家及び院政政権と荘園制」(前掲『竹内理三著作集　第六巻　院政と平氏政権』)。

○脇田晴子「延久の荘園整理令」(『日本中世商業発達史の研究』御茶の水書房、一九六九年)。

○佐藤宗諄「後三条天皇の新政」(『日本と世界の歴史』八、学研、一九七二年)。

○坂本賞三「延久荘園整理令と加納」(『日本中世史論集』吉川弘文館、一九七二年)。

○藤本孝一「延久荘園整理令に関する学説批判」(『中世史料学叢論』思文閣出版、二〇〇九年)。

○木村茂光「不入権の成立について」(『日本初期中世社会の研究』校倉書房、二〇〇六年)。

○槙道雄「延久荘園整理令考」(前掲『院政時代史論集』)。

をあげておきたい。

(6) 注(5)にあげた谷口・曽我・市田氏らの論文を参照されたい。

(7) 市田弘昭「平安後期の荘園整理令」(『史学研究』一五三、一九八一年)。坂本賞三氏は、その後同前掲注(3)書・「寛治七年荘園整理の議とその背景」(『古代文化』三七―一二、一九八五年)等でこの見解を支持している。なお、五味文彦氏は全国令の発令契機に天皇の代替りを想定され(五味前掲注(2)論文)、坂本賞三氏も、天喜令のように同一天皇在位中に二度目の全国令が出された例はあるものの、全体としては認められるとしている(但し、坂本氏は内裏新造は天皇の代初に行うをよしとする傾向があり、そのために全国令が天皇の代替りに出されるのであるとして、市田説と五味説を統合的に理解している。前掲「寛治七年荘園整理の議とその背景」)。しかし、代替りが契機の一つであったとしても、上述の天喜令に関する坂本氏の指摘や、堀河天皇即位時には全国令が発令された明証がないこと、長久令の審議が代初意識が強烈であったとしても(五味前

掲注（2）論文）、践祚後四年経っていることなども考えるならば、発令に際しては国司の要求のような、それ以外の要因もあったと考えることは可能であろう。また、五味氏はその根底に徳政観念があったことを指摘されているが、徳政に関しては、市沢哲氏の「公家徳政の成立と展開」（『日本中世公家政治史の研究』校倉書房、二〇一一年）がある。

（8）谷口前掲注（5）論文。

（9）曽我前掲注（5）論文。

（10）坂本前掲注（5）『荘園制成立と王朝国家』二九二頁。

（11）市田前掲注（7）論文。

（12）『平安遺文』七〇九号、七一〇号文書（なお、以下平七〇九のように略記する）。

（13）『園太暦』貞和二年七月二一日条。

（14）平七一〇。

（15）同右。

（16）平七一九。但しこれは「今月廿五日御教書」に対する請文である。なお『岐阜県史』史料編古代・中世三・茜部荘古文書十九号文書参照。

（17）平七四八。

（18）『百錬抄』天喜三年六月七日条、『園太暦』貞和二年七月二一日条。

（19）平七四八。

（20）平七六八。

（21）なお、市田氏も指摘していることだが、承徳二年（一〇九八）の内裏新造に際しても荘園整理令は発令されていない。市田前掲注（7）論文一三頁参照。

（22）『春記』長久元年五月二日条、六月三日条、六月八日条。

（23）『春記』長久元年六月八日条。但し、『史料大成』本では、傍橡Ⓑを「不解却見任」と読んでいるが、筆者の確認によれば、「可解却見任」の誤りである。なお、筆者が利用したのは、埼玉県史編纂室架蔵の書陵部所蔵東寺本『春記』の写真版である。

写真版の利用に際しては中込律子氏のお手を煩わせた。この場を借りてお礼申し上げたい。
(24) 例えば、坂本前掲注(5)『荘園制成立と王朝国家』三〇六頁、市田前掲注(7)論文一〇頁など。
(25) 例えば、阿部前掲注(5)論文、五七三頁、五味前掲注(2)論文五三頁、槇「藤原頼通政権論」前掲注(5)五六頁など。
(26) 『春記』長久元年五月二日条。
(27) 本章の骨子は、一九八三年一〇月に行われた上智史学会大会で口頭発表している。その後発表された槇前掲注(5)「藤原頼通政権論」(一九八五年初出)や、『兵庫県史』史料編古代二(一九八五年一〇月)でも同様の解釈が示されている。
(28) 『春記』長久元年六月三日条。
(29) (26)に同じ。
(30) 『春記』長久元年正月二五日条。
(31) 『春記』長久元年四月二一日条。
(32) 『春記』長暦三年一一月一九日条。
(33) 『小右記』治安三年九月一九日条。
(34) 『小右記』長元二年二月一一日条。但し『弁官補任』長元二年条には「任伊予守」または「正月廿四日伊予権守、受領」とある。
(35) 『春記』同日条。
(36) 但馬国では、これ以前の治安三年(一〇二三)(『小右記』治安三年六月二日条など)・万寿五年(一〇二八)(大日本古記録本『小右記』万寿五年七月二四日条など)・長暦二年(一〇三八)(『春記』長暦二年一一月一日条)と、国司が上訴されている。このうち治安三年の際には、章信は右中弁としてその処理に関与しており、彼はこのような但馬国の情勢についても十分に認識していたものと思われる。この認識が荘園整理の申請を思いついた背景の一つであろう。
(37) 但馬国では、長元八年(一〇三五)から長暦元年(一〇三七)にかけて、国司と石清水八幡宮との相論が起こり、国司が配流されるという事件が起きている。この事件自体は、国司が「八幡別官(宮カ)司」である衆長に「有官物負累」りとして、「申其弁」したために起こったものであるが、権門の圧力を思い知るには十分な事件であろう(『平記』長暦元年五月二〇日条、『日本紀略』長元八年一一月二五日条、『百錬抄』長暦元年閏四月八日条、『扶桑略記』長元一〇年五月二〇日条など)。

(38) 注（28）に同じ。
(39) 同右。
(40) 同右。
(41) 同右。
(42) なお、長久令については、これ以降の史料に全くみられず、結局、発令されなかったか、あるいは但馬一国に対してのみ発令された可能性があるかもしれない。
(43) 平補二七三。
(44) 平六八一。
(45) （43）・（44）に同じ。
(46) 注（44）に同じ。
(47) 注（43）に同じ。
(48) 注（43）に同じ。
(49) 平七〇一。
(50) 川島前掲注（5）論文。
(51) 宮崎康充編『国司補任』第四（続群書類従完成会、一九九〇年）。なお、本章発表時には本書は出版されておらず、菊池紳一・宮崎康充「国司一覧」（竹内理三他監修『日本史総覧』Ⅱ　古代二・中世一、新人物往来社、一九八四年）により伊賀国司一覧を作成した。今回、あらためて『国司補任』第四により伊賀守を確認し、新たに惟宗義賢を追加するなど「伊賀国国守一覧」を補訂した。しかし論旨に変更はない。
(52) 但し、長久令を法源として、「其任以後」の荘園整理を国司が申請した実例は管見の限りではない。
(53) 注（28）に同じ。
(54) 平一〇三九。
(55) 平一〇四一。

(56) この内容については諸説があるが、ここでは石井前掲注（1）・（3）論文の解釈に従った。
(57) この二者の関係については、槇前掲注（5）「延久荘園整理令考」を参照されたい。また、以下の記述では、阿部前掲注（5）を参照した。
(58) 以上、平一〇八三。
(59) この点に関しては取りあえず坂本前掲注（6）「延久荘園整理令と加納」参照。
(60) 小山靖憲「荘園制的領域支配をめぐる権力と村落」（『中世村落と荘園絵図』東京大学出版会、一九八七年）、同「古代荘園から中世荘園へ」（『中世寺社と荘園制』塙書房、一九九八年）。
(61) 坂本前掲注（5）『日本王朝国家体制論』。
(62) 延久の荘園整理では、記録所で公験審査を行っているが、坂本賞三氏が指摘されているように、これも治暦元年九月一日太政官符所引同年七月二四日越中国解（平補二七三）で申請された公験比校という国司の要求が結実したものとみることができるかもしれない。なお、坂本前掲注（5）『日本王朝国家体制論』参照。
(63) 例えば、平一〇六〇。なお、佐藤前掲注（5）論文参照。
(64) 平一〇八三。
(65) 平補二六。
(66) 木村前掲注（5）論文参照。
(67) 河音能平氏は「日本封建国家の成立をめぐる二つの階級」（『中世封建制成立史論』東京大学出版会、一九七一年）のなかで、後三条政権を在地領主の共同の権力機関となった国衙およびそれを積極的に肯定し、その上に自らの政治的立場を確立しようとした受領に立脚した政権とされている。
(68) 石井前掲注（1）論文。
(69) 橋本義彦「貴族政権の政治構造」（『平安貴族』平凡社、一九八六年）参照。

第七章　寛治七年荘園整理令の再検討

荘園整理令研究のなかで延久の荘園整理令や保元の荘園整理令のもつ意味に言及したものは多い(1)。また近年の成果として全国を対象とする全国令と、国司が申請し一国を対象に発給される国司申請令の存在が明らかにされ、国司申請令は一一世紀半ば以降急激に増加することも指摘されている(2)。これまで荘園整理政策が放棄されたといわれていた鳥羽院政期に関しても全国を対象に荘園整理令が発令されたとする見解もあり(3)、平安後期の荘園整理令に関する研究は飛躍的に進展している。

しかしながら、白河親・院政期の荘園整理令に関しては、史料的制約もあり、未解明の部分も多いのである。例えば寛治七（一〇九三）年三月三日、白河上皇が内大臣藤原師通に荘園整理の実施について諮問している。いわゆる「寛治七年荘園整理の議」であるが、この荘園整理令については史料が少ないこともあり、部分的に触れられることはあっても全面的に論じられることが少なく、専論としては唯一坂本賞三氏による研究があるだけである(4)。そのため、この整理令が発令されたのか、どのような政策だったのかなど十分には明らかではないのである。

白河院政後期から鳥羽院政期にかけて荘園制、荘園公領制が確立するといわれるが(5)、白河親・院政期の荘園整理令がどのようなものであったかを明らかにすることは荘園制、荘園公領制の確立過程を考える上でも重要なことであると思われる。以下、本章ではこのような問題関心に立ち、寛治七年荘園整理令がどのようなものであったかを考えてみたいと思う。

一　寛治七年荘園整理令の発令

寛治七年荘園整理の議に関する史料は『後二条師通記』の以下の条文である。(6)

未時顕(頭カ)弁来云、院宣日(曰カ)、諸国荘園溢満、欲二制止一思食如何、又延久・応徳・寛治元年等可レ被二停止一、内々所レ被二尋仰一也、予申云、尤可レ候之事也、於二仗儀一可レ被二定申一歟、以二此旨一令レ奏之、頭弁云、更不レ可二相叶一云々、余云、其事如何、国司密々皆実所レ被レ立也、嘲哢無レ極、受領八年任巡不レ被レ留云々

やや難解で文意の通りにくいところもあるが、(7)少なくともここから諸国に荘園が溢満しているため白河上皇が荘園整理を計画したこと、整理基準として延久・応徳・寛治元年の三つの候補があったこと、この白河上皇の諮問に対し、師通は賛意を示し、陣定で審議するよう求めたことなどが読み取れよう。

さて、この荘園整理令については現在まで次のような見解が提出されている。

○　阿部猛氏はその後の経過を語る史料を欠くため、不明であるとしながらも公布は沙汰止みになったであろうと推定している。(8)

○　石井進氏は白河上皇の諮問に対して、師通も賛成しているのであり、発布されたとみた方が自然であろうとされ、『潤背』の寛治年間に宣旨によって升の大きさが法定されたという記事や『峰相記』の寛治年間における諸国惣検の記事などとの関連を指摘された。(9)

○　坂本賞三氏は市田弘昭氏の平安後期の全国令は内裏造営――造内裏役賦課を直接的な契機とするものが多いという見解を紹介されながら、(10)寛治七年の荘園整理令の場合は、直後の新造内裏上棟が寛治七年から五年後とやや間があきすぎていることから内裏新造を直接の発令契機とするかどうか不明であるとされた。その上でこの荘園

整理令が荘園整理の基準線の候補として延久・応徳・寛治元年をあげていることから、整理基準線を引き下げて、それ以前の国免荘を公認するとともに今後は新立荘を認めないという目的をもったものであるとされた。発令されたかどうかについては確証がないと保留されている。(11)

○　美川圭氏は、院と摂関の主導権争奪に触れるなかで、寛治七年の議にも言及された。氏は市田弘昭氏の見解に依拠し、白河上皇が内裏造営のために荘園整理を計画したとみる。一方、この寛治七年の議の翌年に公卿議定で内裏造営の延期が決定したことから公卿議定の主導権を掌握した師通によりこの整理令――内裏造営政策はともに延期されたのだとしている。(12)

以上、この寛治七年の荘園整理令については発令されたのかどうか、どのような目的であったのかなどについて見解が分かれ、不明な点が多いのである。このように不明な点が多いのはひとえに関連史料がないためである。しかし、この荘園整理の議から数ヶ月後に起きた強訴の経過を考えるなかである程度の推定ができるのである。

その強訴とは寛治七年八月に興福寺大衆が入京し、近江守高階為家が春日社領近江国市荘を損亡し神人を禁獄したことを訴えたもので、これまで神木入洛の最初の事件として注目されていたものである。(13)この強訴と寛治七年の荘園整理令は密接に関わるものと思われるのだが、(14)その点は後述するとして、まずしばらくこの強訴がどのようなものだったのかみていくことにしよう。

この強訴について『百錬抄』寛治七年八月二六日条は、

興福寺大衆率二春日神民一、集二会勧学院一、捧二鋒神木一、随二身鏡鈴一、神人所レ持之鏡、於二案上一放二光燿一、自然鳴動、本宮御笠山上、同時有二光燿一云々、是依レ訴下申近江守為家朝臣陵二礫神民一事上也、

と記している。

また、「扶桑略記』寛治七年八月二二月条には同日提出された興福寺大衆の奏状が引用されているが、その奏状によ

表4　近江国市荘関係年表

年	月日	事項・出典
寛治3（1089）	1月5日	近江守藤原敦家見任*
寛治3（1089）	12月24日	近江守高階為家見任*
寛治7（1093）	3月3日	荘園整理の議（後）
	3月？	為家、基忠私領を倒す（中8.26）
	3月	基忠、市荘を春日社に寄進（中8.26）
	7月？	為家、御馬使供給を一国平均役として賦課することを求め、認可される（中8.26）
	7月？	市荘神人凌轢（中8.26）
	7月16日	御馬使秦武元入洛（中7.20）
	7月20日	陸奥臨時交易御馬御覧（中）
	8月6日	相撲人の饗応、興福寺大衆騒動により延引（後）
	8月8日	興福寺大衆競発す、制止の宣旨を下すが大衆承引せず（中）
	8月9日	済尋、隆禅房、大衆により切り損ねられる（後）
	8月10日	白河上皇、市荘寄進の可否を議すよう指示する（後）
	8月11日	師実、師通に市荘のことは調度文書に任せ定めるよう指示（後）
	8月12日	陣定（山槐記元暦元.8.30）、但し8月13日の誤りか。
	8月13日	陣定（後）（中）
	8月？	為家弁明する（中8.26）
	8月16日	師実興福寺のことを問う（後）
	8月19日	陣定、明法博士に勘申を命ず（後）（中）（中8.26）
	8月20日	22日に大衆上洛の聞こえあり（後）
	8月22日	為家贖銅の勘文提出さる。陣定（後）（中）興福寺大衆、奏状を提出し為家配流を要求（中8.26）（扶）
	8月25日	明日大衆上洛の報（後）
	8月26日	大衆上洛（後）（中）（扶）（百）
	8月27日	流罪延引（後）（中）（扶）は為家配流の勅を載せるが8.28の誤りか。 内大臣以下為家の罪名を定める（百）
	8月28日	為家配流（後）（中）（百）

（　）内は出典。後は『後二条師通記』、中は陽明文庫本『中右記』、扶は『扶桑略記』、百は『百錬抄』、数字はそのことのみえる日付を表す。単に（後）（中）とあるものは当日条を意味する。
＊は菊池紳一・宮崎康充『国司一覧』（児玉幸多他監修『日本史総覧』Ⅱ、新人物往来社、1984年）、宮崎康充『国司補任』第5（続群書類従完成会、1991年）によった。

れば、この強訴の発端は次のようなものであった。

爰近江国蒲生郡市御荘者、為㆓当社之領㆒、致㆓節供之勤㆒、而守為家朝臣偽㆓雇官使㆒、副㆓放私使㆒、損㆓亡荘家㆒、禁㆓獄神人㆒、思㆓其罪愆㆒、可㆑処㆓重科㆒

これらの史料から近江守為家が市荘に乱入し、神人を凌轢したためにこの強訴が行われたことがわかるのだが、従来の研究ではこれ以上のことは明らかでなかった。

しかし近年、陽明叢書記録文書編第七輯として陽明文庫本『中右記』が刊行され、『大日本史料』第三編之二十一にも補遺として陽明文庫本『中右記』の寛治七年の諸条が収載されたことにより、この事件についてもう少し明確にわかるようになったのである。すなわち陽明文庫本『中右記』寛治七年八月二六日条にはこの強訴の発端が次のように記されている（なお、以下の叙述については表4の年表も参照されたい）。

件事元者、春日御社庄在㆓近江国㆒、名市御、本是藤中納言基忠卿之私領、依㆓国司之儻㆒、去三月比奉㆑寄㆓御社㆒已畢、其後神人等居住之間、御馬使右近将曹秦武元一院御随身也上洛之間、為㆑充㆓彼供給㆒、官使并庁官乱㆓入庄内㆒之処、神民等出来沙汰之間、已凌㆓礫（轢カ）神人㆒畢、加㆑之禁㆓近江国獄㆒者、社司・御寺大衆聞㆓付此事㆒、大成㆓忿怒㆒、訴㆓申公家㆒

この記事によれば、今回問題となった市荘とは、本来中納言藤原基忠の私領であったものを寛治七年三月「依㆓国司之儻㆒」り、春日社に寄進したものである。[15] そして、その市荘に対して御馬使秦武元が上洛する際の供給を充てるため、官使、庁官が[16]荘内に乱入し、そこで今回の神人凌轢事件が引き起こされたのである。

この御馬使とはこの年の七月二〇日に行われた「陸奥臨時交易御馬御覧」のための「交易御馬使」のことで、秦武元は七月一六日に入洛し、二〇日には「御馬十疋」を院に献じたことが知られる。[17] したがって御馬使の供給をめぐって引き起こされたこの神人凌轢事件は七月の前半に起きたものと考えて差し支えあるまい。そしてその後、春日社司・興福寺大衆が聞きつけ、八月に入って大きく問題となっていったのである。

では、こうして起こされた強訴に対して中央政府はどのように対処したのであろうか。次に中央政府の対応に注目しながら、この強訴の経過をたどってみよう。

八月六日、興福寺大衆騒動により相撲人の饗応が延期され(18)、八日には頻りに制止の宣旨を僧綱らに下したが、効果がなかったという記事が陽明文庫本『中右記』にみえる(19)。逆にこのことが大衆を刺激したらしく、九日には制止した興福寺権別当済尋や隆禅らの房が切り損なわれるという事態にまで発展した(20)。

このような事態のなかで白河上皇は翌一〇日、藤原基忠の市荘寄進を認めるべきかどうか審議するよう指示を出すのである(21)。この指示の詳細については後述するが、七月に起きた国司の凌轢に抗議する興福寺の動きに対し、この段階では三月にまでさかのぼって市荘寄進の正当性をも併せて問題にしていることに留意されたい。翌一一日には関白藤原師実から内大臣藤原師通に対し、一三日に陣定を行うこと、春日社荘については調度文書に任せて定むべきことという意向が伝えられた(22)。

この師実の指示通り一三日には陣定が開かれている(23)。この日の審議内容については不明であるが、一九日にも再度、陣定が開かれる(24)。一方この間、こうした動きと並行して近江国の目代並びに庁官が検非違使庁に下され、守為家に対しては問注が行われている(25)。こうした調査を踏まえて一九日の陣定は開かれるのである。この時は「随二彼犯過一被レ勘二罪名一、可レ被二量行一歟」ということで諸卿の意見が一致し、明法博士惟宗国任に勘申が命ぜられた(26)。二二日には再び陣定が行われるが、これに先立ち、国任は「国司為家朝臣留官贖銅三十斤」という勘文を提出し(27)、頭弁から報告を受けた白河上皇は「任二勘状一」せて定め申すべしとの指示を与えている(28)。その後開かれた陣定では、内大臣藤原師通、民部卿源経信、右大弁藤原通俊らの異なった意見や疑義の提出があったが、左大臣源俊房以下、左大弁大江匡房に至るまで大半の者が「任二法家勘文一可レ被レ行」しとの見解を述べ、これらの意見が白河上皇に奏された(29)。

一方、この陣定の様子を聞いた興福寺大衆は宇佐宮や日吉社の訴えにより配流になった藤原実政や藤原為房らの例を引き、為家流罪を要求し[30]、二六日にはついに上洛している。その結果、二七日の陣定では、前回の為家を贖銅に処すという決定が覆され、為家の配流が決定された。その後、この決定に基づく宣旨発給を待ったが、なぜか院宣により延引され[31]、翌二八日に至りようやく宣旨により流罪が確定し、行われたのである[32]。

以上だいぶ煩瑣ではあったが、寛治七年の興福寺強訴の経過をみてきた。

ところで、ここで注意しなければいけないのは、興福寺大衆の上洛により、陣定の決定が覆されていることである。すなわち、興福寺大衆上洛以前の二二日の陣定では、為家は贖銅三〇斤という配流に比較して軽い処分だったたものが、上洛後一転して配流に処せられたのである。このことは上洛以前の陣定では七月の為家の行為とともに三月にさかのぼって春日社への市荘寄進が問題とされていたのに対し、大衆上洛後は為家の御馬使供給の徴発方法に論点が移ったためと思われる。陽明文庫本『中右記』には、

又守為家朝臣前日申請云、不レ論二権門勢家庄園一、平均分二充御馬使之供給一者、依レ請宣旨被二下知一畢、而相二具官使一、乱二入国内一、彼国解之中、無下遣二官使一詞上、若是猥相認官掌遣二国内一歟、仍被レ問二官使一之処、為家朝臣称下賜二官使一之由上云々、大奇怪也、是又大犯過歟[33]、

とあり、御馬使供給を一国平均役として賦課することを認められた為家が不当に官使による徴発を行ったことがわかるが、それが問題とされたのである。

そもそも今回の強訴自体は前述したように七月の御馬使供給徴発に伴う神民凌轢事件に端を発しており、その点を審議しなければならなかったはずである。しかし、実際には、興福寺大衆上洛以前はそのことと併せて、三月にさかのぼって市荘寄進の正当性が審議されていたのである。それは一体どのような事情によるのであろうか。次にこの問題について考えてみよう。

そこでまず、興福寺大衆上洛以前の八月一〇日の審議についてみてみよう。この時には前述したように春日社への

市荘寄進が正当なものかどうかが問題とされているのだが、この日、審議に先立ち、白河上皇は次のように命じている。

奉レ寄二神社仏寺一庄事令二停止一之宣旨被二仰下一了、其後奉レ寄二春日御社一如何、起否可レ申也、件庄官符宣旨并長者宣無レ之、但奉レ寄之条、依二社司申所一聞食也、其旨可二定申一也(34)

つまり、神社仏寺に荘園を寄進することを禁止した宣旨を発したにもかかわらず、その後春日社に（私領を）寄進するのはどういうことか。（荘園として）認めるかどうかを審議するべきである。件の市荘は官符・宣旨・長者宣もなく、社司の申す所により寄進のことを知ったが、どうすべきか定め申せというのである。ここで注目されるのは基忠による市荘寄進に先立ち、「奉レ寄二神社仏寺一庄事令二停止一」という宣旨が発せられていることである。この寄進停止の宣旨がいつ発令されたものなのか確証はないが、基忠による市荘寄進はこの年の三月であった(35)。また、師通に対し、荘園整理に関する諮問が行われたのは三月三日のことである。この三月三日の荘園整理の議が寺社への荘園寄進停止の宣旨となって発令されたと考えられるのではないだろうか。

三月三日の荘園整理の議が「荘園溢満、欲二制止一」すという白河上皇の発意からなされたものであることはすでにみたところである。だからこそ、白河上皇は市荘をめぐるこの強訴において、直接的契機が七月の御馬使供給にあるにもかかわらず、三月の市荘寄進を問題にしているのである。しかもこの寄進は官符、宣旨はおろか藤原氏の長者宣もないまま行われたものであり、国家として到底認められないものだったのである。

したがって以後の審議では為家の行為とともに市荘寄進の不当性が問題とされ、その結果、二二日の陣定では贖銅三〇斤という処分が決定されたのであろう。

なお、市荘の寄進者である中納言藤原基忠が一三日の陣定には「称二所労由一不二参仕一」ず(36)、一九日、二二日の陣定に参集した諸卿のなかにもその名がみえないのはこのような事情によるものと思われる(37)。また、為家は院近臣でもあり、そのことも審議に影響しているかもしれない。[38]

それが、興福寺大衆上洛という危機的状況のなかで、藤原為房らが配流となった前例なども勘案し、流罪へと覆されていくのである。市荘寄進自体に問題があり、御馬使供給を一国平均役として賦課することは宣旨により認められていたのである。官使を不正に用いたという問題はあるものの興福寺大衆の圧力による変更といえよう。二七日に白河上皇が院宣により流罪の宣旨発給を延引したのもこのような決定に対し不本意であったためと理解されるのである。

さて、ここまで寛治七年荘園整理の議と密接に関わると思われる春日社市荘をめぐる強訴について考えてみた。この強訴の経過そのものも興味深いものであるが、ここであらためて寛治七年荘園整理令との関連についてまとめておこう。

① 春日社領市荘をめぐる強訴の経過をみていくなかで、寛治七年三月中、またはそれ以前に神社仏寺に対し荘園を寄進することを禁ずる宣旨が出されていたことが明らかになった。

② 白河上皇はこの宣旨の遵守に強い意向を示しており、それは同じく白河上皇の発案になる寛治七年三月三日の荘園整理の議と同一の政策基調にあると思われる。

③ 以上より、寛治七年荘園整理の議はその後神社・仏寺に対する寄進禁止令として発令されたものと推定される。[39]ところで三月三日の荘園整理の議では整理基準として延久・応徳・寛治元年の三つの候補をあげ、検討されていたが、これとの関係はどうなるだろうか。

今のところ定見はもちあわせていないのだが、一つの可能性として、この時の荘園整理令が複数の条文ないしは内容からなり、延久・応徳・寛治元年などの何らかの整理基準年以降の荘園整理を命ずるものと神社仏寺に対する寄進を禁ずるものとを含んでいたということが想定できよう。

むろん、三月三日の荘園整理の議の後、何らかの事情により、基準年を設け荘園整理を行うという案が放棄され、神社・仏寺に対する荘園寄進禁止令として発令されたと考えることも可能ではあるが、陽明文庫本『中右記』寛治七年八月二六日条によれば基忠の私領寄進は「依二国司之僵一」るものとあり、基忠の私領が国司によって危機にさらされていたことがわかる。国司がこのような行為に出た背景には整理基準年をもつ荘園整理令があったと考えられ[40]、また、石井進氏が指摘しているように師通も白河上皇の提案に賛意を表していること、『峰相記』の伝える寛治年中の諸国物検という記事ともあわせて[41]、ひとまず上述のように延久・応徳・寛治元年などの整理基準年をもつ条文もあわせて発令されたと考えておくことにしたい。

ところで、この寺社に対する寄進禁止に関連して想起されるものに寛治五（一〇九一）年の源義家に対する公験寄進禁止の宣旨がある。すなわち、『百錬抄』寛治五年六月一二日条には、

給二宣旨於五畿七道一、停下止前陸奥守義家随兵入京幷諸国百姓、以二田畠公験一好寄二義家朝臣一事上、件由緒藤原実清與二清原則清一相二論河内国領所一之間、義家朝臣與二舎弟義綱一互レ権、両方争レ威之間、欲レ企二攻伐一、天下之騒動莫レ大二於此一、

とあり、源義家と弟義綱とが、それぞれの郎党の所領争いから合戦に発展しそうになり、これへの対応として義家随兵の入京と田畠公験寄進が禁止されたことがわかるが、この田畠公験寄進停止の宣旨のことである。

近年大石直正は奥羽の摂関家領は源頼義・義家父子が寄進の仲立ちをして成立した可能性の高いことを指摘されたが、この見解に従えば、上述の義家に対する公験寄進禁止は単に争乱を起こそうとした義家の勢力抑制という以上に義家を仲介とする立荘運動に対する規制という意味をもつことになるのだが[42]、このような経験が影響し、寛治七年荘園整理令に寺社に対する寄進停止という内容が付け加えられたのかもしれない。

以上、推測を重ねる結果となってしまったが、寛治七年に荘園整理令が出されたこと、それは寺社に対する荘園寄

進禁止と基準年以後の荘園整理という内容だったと思われることを述べた。

　次にこの荘園整理令がどのような目的で計画されたのか、節をあらためて考えることにしよう。

二　寛治七年荘園整理令の発令契機をめぐって

　ここでは寛治七年荘園整理令についてその発令契機や目的が何だったのかについて考えてみたい。

　近年、市田弘昭氏は平安後期の全国令は内裏造営――造内裏役賦課を直接的な契機とするものが多いという見解を発表されたが[43]、この寛治七年の荘園整理令の場合はどうだろうか。

　市田氏自身は寛治七年荘園整理令と内裏造営の関係については言及されておらず[44]、坂本賞三氏は直後の新造内裏上棟が寛治七年から五年後の承徳二年とやや間があきすぎていることから内裏新造を直接の発令契機とするかどうか不明であるとされている[45]。一方、美川圭氏は市田弘昭氏の見解を寛治七年荘園整理令にも適用し、寛治七年荘園整理令は内裏造営のために白河上皇が計画したもので、白河上皇に対抗する藤原師通が翌年内裏造営を延期したため、寛治七年荘園整理令の実施も延期されたとしている[46]。

　このように寛治七年荘園整理令と内裏造営の間に関連を見出そうとする見解もあるので、まずこの点について考えてみよう。

　最初に基礎事実について確認しておこう。寛治七年以前の内裏焼亡は永保二（一〇八二）年七月二九日のことで[47]、次に新造内裏上棟が行われるのが承徳二（一〇九八）年四月一〇日であるから[48]これだけをみるならば、寛治七（一〇九三）年の荘園整理令が内裏新造を契機としたとするにはやや時間があきすぎているようである。

　ところで、寛治七年の議の翌年に内裏造営に関する公卿議定が開かれ、結果的には延期が決定されるという事実がある[49]。このことを指摘されたのは美川圭氏であるが、この事実から寛治七年にはすでに内裏造営が計画されており、そのため荘園整理の議が行われた。しかし翌年になって内裏造営が延期され、そのため寛治七年荘園整理令と新造内裏上棟との間に間隔が空いているのであるという解釈が成立しそうである。

そこでもう少し美川氏の見解を紹介しよう。美川氏は公卿議定制の変遷を検討するなかで白河上皇と師通との間に政策決定の主導権をめぐる対立があったと想定され、寛治七年の荘園整理の議に際して師通が陣定での決定を主張していること、翌嘉保元（一〇九四）年一〇月三〇日の公卿議定において内裏造営の延期が決定していることに注目し[50]、ここから白河上皇が荘園整理令を発令し、内裏を直ちに造営しようとするのに対し、これに対立する師通は公卿議定によって諸卿の支持を得ながら荘園整理令や内裏造営を延期させようとしたと考えられたのである。

以上が美川氏の見解である。しかし、寛治七年荘園整理の議の時点で白河上皇が内裏造営を考えていたことを示す史料は管見の限り見当たらず、白河上皇が内裏造営のために荘園整理を発案したとは考えにくい。

また、嘉保元年一〇月三〇日の議定も白河上皇の荘園整理——内裏造営政策を延期させるために開かれたものとは考えにくいように思う。もっと単純に考えていいのではないだろうか。つまり、この一〇月三〇日の議定直前、一〇月二四日に皇居堀河院が炎上しているのである[51]。この堀河院焼亡に当時の公卿等がいかに衝撃を受けたかは『中右記』などに詳しいが、この堀河院焼亡が契機となって一〇月三〇日にこの際に内裏を造営すべきかどうかが検討されたのであろう。以上より、嘉保元年一〇月三〇日の議定は堀河院炎上が契機となって行われたものであり、堀河院が炎上した嘉保元年一〇月二四日以前から内裏造営が計画されていたとは考えられず、寛治七年荘園整理令の発令契機に内裏造営を想定することはできないものと思われる。

それでは、この寛治七年荘園整理令の発令契機は何だったのだろうか。そのことを考える上で、『後二条師通記』寛治五年一二月一二日条における延久令に関する次の史料が示唆的である。

右衛門権佐知綱来云、殿下御消息云、土井庄事被レ仰也、件所者後三条院記録(所脱カ)之創被二停止一也、被レ立為二之如何一、本公験見二慥長元年中文書一也、何故停止、延久年中、国司加茂祭幷内蔵寮依二毎年官物紅花煩一、早宣旨可二停止一者、奏者伊房卿也、件所三郷也、被レ停二‐止三候(郷カ)一事奇恠無レ極、本主未レ申事不審也、左大弁申云、件文書旧也、惟信少納言許可レ弁二紅花国司一者、為二之如何一、件物慥可レ成二済物一者、可レ被レ立者、

この記事によれば、土井荘は延久の荘園整理の際、延久令の整理基準であった寛徳二年以前の長元年中の本公験をもちながら停止されてしまったことがわかる。

周知のように延久令は、寛徳二年以後の新立荘の停止とそれ以前の立荘でも国務に妨げのあるものは停止するという内容をもつものである。この土井荘の場合は「官物紅花」を妨げたため、国務を妨げたものとして停止されたのである。寛治五（一〇九一）年のこの記事は、その土井荘を少納言惟信が何とか再立荘しようとしていることを伝えているのである。

一方、この記事に出てくる左大弁は延久の記録所で寄人をつとめた大江匡房であるが、匡房は「件文書旧也」と長元年中の本公験を寛徳以前のものと認めながら、紅花を国司に弁ずるのであれば立荘も可能であろうと述べている。つまり、ここから寛治五年の段階でも延久の荘園整理は拘束力をもっていたこと、そしてそれにもかかわらず、何とか再立荘しようとする動きがあることがうかがえるのである。

また、同じく『後二条師通記』の寛治六年一二月四日条に次の記事がある。

知綱朝臣来、伝二殿(師実)仰事一云、出羽小但嶋庄事免判事可レ被レ仰二国司許一、已以指無二文書一如何、雖レ然殿下比間可レ随二国領一有二其聞一歟、公検(験)幷文書等申請、任二其趣一可レ仰二国司一、答云、一条院(後三条院カ)御時、於二記録(所脱カ)一不レ被レ仰、何況二条殿(教通)免判不レ可レ召二国司許一、其時至二于今日一為二国領一者、無レ故任二国司申請一可レ候之事者、何様候歟、無二先例一、能々可レ被二沙汰一之者歟、

かなり難解な記事であるが、現在国領となっている摂関家領小但嶋庄について藤原師実が国司免判を得ようとしている記事である。師実の要望に対して記主師通は、延久令の時には記録所に対して交渉せず、教通[52]の時にも国司免判を得なかった。そのため、その時より現在まで国領となっている。それは国司申請の荘園整理によってのことで、今回の交渉は先例もなく難しいものであることを述べているのである。ここからは延久令以後の積み重ねが現状を規定していること、しかしそれを破り立荘しようとする動きがあることなどが知られよう。

延久令の六年後に発令された承保の荘園整理令が延久令の整理基準を引き継ぎながら、強化された上で実施された影響もあろうが[53]、このように延久令は、寛治年間においても影響力を持っているのである。だが、それにもかかわらず、絶えず立荘の要求があるのである。

こうした絶えざる立荘運動や寄進、領域拡大の動きに対し、くり返し荘園整理を行っていく必要があるのである。したがって、寛治七年の荘園整理令もごくあたり前の話だが、やはり増加する荘園を停廃し、立荘を抑止するために計画されたものといえよう。すでにこの荘園整理の議の二年前、民部卿源経信が藤原師通と「世間事」を語った際に「庄薗事被㆑立無㆑隙、不便也」といったことが知られるが[54]、このような状況だったからこそ白河上皇も「庄薗溢満、欲㆓制止㆒」したのである。そして、より効果を高めるために寺社に対する寄進禁止条項なども付加されたものと考えられるのである。

ところで、坂本賞三氏は寛治七年荘園整理令の発令契機について、荘園整理の基準線として寛徳二年ではなく、延久・応徳・寛治元年をあげていることに注目され、整理基準線を引き下げて、それ以前の国免荘を公認するとともに今後は新立荘を認めないという目的をもち、そのために発令されたという見解を発表されている[55]。

坂本氏の見解は当時の国免荘の多くが国家的給付未済のために代替として成立していることに注目され、荘園整理に際してそれらを認めなければ中央政府は荘園領主から国家的給付未済の責任を追及されることになる。そのために整理基準を引き下げ、既存国免荘を公認したというもので、国家財政構造のなかに荘園整理令を位置づけたものとして、注目されるべきものである。

しかし、坂本氏のように国免荘公認という側面を強調すると、寛治七年荘園整理令の発令後、「寛徳二年以後新立荘園停止」という国司申請令が出され、基準をさかのぼって整理を行っているという事態が説明できなくなるのではないだろうか(56)。

こうした疑問を解くためにも坂本氏のいわれる国免荘公認が実態としてどのようなものだったのか、今後解明していかなければならないと考えている(57)。

いずれにしても、坂本氏も荘園抑止という目的があったことを重視しており、白河上皇の「庄薗溢満、欲レ制止一」という言葉に端的に示されるように、あるいは、寛治七年荘園整理令には寺社に対する寄進禁止条項が含まれていたと考えられることからも、直接的には荘園抑止という点に発令契機はあるといってよいだろう。

三　寛治七年荘園整理令と近江国市荘

前節では寛治七年荘園整理令の発令契機に関して考えたが、ここで再び市荘をめぐる強訴の問題に戻ろう。ここまでの考察を含めて市荘をめぐる動きについてまとめてみよう。

市荘は本来、藤原基忠の私領であった。その成立については明らかではないが、当時のこうした私領、荘園濫立という状況に対して寛治七年荘園整理令が発令された。恐らくこれを受けて近江守為家は市荘に対する収公を行ったものと思われる。国司側のこうした動きに対し、基忠は寛治七年荘園整理令に寺社に対する寄進禁止という規定があるにもかかわらず、春日社に対する非合法の寄進を行ったのである。

その後、近江守為家は御馬使供給を徴発する際、一国平均役として賦課することを宣旨により認可してもらい、その宣旨を挺子に、また、官使を偽って動員し、再び市荘に対し一国平均役賦課を開始した。この近江守為家の攻撃に対し、荘園領主側は大衆強訴という手段に訴えてでたのだが、ここに至ってこの市荘をめぐる事件は中央政府にとって大きな政治問題となったのである。

こうした動きのなかで寛治七年荘園整理令の発案者でもあった白河上皇は市荘の立荘を問題にし、また明法博士はこうした事情も勘案して為家の罪科を「贖銅三十斤」とする勘文を提出したのである。一旦はその勘文にそって罪名が決定されたが、この陣定の様子を聞いた興福寺大衆はついに神木を掲げて入京を果たし、これにより近江守為家は一転して流罪となるのである。

以上が第一節で述べたことである。多分に推測によるところもあるのだが、このようにみてくるとこの市荘をめぐる一連の事件が寛治七年荘園整理令に集約される政策路線とそれに対抗する荘園領主との激しい闘争であることが明瞭になるであろう。つまり、寛治七年荘園整理令は第一義的には在地の、あるいは荘園領主の立荘運動を抑止するため発令され、そのことにより、さらに新たな荘園領主側の巻き返しを生みだしていったといえるのである。そして、この事件が荘園整理政策と荘園領主との闘争であるとするならば、近江守為家の配流で事件を終了とするわけにはいくまい。その後の情勢をみよう。

為家の後任として橘俊綱が近江守に補任されたのは寛治七年一〇月一八日のことであった(58)。しかし、彼の着任を待たず、近江国は早くも困難な課題を抱えていた。『後二条師通記』寛治七年一〇月二七日条に次のような記事がある。

権弁基綱、近江国司未任以前、公卿勅使可二供結(給)一、使仰二在庁官人一之処、進二申文一、神仏寺等不レ奉二仕件役一之由、所レ申也、内覧并奏、（中略）基綱弁来云、除二神仏庄一、其外庄園可レ奉二仕件役一之由、所レ被レ仰也、予答、被レ除二神仏庄薗一之外、可レ催之由被二仰下一之、自今以後可レ罷二成永例一、於二件所一者追可レ被レ尋、其外早可レ令レ催之由、

重可二遣仰一之者也、退出了、依レ請以二此旨一可二遣仰一也、

すなわち、守俊綱着任以前に在庁官人に対し、公卿勅使供給役を一国平均役として徴発するよう指示が下されたのである。ところが神社仏寺がこれに応じないため、在庁官人が訴えたのである。これに対し神社仏寺領荘園を除いて他の荘園に奉仕させよという仰せがあったが、これを聞いた師通はそのようなことをしたら今後永例になってしまうだろう（から慎重にするべきだ）。寺社領に関しては追って沙汰をすることにして、取りあえず他の荘園に関してのみ早く徴発すべきだと主張している。

この記事から市荘をめぐる強訴の余波が近江国全体を覆っていることが読み取れるであろう。全国的にどうだったのかは不明だが、寛治七年荘園整理令に集約される政策路線は近江国に関する限り、市荘をめぐる強訴により発令当初に手痛い挫折を経験するのである。

一方、巻き返しを図ったのか、それとも国司申請に基づくものか判然とはしないが、翌寛治八年三月八日に近江国に宣旨が下され、「於二裁免□（先カ）畢庄薗一者、不二此限一」という条件つきながらも「可レ検二注本免外籠作公田一」きことが命じられたのである。そしてこの時はこの宣旨で除外すべしとされた大安寺領に対して国司側が検注を強行しているのである。(59)

このように荘園整理と立荘運動、領域拡大運動は激しく攻めぎあい、そのなかで、封戸制の解体に伴う国家側の公認、荘園領主側の領有体系の整備、領域型荘園の成立など様々な要素とともに荘園制、荘園公領制は確立していくのである。

以上、寛治七年荘園整理令について考えてきたが、

＊　寛治七年荘園整理令には「奉二寄神社仏寺一庄事令二停止一」という内容が含まれていたと思われる、

＊　寛治七年荘園整理令の発令契機として内裏造営という契機は想定しえない、

＊　延久の荘園整理令以後も絶えず再立荘、荘園新立の動きがあり、寛治七年荘園整理令はこうした動きを抑制しようとしたものと思われる、

などの点を指摘し、最後に、近江国市荘をめぐる強訴という現実の政治過程のなかに寛治七年荘園整理令を位置づけようと試みてみた。

注

（1）荘園整理令全般の研究史、文献については本書第六章および第九章、拙稿「荘園整理と新制」（佐藤和彦・榎原雅治・西岡芳文・海津一朗・稲葉継陽編『日本中世史研究事典』東京堂出版、一九九五年）を参照されたい。

（2）曽我良成「国司申請荘園整理令の存在」（『王朝国家政務の研究』吉川弘文館、二〇一二年）、市田弘昭「王朝国家期の地方支配と荘園整理令」（『日本歴史』四四五、一九八五年）。

（3）市田弘昭「平安後期の荘園整理令」（『史学研究』一五三、一九八一年）、槇道雄「鳥羽院政期における荘園整理」（『日本歴史』四〇九、一九八二年）は鳥羽院政期に「大治元年以後」の基準をもつ全国令が発令されたとするが、この見解に対しては五味文彦氏による批判がある（「荘園・公領と記録所」〔『院政期社会の研究』山川出版社、一九八四年〕）。また、最近詫間直樹氏はこの「大治元年以後」の基準をもつ荘園整理令については否定されながらも、鳥羽院政期における荘園整理令の存在を主張されている（「地方統治の変貌」〔橋本義彦編『古文書の語る日本史』二、筑摩書房、一九九一年〕）。

（4）坂本賞三「寛治七年荘園整理の議とその背景」（『古代文化』三七―一二、一九八五年）。

（5）竹内理三「院庁政権と荘園」（『竹内理三著作集　第六巻　院政と平氏政権』角川書店、一九九九年）、石井進「院政時代」（『石井進著作集　第三巻　院政と平氏政権』岩波書店、二〇〇四年）、同「荘園の領有体系」（網野善彦他編『講座日本荘園史』二、一九九一年）、網野善彦「荘園公領制の形成と構造」（『網野善彦著作集　第3巻　荘園公領制の構造』岩波書店、二〇〇八年）、五味文彦「前期院政と荘園整理の時代」（『院政期社会の研究』山川出版社、一九八四年）、など。

（6）『後二条師通記』寛治七年三月三日条。

（7）この記事の後半部についてはとくに解釈が分かれている。林屋辰三郎氏は頭弁である藤原季仲が受領を歴任していることから季仲を、受領に基盤をもつ（と氏が想定された）院政政権を代表する人間と位置づけ、その上で摂関家の人間である師通との間に政策的対立があると想定された。そして、新立荘停止について師通が仗議において摂関家的立場から定めようとするのに対し、季仲は院庁での決定を主張したとする。そこで師通は新立荘はみな国司が立荘したものであり、受領の重任八年に及んでもとどめられないといって、院政政権の内実を暴露して、受領に基盤を置く院政政権を嘲弄したという解釈を示されている（「院政政権の歴史的評価」〔『古代国家の解体』東京大学出版会、一九五七年〕二一三～二一四頁）。

　一方、坂本賞三氏は後半部を、師通が荘園整理に賛意を示し、陣定で審議すべきことをいうと、季仲はとても制止はできないでしょうといった。師通がその理由を尋ねると季仲は荘園は国司が密かに立てたものでまことに中央政府を愚弄した行為ではありますが、任期を終えた受領が次に受領に任ぜられるまで八年ほど待機しなければならない現状ではとても抑止できないでしょう、と答えたと解釈され、さらに「受領八年任巡不レ被レ留云々」については「受領の任期を八年としている国でも荘園を濫立させる風潮がやみません」という解釈や「（受領になるまでの）待機期間を八年とする特典を認めるから新立荘園をやめよとしてもこの風潮を止めることはできないでしょう」という解釈案も示された（坂本前掲注（4）論文一頁及び注一）。

　また、美川圭氏は、この記事の頭弁藤原季仲の「更不レ可二相叶一云々」という発言について坂本賞三氏が荘園を制止することはとてもできないでしょうと解釈されたのに対して、不自然であるとして、師通が仗議での決定を主張したのに対し、反対したものと解釈されている（同「公卿議定制から見る院政の成立」〔『院政の研究』臨川書店、一九九六年〕六七頁及び注一一）。以上のように様々な解釈があるが、現在のところ、坂本氏の解釈がもっとも整合的であるように思われる。なお今後の課題としたい。

（8）阿部猛「平安時代の荘園整理」（『律令国家解体過程の研究』新生社、一九六六年）。

（9）石井進「院政」（『石井進著作集　第三巻　院政と平氏政権』岩波書店、二〇〇四年）。

（10）市田前掲注（3）論文。

（11）坂本前掲注（4）論文。

(12) 美川前掲注（7）論文。
(13) 勝野隆信『僧兵』（至文堂、一九五五年）など。
(14) 荘園整理令と強訴などの寺院大衆の示威行動・武力行使との関係を考察したものに大島幸雄「荘園整理令と寺院政策」（『駒沢史学』三六、一九八七年）がある。氏も本章で扱う寛治七年荘園整理令とこの強訴との関係について言及しているが、両者の関連については不明であるとされている。
(15) 陽明文庫本『中右記』寛治七年八月八日条にも「件荘者、本是藤中納言基忠卿之庄也、而奉レ寄二□春日御社一云々」とある。
(16) なお官使は佐伯重光、桑原久盛、近江国庁官は菅野為兼である（陽明文庫本『中右記』寛治七年八月二八日条）。
(17) 陽明文庫本『中右記』寛治七年七月二〇日条。
(18) 『後二条師通記』寛治七年八月六日条。
(19) 陽明文庫本『中右記』寛治七年八月八日条。
(20) 『後二条師通記』同日条。なお、陽明文庫本『中右記』寛治七年八月二六日条には「大衆上洛之前、切二権別当法印済尋幷権少僧都隆禅房一畢、是依レ制二止此事一歟」とある。
(21) 『後二条師通記』寛治七年八月一〇日条。
(22) 『後二条師通記』同日条。
(23) 『後二条師通記』同日条、陽明文庫本『中右記』同日条。なお、『山槐記』元暦元年八月三〇日条には八月一二日とあるが一三日の誤りであろう。
(24) 『後二条師通記』同日条、陽明文庫本『中右記』同日条。
(25) 陽明文庫本『中右記』寛治七年八月二六日条によれば、守為家は「不レ知二御社御領幷神民之由一」と陳じ、使庁に下された目代と庁官は「令二拷問一之処、承伏」したという。また、『後二条師通記』寛治七年八月一九日条によれば、この日「検非違使重日記」が師通に下されている。
(26) 陽明文庫本『中右記』寛治七年八月二六日条。
(27) 陽明文庫本『中右記』寛治七年八月二二日条。なお、名例律によれば贖銅三〇斤は徒一年半に相当する（徒罪条）。ちなみに流罪は近流贖銅一〇〇斤、中流贖銅一二〇斤、遠流贖銅一四〇斤である（流罪条）。
(28)『後二条師通記』寛治七年八月二二日条。
(29)陽明文庫本『中右記』寛治七年八月二三日条。
(30)陽明文庫本『中右記』寛治七年八月二六日条、『扶桑略記』寛治七年八月二二日条。
(31)『後二条師通記』寛治七年八月二七日条、『百錬抄』寛治七年八月二七日条。
(32)『後二条師通記』寛治七年八月二八日条、陽明文庫本『中右記』寛治七年八月二八日条、『百錬抄』寛治七年八月二八日条。
(33)陽明文庫本『中右記』寛治七年八月二六日条。
(34)『後二条師通記』寛治七年八月一〇日条。
(35)陽明文庫本『中右記』寛治七年八月二六日条。
(36)『後二条師通記』寛治七年八月一三日条。
(37)陽明文庫本『中右記』寛治七年八月一九日条、二二日条。
(38)なお近江守高階為家については、河野房男「白河院近臣団の一考察」（『平安末期政治史研究』東京堂出版、一九七九年）、林屋辰三郎「平安京に於ける受領の生活」（同前掲注（7）書）を参照。
(39)なお、この寺社に対する寄進禁止宣旨は三月三日以前に出された可能性もあり、三月三日の荘園整理の議がこのような形で発令されたとは断定できないかもしれない。しかし、この二つの政策が同一基調にあり、後述するように白河上皇は源義家に対する公験寄進を禁止するなど対荘園政策に積極的であることから、この三月三日の議も何らかの形で対荘園政策として発令されたということはできるだろう。
(40)なお、国司が申請し、一国を対象に発給される国司申請令によるとも考えられるが、国司申請令は通常国司の任初に申請されるものと考えられており（曽我前掲注（2）論文、市田前掲注（2）論文）、為家は寛治三年一二月二四日に見任として確認されるのでとりあえず本文のように考えておきたいと思う。
(41)石井前掲注（9）論文。
(42)大石直正「奥羽の摂関家領と前九年・後三年合戦」（『奥州藤原氏の時代』吉川弘文館、二〇〇一年）。なお、『後二条師通記』寛治六年五月一二日条にも「前陸奥守義家朝臣構立諸国庄薗可レ被二停止一、且注二申子細一」とあり、義家に対する荘園整理令が出されたことがわかる。大石直正氏はわずか一年の間に二回も義家の荘園に対する抑止政策がとられていること、『後二条師通記』寛治五年六月一二日条には諸国国司に対して義家の随兵を「可レ被レ留」きことは記載されているにもかかわらず、公験寄進禁止についての記事はみられないことなどから、寛治五年の公験寄進禁止の宣旨については『百錬抄』の年月日のかけ違いという可能性もあることを指摘されている。なお、その場合でも『後二条師通記』の伝える「構立諸国庄薗可レ被二停止一」という政策のなかに公験寄進禁止を命ずる内容が含まれていたと考えることは可能だろう。

(43) 市田前掲「平安後期の荘園整理令」論文、なお、市田氏のこの見解についての筆者の見解は拙稿「十一世紀中期の荘園整理令について」（本書第六章）を参照されたい。

(44) 同右。

(45) 坂本前掲注（4）論文。

(46) 美川前掲注（7）論文。

(47) 『中右記』嘉保元年一〇月二四日条。

(48) 『中右記』承徳二年四月一〇日条。

(49) 『中右記』嘉保元年一〇月三〇日条。

(50) 同右。

(51) 『中右記』嘉保元年十月二四日条。

(52) なお、教通は治暦四（一〇六八）年から承保二（一〇七五）年まで関白をつとめている。

(53) 承保二年の荘園整理令のこのような評価についてはとりあえず阿部前掲注（8）「平安時代の荘園整理」、坂本賞三『荘園制成立と王朝国家』（塙書房、一九八五年）三二九頁参照。

(54) 『後二条師通記』寛治五年一〇月一五日条。

(55) 坂本前掲注（4）論文。

(56) 寛治七年以後発令され、「寛徳二年以後」という基準をもつ国司申請令と考えられるものに、例えば承徳三（一〇九九）年六月二二日に伊賀国に出されたもの（『平安遺文』一七一〇）、嘉承二年一〇月三〇日に美濃国に出されたもの（『平安遺文』一六八九）などがある。

(57)　寛治七年荘園整理令で国免荘がどのように公認されたかについては次のような二通りの考え方ができるだろう。一つは延久の荘園整理令に際して、中央で公験審査を行い、基準をクリアした荘園を公認していったように寛治七年荘園整理令においても中央で基準年以前の国免荘公認を行ったという考え方である。もう一つは寛治七年荘園整理令は国司に対して実施を指示したものとする考え方である。つまり、基準年以前の既存国免荘に、中央政府が官符などを発給し認定していくのではなく、国司に対し、今度の荘園整理では基準年以後の荘園を徹底的に停止せよ。それ以前のものに関しては積極的に公認もしなければ、否定もせずにしばらく放置しておいてよいと指示したと解釈するのである。寛治七年荘園整理令の実態を示す史料は乏しく、実証的に明らかにするのはきわめて難しいのであるが、現在のところ筆者は寛治七年荘園整理令とは後者のようなものだったと推測している。というのも前者のように考えた場合、本文で述べた同司申請令との関連が十分に説明することができず、また、現在までのところ寛治七年荘園整理令が中央で審査を行ったことを示す史料が見出せないためである。一方、後者のように考えた場合、中央政府は必ずしも寛徳二年という整理基準を放棄したことにならず、国司申請令との関連などは矛盾なく説明でき、その意味では整合的である。ただし、この場合、既存国免荘の公認という意味がだいぶ薄れてしまうことにはなってしまう。いずれにしても推測の域を出るものではなく、今後の課題としたいと思う。

(58)　『中右記』同日条。

(59)　『平安遺文』一三三一。

第八章　荘園整理令と王権

『宇津保物語』俊蔭巻には主人公の一人俊蔭が臨終に際して自分の娘に次のように語ったとある（中野幸一校注・訳『うつほ物語』①、新編日本古典文学全集14、小学館、一九九九年、四六頁参照）。

わが領ずる荘々、はた多かれど、たれかはいひわく人あらむ。ありともたれかいひまつはし知らせむ。
（わたしが領ずる荘園も数多くあるが、誰がそれをわたしの領地だとはっきりいってくれるだろうか。たとえそういう人がいたとしても、一体だれがそれを管理しおさめてくれるだろうか。）

先にも述べたようにこれは『宇津保物語』の主人公俊蔭が自分の死後の娘の生活を案じて語った言葉である。『宇津保物語』の成立した一〇世紀後半の時点ですでに貴族の家産経済にとって荘園が大きな比重を占めていたこと、一方でその領有はまだ不安定であったことなどがうかがえ興味深いものである。

ところでこれ以後貴族や寺社は荘園領有を進め、家産経済の充実を図っていくことになる。しかし一方で荘園の増加は公領の減少をもたらし国家財政の逼迫を招くことにもなる。ここに各権門という個の利害と国家財政維持のための荘園整理という規範の対立が生まれることになる。このような相克はどのようにして克服されていくのであろうか。そしてその際王権はどのような機能を果したのだろうか。

本章では荘園整理令を取り上げ、このような問題について考えていきたいと思う。

荘園整理令とは直接的には荘園の停止、抑制を目的とした法令のことで、平安中期以降くり返し発令されたものである。荘園整理令には全国を対象として発令される全国令と国司が申請しその任国に対して発令される国司申請令（一国令）とがあったが、とりわけ長久元年（一〇四〇）に発令された長久令以降白河院政期までは全国令が集中的に発令されており、荘園整理の時代ともいわれる。本章では『宇津保物語』からはいささか時代が下ることになるが荘園整理令が集中的に発令された白河親・院政期の荘園整理令を取り上げてその特質について考えていくことにしたい。

一　承保二年荘園整理令

延久の荘園整理令で知られる後三条天皇についで即位した白河天皇は即位三年の承保二年（一〇七五）荘園整理令を発令した。この整理令については延久の荘園整理令を引き継ぎつつ、加納田畠については寛徳令の前後を問わず一切禁止するという新方針を打ち出したものと評価されているが(1)、その実態については関連史料が少ないため不明の点も多かった。ここではまず従来から知られている史料により承保令の内容について確認しよう。

A
爰に先帝（後三条―引用者註）御宇の時、宣旨を下され、寛徳二年以後の新立庄薗を倒すといえども、件の両庄においては往古の旧庄の上、延久三年六月卅日に新たに宣旨を下され、重ねて旧のごとく四至を堺し牓示を打つの後、敢て国郡の煩い無し。即ち彼の時の国司請文に明白なり、しかれども去る潤四月廿三日宣旨を五畿内七道諸国に下されて偁く、寛徳二年以後の新立庄園等停止すべしてへり。爰に官使・国司偏えに事を新制の宣旨に寄せ、新古を論ぜず顚倒の謀を成し、入乱して牓示を抜き捨て、庄内を損亡するの旨、未だその理を知らず。

（『平安遺文』三―一一一八）

これは東大寺領美濃国大井・茜部両荘を収公した国司に、収公の停止を指示した官宣旨の一部である。この記事によれば大井・茜部荘は延久の荘園整理の際に往古の旧荘として領有が認められたが、その後国司によって収公されたという。国司が収公に及んだきっかけが傍線部であり、傍線部こそ承保の荘園整理令の内容である。ここから承保令は承保元年閏四月二三日に出されたもので、延久の荘園整理令を引き継いで寛徳二年以後の新立荘園等の停止を命じたものであったことが知られる。

B

爰に当任司藤原朝臣定房事を新制に寄せ、先に件の庄の牓示抜き捨て、損亡致しむ。茲により寺家奏聞の処、旧の如く四至を堺し、牓示を打ち、立券すべきの状、去る九月廿三日重ねて宣旨くださる、てへれば、官使共に下向し、催を加えるの処、敢て承引無し。連日国役を宛て課すこと雲のごとし、仍ち官使の力敢て及ばざるところなりてへり。抑も新制の理を案ずるに、寛徳以後の新立庄園は永く停止に従い、加納田畠においては起請の前後を論ぜず一切禁遏、且つ子細を録し事の由を言上すべしてへり。

（承保二年一一月廿八日官宣旨案『平安遺文』三―一一一二）

BはAの関連史料であるが、ここにいう新制が承保令である。ここでは東大寺側が理解した承保令の内容が描かれている。ここから①寛徳以後新立荘停止、②加納田畠は起請（寛徳令）の前後を論ぜず禁止、同時に子細を報告することという内容をもつものであったことが知られる。

さて、もう一つ承保令の関連史料と考えられるものがある。永保三年（一〇八三）一一月二九日伊賀国司解である。[2]この史料は伊賀国名張郡にある矢川・中村両荘を国司が収公したことに端を発する一連の相論文書の一つであるが、ここで国司藤原清家は荘園収公の論拠を示して次のように述べている。[3]

C

件の処はこれ数代之間公田として国役を勤仕し、専ら庄号を得るべからず。荘園というは公験相伝により数代の免判、証拠分明にして得るところの号なり。件の所は前司藤原親房、任終得替の刻に与判するところか。立券を尋ぬれば親房一人なり。年限を計えれば僅か七八年ばかりなり。年序日浅く、専ら庄園を募るべからず。なかんずく新制の官符は、たとえ起請以前の荘園といえども、国務に妨げあらば、早く停止に随え、てへり。これにより案ずるに、あるいは数代の免判あると雖も、あるいは寛徳以前の荘園といえども、国役に妨げあるの日、須く停廃に随うべきなり。

国司側が荘園をどのようなものとして認識していたかがうかがえ興味深いが、ここで国司側は新制の起請以前の荘園といえども国務に妨げあらば停止せよとの文言を根拠に荘園整理を行ったことがわかる。

ところでここにいう新制については延久令を指すとする見解[4]、承保令とする見解[5]、永保令とする見解[6]と異なる見解が対立している。このうち延久令とみなす根拠はここにいう「起請以前でも国務に妨げあれば停止せよ」という内容が延久令の内容と合致し、一方承保令の内容としてこのようなものが存在したかどうか確認できないことにあるが、延久令以後、承保令（Bより新制として発令されていることは確認できる）が発令されているにもかかわらずこの新制を延久令に比定するのは無理があろう。一方、永保令とみなす説は平安後期の荘園整理令と内裏造営には密接な関連があること、永保二年に内裏が焼亡していることなどからの推定である。内裏造営と荘園整理令との関連については別に検討したことがあるのでここでは省略するが[7]、他に永保年間に荘園整理令が発令された徴証もみられないことなどから積極的には支持できないものと考える。やはりここにいう新制は承保令と考えるのが一番適合性があるだろう。

さて、このように見解が分かれた一因は承保令に関する史料が少なく、その実態がよくわからないことによるだろう。そこで従来注目されてこなかった史料で若干、承保令に関するものを紹介しておきたいと思う。

D

遠江国牒す　伊勢大神宮司衙

来る牒壱紙蒲御厨壱処の子細を載せらる状

牒す。去五月十八日の衙牒、今日到来して偁く云々てへり。抑も件の御厨、往古の子細を知らず。新制の旨により、前司已に以て停廃し畢。今牒を送らるの旨如何。なかんずく上奏するの由牒状に見ゆ。裁下の時に左右を言上すべきの状件のごとし。衙之を察せよ。以て牒す。

永保元年六月十二日

（『朝野群載』巻二十二　諸国雑事上）

これは永保元年（一〇八一）に遠江国から伊勢神宮に送られた牒である。傍線部によれば伊勢神宮領であった蒲御厨は前司の時に新制が発令され、停止されたことがわかる。本史料はその後、永保元年になって伊勢神宮が現任の遠江国司に蒲御厨再興を求めたことに対する返書である。ところで永保元年当時の遠江守は源基清で、前司は藤原為房である。為房は承保二年正月二八日に任じられ承暦三年まで在任していた(8)。したがってここにいう新制とはまさしく承保二年閏四月に発令された承保令と考えられるのである。為房の新任後、数ヶ月にして発令された承保令に基づいて為房は蒲御厨の停止を行ったのである。省略があるため具体的なことは不明だが、再興を目指す伊勢神宮側は往古の子細を訴えているようなので為房は恐らく蒲御厨を往古の荘園であるとしても国務を妨げるものとして整理したのだろう。もしもこのような推定が可能であれば先のCとともに承保令には「起請以前でも国務に妨げあれば停止せよ」という内容が含まれていたことになるだろう。

なお、為房が承保令に基づいて荘園整理を推進したことは次の『師記』承暦四年（一〇八〇）五月八日条からもうかがえる。

E　遠江守基清尾奈御厨を停止し、三〇余町の作田を推し苅るのついでに浜名本神戸田を苅り加えると云々、国司を問わるるに陳じ申して云わく、件の御厨は超清《(起請カ)》以後の建立の上、前司為房（すでに）もって停止す。但し任終の年、人の語らいによって免判す。しかれども免除すべきの理を云うにより田畠を検ぜんがため罷り向かうのところ、住人皆ことごとく逃げ去る。しかれば則ちしばらく住人の宅等に寄るついでに検田す。内財雑物を掠められ、住宅を焼亡せらるの由を訴え申すなり。事は遼遠にあり。何故に雑物を掠め取り、一屋を焼亡せんや。本神田においては苅り加えらる由を申すにより登持《(時カ)》莅《(ママ)》廿《(ママ)》右束を返し遣わす。

この記事自体は遠江守源基清が伊勢神宮領尾奈御厨を停止し三〇余町の作田を刈り取り、さらに浜名本神戸田も刈り加えたことに対する伊勢神宮と遠江守との相論に関するものであるが、注目したいのは傍線部である。ここより前司為房が尾奈御厨を起請以後のものとして停止していたことが知られるのである。従来はこの史料は国司申請令に基づく荘園整理と考えられてきたようだが[9]、Dとあわせ考えた時、この為房の整理が承保令に基づくものであることは明白であろう。

このように藤原為房は承保令発令を機に任国である遠江国で荘園整理にあたっていたのである。むろん整理された権門側の抵抗も激しく、Dの蒲御厨では伊勢神宮が上奏する一方、後任国司に対して再立荘のための働きかけを行っている。Eの尾奈御厨については当の為房自身が任終に人の語らいによって国司免判を与えているのである。

このような国衙権門間の相論については後述するとして、従来その実態がはっきりとしなかった承保令ではあるが、以上より寛徳二年以後の新立荘停止、寛徳以前の荘園であっても国務に妨げがあれば停止、加納については起請の前後を問わず一切禁止という内容であったこと、従来知られている以上に各国で承保令に基づいて荘園整理が実施されたと考えられることなどが明らかになったと思う。但し、こうした荘園整理が権門側によって相論に持ち込まれていることにも注意しておきたい。

二　寛治七年荘園整理令

寛治七（一〇九三）年三月三日、白河上皇は内大臣藤原師通に荘園整理の実施について諮問する。いわゆる寛治七年荘園整理令である。その基本史料は次のものである。

F

> 未の時顕《（頭カ）》弁来りて云く、院宣に曰く、諸国荘園溢満す、制止を欲するの思食は如何、又延久・応徳・寛治元年等停止せらるべきか、内々に尋ね仰せらるところなり、予申して云く、尤もに候うべきの事なり。仗儀において定め申さるべきか。この旨をもって奏さしむ。（『後二条師通記』同日条）

この整理令については別に論じたことがあり、詳細はそちらに譲るが[10]、この荘園整理令についても史料が少ないため実施されたかどうか、具体的な内容がどのようなものかなど不明の点が多かった。その点第七章では同年近江国でこの寛治令に基づいて荘園整理が行われたと考えられることなどから実際に発令されたであろうこと、寛治令には「神社仏寺に庄を寄せ奉ることを停止せしむ」という内容も含まれていたことなどを指摘した。先の承保令では延久令を基本的には引き継ぎながらも加納田畠については寛徳令の前後を問わず一切禁止するという新方針を打ち出したものとされるが、この寛治令では神社仏寺に対する荘園寄進禁止という具体的な、新たな方針を打ち出しているのである。さらにFにあるように整理基準線についても延久・応徳・寛治元年という新たな基準線を検討している。結果的にどのような基準になったかは知り得ないものの承保令といい、寛治令といい機械的に荘園整理令を出しているのではなく、荘園整理にあたってより効果的な方策を模索していることがわかるだろう。

なお、寛治令は神社仏寺に対する寄進禁止を打ち出しているが、寺社に対する寄進全てが否定されたわけではない。別稿で分析した春日社領近江国市庄の場合、中納言藤原基忠の私領が国司による収公を避けるため「官符・宣旨并びに長者宣」がないまま寄進されたため問題とされたのであって[11]、逆に国政上必要があれば官符・宣旨などによって寄進が認められる場合もあったのである。

三　康和元年荘園整理令

康和元年（一〇九九）の荘園整理令については今まで以上に史料が少ない。当時関白・内大臣であった藤原師通はその日記『後二条師通記』康和元年五月一二日条に次のように記している。

G

雨降る。（中略）新立荘園停止の宣旨下されると云々。

康和令について直接記した史料は現在のところこれ以外になく、その内容や制定過程などを明らかにすることはできない。また康和令の発令について伝聞として記されていること、『後二条師通記』のこの前後に他の政務に関する記事は記されているにもかかわらず康和令に関してはこれ以外に記事のないことなどから康和令発令には関白である師通はほとんどかかわらなかったのかもしれない[12]。詳細は不明であるが、『後二条師通記』の次の史料をみてみよう。

H（康和元年五月一六日条）

京極殿に参る（中略）荘園の事等見参のついでに跪いて以て承りおわんぬ。

I

左少弁時範申して云わく、昨日の御返事に云わく、荘園の文書は後三条の御時（延久頃）召しにより進らすところなり。その時に進上せざるを望むの条は相違あり、てへればしかるべきの文書を披見して奏さしむべきものなり。

（康和元年六月一三日条）

これらの記事が直接康和令と関わるかどうか明証はないが、その時期からいって康和令発令に関連しての記事と読むべきだろうと思う。いささか判断に迷う点もあるが、私見により意味を補いながらおよその文意をとってみよう。まずHによれば康和令の発令を聞いた四日後には師通は父親師実に会い、恐らく摂関家領荘園の扱いについて指示を仰いでいるのである。また、Iからは摂関家領荘園の文書は延久の荘園整理の際にも提出していること、その際に進上を拒んだというのは事実と違うこと、したがって今回もしかるべき文書をみて上奏し、荘園整理に協力することなどの指示を師実から受けたということが読みとれるのではないだろうか(13)。

このように考えてよいとすれば康和令は摂関家領も含めて整理対象とする意図をもったものといえる。なお、天皇・摂関・院の三者間関係を詳細に分析した安原功氏の研究によれば(14)承徳元年（一〇九七）以降それまでの白河天皇（院）と摂関家による協調関係はくずれ、成長した堀河天皇が陣定・殿上定を主導し、摂関家の国政上の地位は低くなっていくという(15)。

こうした指摘を踏まえてさらに想像をたくましくすれば康和令は摂関家領について延久の整理では不十分だとして延久令以上に整理を進めようと文書の提出を求めたものだったのかもしれない。いずれにしても康和令は従来我々が考えていた以上に大きな影響力をもつ政策であったのである。

四　天永の記録所

さて、その後の白河院政期の荘園整理政策として注目されるのが天永の記録所設置である。この記録所の設置およびその目的について『中右記』天永二年（一一一一）九月九日条に次の記事がある。

J　夜、蔵人弁雅兼来たり仰せて云わく、荘園記録所の上卿奉行すべし。弁は雅兼。大外記師遠、大夫史盛仲、明法博士信貞は寄人たるべきなり。すなわち左少弁に仰せおわんぬ。これ延久の例により仰せ下されるてへり。但し件のこと国司と本家相論の時検知すべしと云々。

蔵人弁の源雅兼が白河上皇の意を伝えに記主藤原宗忠のもとを訪れた。白河上皇は記録所のスタッフとして上卿宗忠、弁雅兼、大外記師遠以下を寄人とせよと雅兼に命じたというのである。そしてこの記録所は延久の記録荘園券契所にならって設置したものであるが、その職務は国司と権門間で相論が起こった際の調査であることを伝えたというのである。

天永の記録所と荘園整理令との直接的対応関係は不明であるが、今までみてきた荘園整理令や国司申請令に基づく荘園整理が国司権門間の相論を生んだことはよく知られていよう。本章でみたA～Eなどもいずれも国司権門間相論に関するものである。天永の記録所はこのような荘園整理に伴う国司権門間相論の調査機関として設置されたものなのである。(16)

ところでこの天永の記録所の設置目的について新見解を提出されたのが下向井龍彦氏である。(17)氏は記録所が永続せず数年で解散する臨時的な性格をもつものであったことに注目し、天永の記録所は伊勢神宮領整理令の執行機関であり、伊勢神宮から注進された伊勢神宮領注進状の集中審理を行う作業チームであると指摘された。この見解に立てば記録所は伊勢神宮領注進状の集中審理が終了した段階で解散することになり、記録所が短期間で解散する点を整合的に説明できよう。また石井進氏がその存在を指摘された天永二年伊勢神宮領注進状[18]と記録所の関係を具体的に明らかにされた点、重要な成果であろう。

確かに氏が指摘されるように当該期において伊勢神宮領をめぐる国司と伊勢神宮の相論は大きな政策課題であった。その点は本章でもD、Eなどで瞥見したところである。したがって伊勢神宮領注進状と記録所が密接に関わっていることは間違いない。しかし、ではなぜ記録所設置に際して白河上皇はその旨を明言しなかったのだろうか。Jの記事を読む限りそのようなニュアンスは読みとることができず、むしろ天永記録所の設置目的はやはり国司権門間相論の調査と考えた方が自然のように感じられるのである。

Jの傍線部を再度意味を補いながら読んでみよう。まず天永の記録所が延久の記録所にならったものであることが述べられている。延久の記録所はいうまでもなく延久令に基づく荘園整理の執行機関である。天永の記録所もこれにならった荘園整理のための機関なのである[19]。但し件のこと＝荘園整理、については延久令のように各権門から一斉に文書を提出させ整理するというようなやり方ではなく、国司と権門間の相論となった場合に調査を行い荘園整理にあたる、ということになろう。したがって天永の記録所とは国司権門間相論が発生した場合という条件つきながら相論の調査にあたり荘園整理を行う機関であったと考えられよう。天永の記録所が伊勢神宮領注進状の審理にあたったのもD、Eでみたように伊勢神宮領をめぐる国司伊勢神宮間の相論が多く引き起こされていたという状況に対応したものと考えられるのではないだろうか。

もっともこの場合、国司権門間相論が激減したわけでもないのに、なぜ記録所が短期間で解散したのかという問題は説明できないのだが、現時点ではひとまずこのように考えておきたいと思う。

さて、ここまで白河親・院政期の荘園整理政策についてみてきた。総じていえることは個々の整理令が従来考えられてきたよりも実際に効果を持ち得ていたこと、承保令が加納に対して、寛治令が寄進について方針を出すなどそれぞれの整理令が柔軟に具体的な整理方針を出していることなどがわかる。白河親・院政期はまさに荘園整理の時代であった。

長久元年（一〇四〇）に発令された長久令は荘園整理を求める国司申請を機に発令されたものであった。続く寛徳二年（一〇四五）の寛徳令発令も国司申請をきっかけとした可能性がある。[20]権門による立荘や領域拡大が進むなか、国家的収取を請け負う国司の要求を受け、荘園整理令を発令することは王権にとってその公共性を維持するためにも必要なことであった。永承五年（一〇五〇）和泉国を対象とする国司申請令を申請した和泉守菅原定義は寛徳令を引用した後、新立荘を容認した前司について「前司季定この符を存じながら、なおもって加免す、勤王の吏あにもって然るべけんや」[21]と批判しているが、荘園整理を断行し国家的収取確保に努めることは「勤王の吏」のつとめであり、王権が王権として認知されるためにはこのような「勤王の吏」の要請を保障する必要があったのである。白河親・院政期の荘園整理政策もその背景にはこのような国司の要請の存在を想定できるであろう。

五　荘園整理令と王権

ところで実際には白河院政後半から鳥羽院政期には荘園が増加し荘園公領制が成立するといわれる。とすると荘園整理令は意味のないものだったのだろうか。一見矛盾するこの事実はどのように考えたらよいのだろうか。

その際まず第一に確認しなければならないのは荘園公領制といっても荘園と公領の比率が平均して六対四にすぎないということである。[22]この数字は鎌倉時代の大田文の分析から導かれたものであるが、無限定に荘園が増加したのではないことを確認しておきたい。そして荘園公領の比率がこのようなものにとどまったのは荘園整理令が一定程度役割を果たしたことと関連するだろう。

また、坂本賞三氏は当時の国免荘の多くが封戸などの国家的給付未済の代替として成立していることを指摘されている[23]。あるいは康和四年（一一〇二）の尊勝寺供養に際して封戸一五〇〇戸とともに荘園が立てられている事実がある。この新立荘は封戸のみでは寺用に不足するため認められたものであるが、今正秀氏はこの事例を取り上げながらこのような新立荘と荘園整理令の間に矛盾はなく荘園整理令においても正当な根拠があり必要な荘園であれば認められたことを指摘している[24]。

王権が公共性を維持し王権たり得るためには一方で権門の家産経済を保障していく必要もあった。そのためには荘園領有を公認する場合もあり得たであろう。但しそのような場合であっても無限定に公認されたとは考えられず、国司の要請との間でバランスをとることになったのである。荘園公領制とはこのような荘園整理により荘園の収公と公認とそのせめぎあいの結果成立するのである。

嘉祥元年（一一〇六）身に重病を受けた大法師任幸は外祖父権大納言藤原経任より譲られた河内国志紀郡の庄田を「仏聖燈油幷びに修造料」に充てるため東寺潅頂堂に施入しようとした。ところがその際に国司の収公を受けてしまう。そこで東寺側は宣旨により国司の収公を停止するよう求めて次のように訴えている。

K

今施入状に就き、謹んで案内を検ずるに、ア人領の庄園をもって、諸寺に施すの時、宣旨を申請して領掌するは承前の例なり。毛挙にいとまあらず。なかんずく件庄に至りてはイ人領たるの昔、官省符を賜り領掌すること年尚し、寺領に施すの今、何ぞ裁定を仰せざらんや、故は何となれば、ウ起請以前の庄、官省符の地たるは豈に厳制の外ならざらんや、エしかのみならず代代の国司又もって免除す、仍ち宣旨を下され、国司の収公を停止せしむに誰ぞ拠るところにあらずと云わんや。

（『平安遺文』四―一六七三）

この庄田は官省符荘であり、起請以前（寛徳二年以前）の立荘であった（傍線イ、ウ）。また代々の国司も免判を与えてきているという（傍線エ）。いわば荘園整理のしようがないような庄田であった。しかしにもかかわらず、国司により収公を受けているのである。恐らく国務に妨げありとして収公されたものだろうが、荘園整理の厳しさがうかがえよう。また傍線アでは人領を寺領として寄進するにあたっては宣旨を申請する必要があることが述べられている。寛治令において「神社仏寺に庄を寄せ奉ること」が停止されたことは上述したが、中央政府の裁可を得ない荘園寄進は禁止され、寺用不足や信仰上の理由など事情を説明して宣旨を申請し、政府の裁可を得た場合のみ合法的な寄進と認められたのであろう。

荘園整理の時代を経るなかから荘園公領制が成立したことは事実であるが、それは無限定な荘園の増加ではなかったのである。正当な荘園とは国家的給付の未済の代替であるとか国家的大寺社の必要最低限の経費分に限定されていたと考えるべきであろう。むろんこうした「正当」な荘園以外のものも存在したであろうが、それらは国務に妨げのないものとして暫定的に認められたものとすべきである。

藤原明衡の撰といわれる『明衡往来』[25]に次のような往復書簡が収載されている。

L

第百三十一通　往状

近江庄の事

右、件の庄は格前に立つる所なり。山野四至、田疇坪付、已に官省府（符カ）に載せたり。而るに当時宰吏、輙く以て収公す。丁寧の詞を竭すと雖も已に子細の答無し。検田収納の時、多く以て其の煩いを致す。郡司、里長、先例を知ると雖も、免判無きに依って、或は重色を切り宛て、或いは臨時雑役を課す。庄司の申文を進覧し、早く国判を賜うべきものなり。庁宣、留守所の下文、何事か有らんや。諸事追て啓せん。某謹言。

月日　大隅守平

謹上　近江守殿

M

第百三十二通　返状

御領所の事

右、格前の庄、何ぞ輙く収公せんや。但し四至の内に、公田相交ること、図帳明白なり。庄司、本家の弁を免ぜられんがため、猥りに此の由を申すか。慥に郡司を召し問うて、免判を献ずべきなり。当国、前司以前に立つる所の庄園、已に其の数有り。仍て格条に任せ、停止すべき由、国解に注して、申請すべくはべり。八埏の地、限有り。国司若し之を許さば、後代の百姓、何の所をか耕作せんや。本田を以て済物を准ずるに、尚以て足らざるなり。況や勅旨の開墾、其の数、已に多し。調庸租税、殆んど弁済に泥めり。若し田数に率して、官物を加徴せば、定めて黎民の訴訟有らんか。且は此の由を察して、庄司の所に仰せ下さるべきなり。謹言。

即日　近江守

多少補いながらおよその意味をとってみよう。

往状は大隅守の近江庄が収公されたことを訴えたものである。大隅守の言い分によれば近江庄は格前の庄であり、官省符荘でもあった。ところが国司により収公されてしまった。郡司や里長は従来免除されてきたという先例を知りながら国司が収公し免判を与えていないため重色や臨時雑役を賦課してきた。そのために国司免判を要請するというものである。

この要求に対し返状では次のように述べている。格前の庄であればそう簡単に収公するものではありません。但し荘園の四至内に公田が交じっており、そのために臨時雑役などを賦課したのだ。むしろ庄司らが本家に対する納入を逃れるため収公されたといっているのではないか。郡司に事情を聞いて必要があれば免判を差し上げましょう。そもそも当国には前司以前の立荘にかかる荘園が多くあります。そこで格条に任せて停止するための国解（国司申請荘園整理令）を申請したのです。[26]国土には限りがあり、国司が新立荘を許していけば後代の百姓はどこを耕作したらいいのだろうか。荘園領主に対して本免田を認めて封戸などの済物分とみなしているが（国司・国衙の必要とする収入は）なお不足である。まして勅旨開田なども多く、調庸租税はほとんど滞っている。もしも公領の田数のみに官物を加徴すればきっと公領の百姓の訴訟となるだろう（または一国平均役として国内荘公全体に田率で賦課すれば、国中の百姓の訴訟となるだろう）。こうした事情を察した上で荘司に仰せ下して下さい。

Mの後半を公領に対する徴税強化と読むべきか、一国平均役として読むべきか、解釈に悩むが、全体の意味するところは以上のようなものであろう。

『明衡往来』の成立時期がはっきりしないこともあり、断定はできないものの、内容から考えて寛徳の荘園整理令発令間もない頃の状況を示したものと考えられよう。[27]この二通の書状から「格前の庄」という一定の条件をクリアされた荘園は認められるが、それ以外の新立荘は国家的収取を保障するためには容易に認められないことがうかがえよう。[28]

そしてこうした書状が往来物として編纂され、読まれた意味を考えなければならない。それほど国司にとって荘園整理は必要なものであり、権門にとっては国司による収公から自領を守ることが必要であったのである。こうした事態をつきつめていけば国司権門間相論に発展していくであろう。その際に両者を超越した調停者が必要とされるのである。

この時代の王権にとって国家財政の支えである国司の要望に応え荘園整理を断行することは必須のことであった。またその一方で権門に国家的給付を保障し、あるいは代替としての荘園を保障することも必要なことであった。国司による荘園整理という規範と荘園領有、荘域拡大により家産経済を充実させ一層の自立性を高めようとする権門、そのせめぎあいのなかで荘園整理令を発し、国司権門それぞれの主張を調停し、自己のもとにからめ取っていくこと、それが中世的王権にとっては必須のことであった。そして権門によって分裂の様相を呈していく平安後期においてこのような機能こそ王権に求められた、王権を正当化した権能なのであった。

注

（1）例えば坂本賞三「延久荘園整理令と加納」（福尾教授退官記念事業会編『日本中世史論集』吉川弘文館、一九七二年）。このほか鈴木敏弘「荘園制の成立と荘園整理令」（『中世成立期の荘園と都市』東京堂出版、二〇〇五年）は延久令と内容が変わらない承保令が発令された背景には、国司申請令が慣例化しつつあったこと、そのために国司の荘園整理に対する要求があったのではないかと推定している。国司申請令はこの時期、必ずしも形骸化していないと考えるが、後述するように承保令が各国司により推進されていることなどからも承保令の背景に国司の要求があったとの想定は妥当なものと思われる。
（2）『平安遺文』四―一一〇五。
（3）本文書については多くの欠字があるが『平安遺文』四―一一一〇により補って訓み下した。
（4）水戸部正男『公家新制の研究』（創文社、一九六一年）、坂本前掲注（1）論文。
（5）竹内理三「院庁政権と荘園」（『律令制と貴族政権』Ⅱ、御茶の水書房、一九五八年）、吉永良治「荘園整理令の基礎的研究」（『史学論集』一三、一九八三年）。
（6）市田弘昭「平安後期の荘園整理令」（『史学研究』一五三、一九八一年）。
（7）拙稿「一一世紀中期の荘園整理令について」―本書第六章。

（8）宮崎康允『国司補任』五（続群書類従完成会、一九九一年）による。
（9）例えば市田弘昭「王朝国家期の地方支配と荘園整理令」（『日本歴史』四四五、一九八五年）。
（10）拙稿「寛治七年荘園整理令の再検討」―本書第七章。
（11）『後二条師通記』寛治七年八月一〇日条。
（12）ちなみに坂本賞三「寛治七年荘園整理の議とその背景」（『古代文化』三七―一二、一九八五年）は、平安後期の全国令は通常、内裏造営を契機として発令されるものとの前提に立ち、何らかの独自の政策を打ち出す荘園整理令ではない、通常の整理令である康和令に対しては政府首脳の関心は低かったと述べている。
（13）Ⅰの後半部の原文は「望二其時一不二進上一之条有二相違一者、披二見可レ然之文書一可レ令レ奏者也」である。ここは「その時に望み進上せざるの条、相違あらば、しかるべきの文書を披見し奏さしむるべきものなり」と訓み「（摂関家領荘園の文書は延久整理令の際に提出して手元にないので今回は進上できない。）今回の荘園整理の際に文書を進上していないと追求されたならば代わるべき文書を見て奏請しよう」と読むべきかもしれない。しかし、このように読んだ際「不進上之条有相違者」の意が取りにくく、やや不自然な訓みかもしれないが本文のように訓んだ。但し、どちらの訓みにしろ摂関家領が今回も対象とされ、摂関家も荘園整理に協力していることにかわりはない。なお、いささか余談になるが後代の『愚管抄』には延久の荘園整理に際して摂関家領の文書は記録所に召されなかったというエピソードが記されている。延久の荘園整理に際して摂関家も除外されていないことはⅠの記事よりすでに竹内理三氏が指摘されているが（同「藤原政権と荘園」〔『竹内理三著作集　第五巻　貴族政治の展開』角川書店、一九九九年〕）、本文のような訓みが可能であるならばⅠの記事はそれのみではなく『愚管抄』のエピソードのもとになるような噂が康和年間にすでに広まっていたことも示すことになるだろう。
（14）安原功「中世成立期の権力関係」（『ヒストリア』一四五、一九九四年）。
（15）安原氏によれば承徳元年一一月の五節事件が転機となるという。この事件は五節節会の際に藤原師実が事前に奏聞せずに五節所下仕女を捕らえたというものだが、これに対し堀河天皇は「甚だもって不快」の意を表し、そのため八日後の賀茂臨時祭には師実・師通および一家の公卿は参内しなかったという。康和令に関する記述が『後二条師通記』に少ないのはこのような政治状況と関わりがあるのかもしれない。

(16) 天永の記録所が国司権門間相論を担当したことについては佐々木文昭「平安・鎌倉初期の記録所について」(『日本歴史』三五一、一九七七年)、五味文彦「荘園・公領と記録所」(『院政期社会の研究』山川出版社、一九八四年)ほか多くの研究者によって指摘されていることである。但し従来の研究は天永の記録所の機能を訴訟制度一般にやや引きつけて考えすぎているように思われる。天永の記録所が国司権門間相論以外に権門間相論なども担当したことは事実であるが(例えば『平安遺文』四―一七五六など)基本は荘園整理に伴う国司権門間相論に対処するものであったと考えている。

(17) 下向井龍彦「天永の記録所について」(『史学研究』一九九、一九九三年)。

(18) 石井進「天永二年の伊勢神宮領注進状」(『石井進著作集　第三巻　院政と平氏政権』岩波書店、二〇〇四年)。

(19) (16)でも触れたが、このような点から天永の記録所については訴訟審理機関一般に引きつけて理解すべきではないと考えている。

(20) 拙稿前掲注(7)論文。

(21) 『平安遺文』三―六八一。

(22) さしあたって石井進「荘園の領有体系」(網野善彦ほか『講座日本荘園史』二、吉川弘文館、一九九一年)参照。

(23) 坂本前掲注(12)論文。

(24) 今正秀「院政期国家論の再構築にむけて」(『史学研究』一九二、一九九一年)。

(25) 『雲州消息』ともいう。『群書類従』消息部所収。

(26) 恐らくこれは前司任中以後の荘園整理を命じた寛徳二年(一〇四五)の荘園整理令のことだろう。

(27) ちなみに明衡の生年は永祚元年(九八九)、没年は治暦二年(一〇六六)である。重松明久氏によれば寛永年間の刊本では一〇九通の月日付に「長久年間」とあるという。また同じく重松氏は一九六通には宋からの商客来航が、一九七通には鸚鵡などが贈られたことがみえるが、これが『百錬抄』治暦二年(一〇六六)五月一日条、宋の商客が「鸚鵡幷びに種種の霊薬」を献じたという記事と関連があるとすれば最晩年のものも含むことになると指摘されている(古典文庫『新猿楽記　雲州消息』解説、現代思潮社、一九八二年)。氏の指摘を参考にすれば長久頃から治暦二年の間に成立ということになろうか。

(28) なお、格前の庄とは延喜の荘園整理令が出された延喜二年以前の荘園を指す場合が多いが後文で寛徳令を格と読んでいることなどからここでは寛徳二年以前という意味かもしれない。例えば天仁三年（一一一〇）三月三〇日太政官符案（『平安遺文』四―一七一九）に次のような記事がある。

右、件の庄は参議権帥在原卿（友于）、去んぬる延喜十年の比をもって、加え寄せられ給うの後、一百六十三箇年を経るの間、既に寺家領として、全く国司の妨げなし。しかるにもって去んぬる延久年中、後三条院の御宇の時、寛徳以後の新立庄薗を停廃せらるの刻、彼の時の国司、件の官符を被り、妄りに収公を致す、寺家の愁は尤も此の事に（在り）、これにより即ち府の裁を蒙るの日、明らかに格後の立券に非ず、又土民の相構うるに非ず、やむごとなき御願の仏聖燈油料、勘返すべからずの由、頻りに府宣下し、沙汰を被るの間、件の国司勘発を蒙り、本のごとく免判を成すところ也

これは観世音寺領肥前国中津庄に関するものだが、中津庄は延喜一〇年観世音寺に寄進され立荘されたものであった。それが延久の荘園整理の際に収公されてしまった。そのため大宰府に訴えたところ「明らかに格後の立券に非ず」「土民の相構うる」にもあらざるため仏聖燈油料として収公が禁じられたというのである。さてここに「格後の立券に非ず」とあるが、中津庄は延喜一〇年の成立であるからこの「格後」は延喜二年以後の意味にはならないであろう。ここにいう「格後」は延久令が基準とした「寛徳令以後」の意味でなければならないはずである。このような「格後」の事例が存することからも本書状にいう「格前」が寛徳以前の意味である可能性も指摘しておきたいと思う。但し本書状の「格前」が延喜二年以前の意味だとしても論旨自体に変更はない。

第九章　長寛勘文にあらわれた荘園整理令——保元令と国司申請令のあいだ——

黒田俊雄氏の権門体制論の提唱以来[1]、院政研究はこれを克服し、あるいは発展継承させることを目指しながら深化してきたといえるだろう[2]。とりわけ近年では各権門がどう補完しあい、国家機構とどう関連したのか、といういわば統合の原理を追究するなかで多くの成果があげられてきた[3]。

しかし、黒田氏自身が権門全体の調整を図るものとして位置づけられた公家新制に関してはその性格、それがどのようにして実現されていったのかなど未だ不明の部分も多く残されているのである[4]。とくに公家新制に含まれる荘園整理令については荘園公領の領域確定機能をもつものであり、各権門間の調整を図ったものであるという共通認識をもちながらも、具体的な面で未解明の問題も多いのである[5]。

荘園整理令に関する最近の研究では、国司が申請して、その任国を対象に寛徳二年を整理基準として発令される国司申請令と[6]、全国を対象とする全国令の二系列の荘園整理令が存在していたことが指摘されているが、この二者の関係はどうなっているのか、荘園公領の領域確定はどちらによって行われたのかなど、いくつもの課題が残されているのである。これらを明らかにすることは公家新制の実態を考える上でも重要な課題であろう。

もう少し具体的にいうならば、例えば、国司申請令の実態を示すものとして著名な「長寛勘文」と呼ばれる史料がある[7]。これによれば応保二年（一一六二）「寛徳新立荘可停廃」との宣旨を得た甲斐守藤原忠重、目代、在庁官人らが荘園整理を実施したという[8]。ところで、このできごとは「久寿二年七月廿四日以後」の荘園整理を指示したといわれる保元荘園整理令発令六年後のことであった。したがって、この段階で荘園整理に関して寛徳と久寿二年七廿四日という二つの基準が存在したことになるのだが、荘園整理令が荘園公領の領域を確定し、権門間の調整をするものであるならば、このように整理基準の異なる荘園整理令を出してはならないはずである。

この点について曽我良成氏は国司申請令の申請はこの段階では慣行と化しており、裁許され発令されるかどうかは前例の有無によるもので、中央政府主導の全国令との間に政策的関連はうかがえないものであるとされ(9)、佐々木宗雄氏はさらに進めて国司申請令にみえる「寛徳以後」という文言は形式化していき、実質的には鳥羽院政末、後には後白河院政末までの線で行われるようになったとして解決しようとされた(10)。

しかし、曽我氏の説明では国司が申請する論理、政府が裁許する論理は説明できても、「長寛勘文」にあるように国司申請令は現実に寛徳前後という基準によって実施されているのであり、実際に荘園整理を行うに際して矛盾はなかったのかという点が十分には説明できないのである。また、佐々木氏の説明に関しては本当に「寛徳以後」という基準は形式化されていたのかという点で疑問が残るのである。公家新制で権門間の調整を行っても、国司申請令によりそれと別の原理で荘園整理令が行われているとすれば、公家新制の評価も修正しなければならなくなるであろう。

この二つの荘園整理令については坂本賞三氏も「全国令の新整理基準線と、寛徳令を整理基準線とする一国令による国司の荘田収公とがどのように関連したかは不明である」と述べており早急に解決しなければならない問題の一つといえよう(11)。

そこで、本章ではこの問題に関して、基礎史料の一つである「長寛勘文」を通して国司申請令の実態面の解明も含め考察し、そこから公家新制ひいては権門体制下における王権に関し、ささやかな見通しを得ようとするものである。

一　「長寛勘文」にあらわれた保元令

まず最初に「長寛勘文」の関連部分を引用しておこう。

勘申

甲斐守藤原朝臣忠重幷目代右馬允中原清弘・在庁官人三枝守政等罪名事

右、左大史小槻宿禰永業云、仰、右少弁藤原朝臣長房(方カ)宣、権大納言藤原朝臣公通宣、奉レ勅、熊野所司等訴申、A甲斐守藤原朝臣忠重、仰二目代右馬允中原清弘・在庁官人三枝守政等一、恣停二廃当山領字八代荘一、抜二棄牓示一、奪二取年貢一、追二捕在家一、搦二取神人一、或禁二其身一、或割二其口一事、宜下仰二明法博士一、勘中申忠重・清弘幷守政所当罪状上者、（中略）使庁問注記之(云カ)、間(問カ)二清弘一云、熊野所司等去年十二月奏状云、当山八代荘任二鳥羽院庁御下文一、永可レ停二止国郡妨一之由被レ下二宣旨一、兼又云々、B文(久)安年中大宰帥藤原卿定二彼国一之時、殊有二由緒一、伝二得験一、為レ宛二本宮十一月八講用途一、早経二奏聞一所レ被二寄入一也、随即　鳥羽仙院庁差二遣御使一、境四至牓示(打脱カ)永為二当領一、不レ可(有脱カ)二牢籠一之由被レ成二庁御下文一畢云々、而国司忠重仰二目代清弘・在庁守政等一、去十月六日引二率軍兵一、滅二亡(衍カ)一荘二之、就レ中C仙院御宇被レ停二廃諸国新立荘薗一之刻、帯二白河・鳥羽両院庁御下文一者、宜下進二證文一可待中天裁上之由、所レ被レ下二宣旨一也云々者、清弘申云々者、三月十日覆問申詞記云々(衍カ)、清弘申云、件荘停廃事、D清弘承二目代一罷下之時、寛徳新立荘可二停廃一之由、宣旨候志加波申二国司一云、此宣旨波常事候、一定可二停廃一荘々注進、可下令レ蒙二重御定一給上云由(之カ)波申二国司一候畢、其後罷下候天、自レ国又度々申上候志加波可二停廃一之由、被二注下一天候志消息仁八代荘波被二注入一テ候、（中略）今年正月廿九日国司忠重陳状之者、謹所レ請如レ件、抑吏途之法、新任之輩申二請官符　宣旨幷官使一、先差二遣彼国一、格後荘領公領令二差別一之後償二調物一者、諸国之例也、爰忠重、去年春除目被レ拝二除当国一、同八日中(月カ)二請條々一、宣旨之日蒙二裁断一、下二賜官使等一、差二遣当国一之間、官使等任二宣旨状一、令レ停二廃新立荘園・加納等一之刻、此事出来歟（後略）

「長寛勘文」とは応保二年（一一六二）甲斐守となった藤原忠重、目代中原清弘、在庁官人三枝守政らが熊野社領八代荘を停廃し、神人の口を割くなどの乱暴を行ったとして熊野社に訴えられたことに関する勘文である。[12] ここで国司忠重は「寛徳新立荘可二停廃一」との宣旨により荘園整理を行っているのだが（傍線A）、保元令発令後であるにもかかわらず、保元令の「久寿二年七月廿四日以後」という整理基準は問題にしていないのである。

では、保元令はどこにあらわれてくるのか。実はそれは次のような形で熊野社側の主張のなかにあらわれてくるのである（傍線C）。

仙院御宇被レ停二廃諸国新立荘薗一之刻、帯二白河・鳥羽両院庁御下文一者、宜下進二證文一可待(行カ)中天裁上之由、所レ被レ下二宣旨一

従来は保元令の「久寿二年七月廿四日以後」の新立荘禁止という内容が注目され、保元令は今までの整理基準を「久寿二年七月廿四日以後」に引き下げたもの、逆に「久寿二年七月廿四日以後」以前に立荘された荘園は公認されるようになったと考えられてきた。[13] そしてそのため、保元令の「久寿二年七月廿四日以後」という整理基準と国司申請令の「寛徳」という整理基準との矛盾が指摘されてきたのである。

しかし、この「長寛勘文」でみるかぎり、保元令実施に際してもっとも問題とされたのは「久寿二年七月廿四日」以前か以後かではなく、白河、鳥羽院庁下文の有無であったのである。

ここで、なぜ熊野社は久寿二年七月廿四日以後宣旨によらない立荘を禁止するという保元令の第一条を引用しなかったのであろうか。八代荘は久安年中（一一四五～五一）の立荘であり（傍線B）、[14] それは久寿二年（一一五五）七月廿四日以前のことである。保元令が整理基準を「久寿二年七月廿四日以後」に引き下げたものであるなら、熊野社

は第一条を引き、八代荘は久寿二年以前の立荘であると主張すればそれですむはずである。なぜ熊野社はそう主張しなかったのであろうか。国司が「寛徳新立荘可二停廃一」という宣旨をかざして、荘園整理を行おうとするならば、熊野社は新整理基準を打ち出したはずの保元令第一条を引き、国司に対し、その矛盾をこそつくべきではなかったのか。

ここから逆に、保元令は実際には白河、鳥羽院庁下文の有無によって荘園整理を行っていたという考えが導き出されてくるのである(15)。そこで次に節をあらためて保元令に関するこの推論を検討してみたいと思う。

二　保元令の検討

周知のように保元令は第一条で新立荘園の、第二条で加納余田の停止を命じている。次に関連部分を引用しよう(16)。

(第一条)一、可レ令下下二知諸国司一、且従二停止一、且録レ状、言中上神社仏寺院宮諸家新立荘園上事

仰、九州之地者一人之有也、王命之外、何施二私威一、而如レ聞、近年或語二取国判一、或称レ伝二公験一、不レ経二官奏一、恣立二庄園一、論二之朝章一、理不レ可レ然、久寿二年七月廿四日以後、不レ帯二宣旨一、若立二荘園一、且従二停廃一、且令レ注進二国宰容隠不二上奏一者、即解二見任一、科二違勅罪一、至二于子孫一、永不二叙用一者。

(第二条)一、可レ令下同下二知諸国司一、停中止同社寺院宮諸家庄園本免外、加納余田并庄民濫行上事

仰、件E荘園等、或載二官省符一或為二勅免地一四至坪付券契分明、而世及二澆季一、人好二貪婪一、号二加納一、称二出作一、本免之外、押二領公田一、暗減二率法一、対二捍官物一、蚕食之漸、狼戻之基也、兼亦以二在庁官人郡司百姓一補二荘官一、定二寄人一恣募二名田一、遁二避課役一、郡県之滅亡、乃貢之壅怠、職而此由、庄園相共注二出加納一、停二止濫行一、令レ従二国務一、若庄家寄二事於左右一、不レ弁二決理非一者、国司勒レ状、早経二言上一、随二其状跡一、且停二廃荘号一、且召二取庄司一、下二検非違使一、宜レ令二糺弾一、F但帯二宣旨并白川鳥羽両院庁下文一者、領家進二件証文一宜レ待二天裁一、

第一条は前述したように新立荘の停止を命じたもので、「久寿二年七月廿四日」以降、宣旨によらない立荘を禁じたものである。従来この条文は、今後の立荘を禁止することに重点を置いたもの[17]、立荘権を宣旨に集中させたもの[18]、支配理念としての王土思想を表明したもの[19]、ならびにその上で自らの即位を起点として知行の認否を行おうとしたもの[20]などの評価が出されてきた。

しかし、本章で問題となるのは国司申請令との関係であり、寛徳以後、久寿二年七月廿四日以前の荘園は保元令でどのように扱われたのか、という点である。この点について今までの研究はほとんど触れてきていないのである。ただ、早くは川上多助氏が「間接に同日（久寿二年七月廿四日、引用者註）以前の新立荘園を承認したということにもなるのである」と述べており[21]、また、例えば五味文彦氏も「久寿二年以後の宣旨によらない新立庄園の停廃をのみ問題とし、久寿二年以前の鳥羽院政期に立てられた大量の庄園には何ら言及していないのである」、「ここにはかつての庄園とは公領を浸蝕し、国務を妨げる故に整理するのであるという論理は存在しない」といわれていることなどから漠然と久寿二年七月廿四日以前は整理対象からはずされ、公認されたと考えられてきたと思われるのである[22]。

ところで、この問題について注目されるのは最近の坂本賞三氏の研究である[23]。氏によれば、保元令で整理基準が引き下げられたのは既存の国免荘を公認するためであったという。国免荘のほとんどは国家的給付未済のため国司が代替として認めたものだが、それらを認めなければ、中央政府が国家的給付未済の責任を追及されることになる。そのためやむをえず整理基準を引き下げ、既存国免荘を公認し、それとともに今後の新立荘園禁止を打ち出したというのである。氏のこの見解は荘園成立、公認のメカニズムを国家財政との関連から明らかにしたものであり、今後の研究に大きな影響を与えるものである。そしてここにはじめて明確に、保元令が久寿二年七月廿四日以前の国免荘を公認したことが指摘されたのである。しかし、このように考えた場合、どうしても国司申請令との関係がわからないのである。

氏のいうように保元令で国免荘が公認されるのであれば、国司申請令の「寛徳以後」という整理基準は意味があるのだろうか。そして前節でも指摘したようになぜ熊野社は保元令第一条を引き、国司に対抗しなかったのだろうか。

そこでもう一度前節での検討も踏まえて、この条文を検討してみよう。その際、まず注意しなければならないのは、第一条はあくまでも「久寿二年七月廿四日」以後の宣旨によらない立荘を禁ずるものであって、「久寿二年七月廿四日」以前の荘園については何も規定していないということである。そして、1、「九州之地者一人之有也」という文言にみえるように王土思想が色濃く出されていること[24]、2、「久寿二年七月廿四日」は後白河天皇践祚の日であること、3、宣旨によらない立荘を禁じていること[25]などからこれは立荘権を後白河天皇に集中させ、そのことを通して後白河王権の強化を目指すことに重点が置かれたものといえるのである。したがって、これらから単純に整理基準を引き下げたものであるとか、「久寿二年七月廿四日」以前の荘園を無限定に公認したものというようには評価できないといえるのである。

そしてそのことは第二条からも推測されるのである。第二条はいわゆる加納余田の禁止を命じたものだが、まず傍線Fをみてみよう。傍線Fでは、「宣旨幷白川鳥羽両院庁下文」の提出が命じられているのだが、こうした文書をもつ荘園とは当然白河、鳥羽院政以前の成立であるから、そこから加納余田については「久寿二年七月廿四日以後」という基準が適用されていないことがわかる。また、傍線Eでは荘園とは本来官省符荘や勅免地で、「四至坪付券契分明」のものだけなのだが、最近は加納出作と称し、公領が押領されていると述べられている。ここでは、禁止された加納余田と対照して、いわば公認された荘園として「或載㆓官省符㆒或為㆓勅免地㆒四至坪付券契分明」という内容があげられている。つまり、これらから保元令において公認された荘園とは「久寿二年七月廿四日」以前の成立のものであっても官省符荘や勅免地などに限られていた[26]といえるのである。要するに第一条、第二条から「久寿二年七月廿四日以後」という基準は今後立荘権を後白河天皇に集中させ、王権を強化するために設定された性格が強く、既存荘園の整理基準としての色合いは薄いこと、したがって「寛徳以後」といったような従来の整理基準は放棄されておらず、「久寿二年七月廿四日」以前成立の荘園といえども、国免荘などが無限定に公認されたわけではなく、官省符荘や勅免地などに限られていたことが指摘できるであろう。前節で保元令は白河、鳥羽院庁文の有無によって荘園整理を行っていたのではないかと推測したが、以上から保元令は官省符荘、勅免地、それに準ずる白河、鳥羽院庁下文などをもつ荘園とそれ以外の荘園という基準で荘園整理を行っていた、ないしは行いえたと考えられるのであり、前節の推測とほぼ合致するものといえよう(27)。

保元令がこのようなものであったからこそ「長寛勘文」で熊野社は「久寿二年七月廿四日」という基準ではなく、勅免地に准ずるものであることを示す「白川鳥羽両院庁下文」の有無を問題にしたのである。また保元令が従来の整理基準を否定し、既存荘園の整理基準として「久寿二年七月廿四日以後」という基準線を強く打ち出したのではないとすれば、必ずしも国司申請令の「寛徳」という整理基準と矛盾することにはならないといえよう。

さて、ここまで保元令の側から「寛徳新立荘可二停廃一」という国司申請令と保元令とで矛盾はないのかを考えてきたが、次に国司申請令の側からその運用形態を考えることによってこの問題を検討してみたい。

三　「長寛勘文」にあらわれた国司申請令

「長寛勘文」によれば、「寛徳新立荘可二停廃一」という宣旨を示された目代清弘は守忠重に対し次のように述べている（傍線D）。

此宣旨波常事候、一定可二停廃一荘々注進、可下令レ蒙二重御定一給上

ここで清弘は、国司申請令は「常事」であると述べ、それ故に停廃すべき荘々のリストを国司から中央政府に注進

し、実際に停廃する荘園について中央政府の指示を受けるよう求めているのである。(28) ここから当時国司申請令の実施に際して、まず国司が「寛徳新立荘」という基準に照らして停廃しようとする荘園をリストアップし、もう一度中央政府に報告し「御定」を受け、そこで認められたものを整理するというルールがあったことがわかる。(29) もっとも忠重は清弘にいわれるまでこのルールを知らなかったか、無視していたかであり、このルールは確立された絶対的なルールだったわけではなかったようだが、こうした方法がとられることも多かったと思われる。そしてこのことは逆に寛徳以後の荘園でも「御定」により特例として認められる荘園もあったことを示唆するものである。

このように国司申請令はその実施、運用に際し、寛徳新立荘園停止という原則を残しながらも、実際には「御定」により柔軟に運用されていたのである。国司申請令がこのような形で運用されたことはやや時代はさかのぼるが、次のような記事からもわかる。(30)

（前略）中宮大夫云、以二宗忠之位田一称二新立荘一、申二停廃一事、頗以訟也、然而被レ随二停止一時、副二進民部省□一欲レ訟申一、仍於レ定任二続文一可レ被二裁許一之由所レ令レ申也者、民部卿云、G於二新立荘事一、可レ随二勅定一之由、所レ令レ申也、故何者、雖二起請以前一、庄無二会釈一時、従二停止一、雖二以後庄一、非二強縁一次（以カ）令二停廃一、仍所レ令レ申也者、（後略）

これは伊勢国司から出された七ヶ条の申請雑事に関する陣定の記事であるが、その申請の一つにより中宮大夫藤原宗忠の位田も停廃が求められることになった。これに対し宗忠は停止された時点で「副二進民部省□一」して訴えるつもりであると述べたのである。この宗忠の発言を受けた民部卿の発言が傍線Gである。ここで民部卿は、新立荘のことは勅定に任せるべきである、なぜならば、起請すなわち寛徳以前の荘園でも会釈がない場合は停止するし、起請以後のものであっても、強縁であれば停廃しないものだからだと述べているのである。この伊勢国司の申請が伊勢国全域を対象として寛徳二年以後の新立荘園停止を求めたものだったのか、宗忠の位田だけを停止しようとしたものだったのか明確ではないが、この民部卿の発言によっても新立荘園停止に際しては寛徳という原則を守りながらも王権などとの親疎関係により柔軟に運用されていたことが知られるのである。そして国司申請令がこのようなものであり、また保元令が前述したように国司申請令の「寛徳」という基準を否定するものではなく、「久寿二年七月廿四日」以前のものでも官省符荘、勅免地、それに准ずるもの以外の荘園を整理しうるものとすれば両者が同時期に発令され実施されたとしても矛盾は起こらないはずである。

さて、最後に保元令と国司申請令のこうした性格を考える史料を一つ掲げよう。(31)

（端裏）
「相楽郡庁宣案」

庁宣　相楽郡

可下早任二使宛旨一、令上致二沙汰一郡内田畠所当官物幷公事等事、

副下国領使宛幷勘免目録一通

右、当国近代以降、甲乙人等不レ帯二指官符宣旨一、而所二有公田一併以虜掠、因レ茲年中公事毎度闕乏、宰吏盡二筋力一、雑掌迷二譴責一、仍H注二子細一経二奏聞一之處、被レ下二宣旨一、遣二官使一、被レ検二注諸郡田畠一之間、I進二不輸免官符宣旨一之所者勘免畢、其残或以二寺社之威権門之幷一、或云三其所之居二彼人之領一、不レ賜二官符宣旨一、恣領知、不レ弁二田畠地利一、理実可レ愁云々、然者可レ為二国領一之所、為レ令レ放二進所当官物一、差二件等人一、可レ令二入部一也、此内尚有二不輸免官符宣旨一之所者、来十五日可レ令二進上一、随二其理致一可二勘決一也、件日以前、不レ進二其證文一之所者、任二下知旨一、可レ令レ弁二済田畠地利一之状、所レ宣如レ件、郡司住人等宜承知、依レ件行之、以宣、

保元三年五月七日

大介兼左衛門尉大江朝臣

これは、従来保元三年という時期、内容などから保元令が実施されたことを示す史料とされてきたものである。(32) し

かし、傍線Hにあるようにこの検注は国司が申請して実現したものであり、保元令とは別に出された国司申請令に基づくものと考えることも可能であろう。いま、この史料がそのどちらなのか明確にすることはできないが[33]、いずれにしても注目すべきは傍線Iである。これによれば「不輸免官符宣旨」を提出した所は勘免され、その他は所当官物が賦課されたのである。これが保元令に基づくものであったとすれば、保元令は「久寿二年七月廿四日以後」という基準ではなく、「不輸免官符宣旨」の有無という基準で実施されていたことになり[34]、「久寿二年七月廿四日」以前の荘園でも官省符荘や勅免地、あるいはそれに准ずるもの以外は整理の対象たりえたという先の推測を裏づけることになるだろう。またこれが国司申請令に基づくものとすれば、国司申請令も機械的に新立荘園を整理するのではなく、免除される荘園もあったことになり、やはり先に述べたように、「御定」などを通して柔軟に運用されていたという推測と合致することになるのである。

以上、「長寛勘文」にあらわれた荘園整理令を中心に保元令と国司申請令との関係を考えてきた。結論をくり返せば、保元令における「久寿二年七月廿四日以後」という基準は立荘権を後白河天皇に集中させるため強調されたもので、国司申請令の「寛徳」という基準を否定したものではなく、また国司申請令は「寛徳」という基準を掲げながら、実施に際しては「寛徳」以後の荘園にも「御定」などを受けながら配慮しつつ運用されていたのである。したがって、この両者はこのような運用をする限り矛盾はないのである[35]。「長寛勘文」で忠重の荘園整理が問題となったのは鳥羽院庁下文をもつ八代荘という運用において特例として扱うべき荘園を整理したことによるのである。

さて、ここで整理基準の矛盾に限らずもう一度全国令であり、公家新制である保元令と国司申請令の関係について考えてみたいと思う。

国司申請令が官使の派遣を伴いつつ新立荘園や加納余田の停廃、荘公の領域確定などを行っていたことはすでに市田弘昭氏により指摘されているが[36]、恐らく白河院政後期から鳥羽院政にかけての荘園体制の確立と関わって[37]、その頃から「寛徳」という基準を守りながらも「御定」によって例外を認める運用形態になっていったものと思われる。しかし「御定」による制限を受けたとしても宣旨などによるもの以外は整理対象としえたのであり、領域確定機能は十分に果たしえたのである[38]。これに対して保元令は新立荘園、加納余田停廃などの領域確定機能をもったが、これは国司申請令と本質的には異ならず、国司申請令によっても果たせるものであった。

　では保元令固有の機能はなかったのだろうか。保元令は第一条において立荘権を宣旨に集中させ、第三条以下で、寺社領の用途注進、濫行停止などを指示しているが、王土思想に基づき高権をストレートに表明した第一条こそ国司申請令やその他の法では果たしえない保元令固有の機能だったといえるのではないだろうか。

　むろんこうしたことは荘園整理をすすめることによっても間接的には実現できるものであり、延久令においてこのような高権の表明が行れたことはすでに指摘されている[39]。しかし荘園体制が確立し、権門が荘園領有により相対的に自立した院政期においては荘園整理を行うだけではなく、さらに進めて、唯一王権こそが立荘の主体であることを直接的に明示する必要があったのである。保元新制とは荘園体制確立、権門間の分裂抗争である保元の乱という社会変動を経験し、一権門として危機意識を強くもった王権が、第一条で「九州之地者一人之有也」という文言とともに自らが唯一の立荘の主体であることを明示し、王権の超越性を表明し、その上で第二条以下で領域確定、寺社権門に対する統制など通常国司申請令などによって担われる機能を総括的にもりこみ発令したものであった[40]。

　ところで棚橋光男氏は中世王権を院における最高封主としての性格と、天皇における律令諸制、官司制、律令法の観念的体現者としての性格との結合とされ[41]、近藤成一氏は院が主従制的支配権を、天皇が統治権的権能を担い、封建王権を二元的に構成したとされている[42]。もちろん安易な対比は慎むべきだが、中世王権のかかる二元性は、保元新制固有の王権にのみ立荘権があることの明示と太政官の下部組織である国司による申請令が担った領域確定という機能の分化に対応するものといえないだろうか。すでに黒田俊雄氏は公家新制を権門体制全体の調整を図るものと位置づけられているが[43]、この二つの機能を統合している点から公家新制とはまさしく王のもとで諸権門を統合させるための法であったといえるのであり、極言すれば、王権が自らを王権として機能させるために発令したものといえるのではないだろうか[44]。

注

（1）　黒田俊雄「中世の国家と天皇」（『黒田俊雄著作集　第一巻　権門体制論』法蔵館、一九九四年）。

（2）　例えば元木泰雄「院政期政治構造の展開」（『院政期政治史研究』思文閣出版、一九九六年）は権門体制の成立を時間軸にそって動態的にとらえようとしたものであるし、近藤成一「中世王権の構造」（『鎌倉時代政治構造の研究』校倉書房、二〇一六年）は「主従制的支配権」と「統治権的権能」との「支配権の二元性」を封建王権の特質とし、公家、武家両政権にこの特質を見出し、両政権を二つの封建王権と位置づけ、権門体制論を克服しようとしたものである。

（3）　最近のものをいくつかあげれば、中野淳之「院権力と太政官」（『ヒストリア』一〇一、一九八三年）、福島正樹「中世成立期の国家と勘会制」（『歴史学研究』五六〇、一九八六年）、美川圭「院政における政治構造」、同「公卿議定制から見る院政の成立」（『院政の研究』臨川書店、一九九六年）などがある。なお、院政の研究史に関しては中野淳之「院政」（『古代史研究の最前線』二、雄山閣出版、一九八六年）を参照されたい。

（4）　注（1）に同じ。また、公家新制に関しては水戸部正男『公家新制の研究』（創文社、一九六一年）、佐々本文昭『中世公家新制の研究』（吉川弘文館、二〇〇八年）、棚橋光男「院権力論」（『中世成立期の法と国家』塙書房、一九八三年）などがある。

（5）　荘園整理令全般に関する参考文献については本書第六章を参照されたい。また、その後発表された主なものとして佐々木宗雄「平安後期の土地関係」（『古代史研究の最前線』二、雄山閣出版、一九八六年）、大島幸雄「荘園整理令と寺院政策」（『駒沢史学』三六、一九八七年）、小口雅史「荘園整理令について」（『歴史と地理』三八五、一九八七年）、早川庄八「起請管見」

（関晃先生古稀記念会編『律令国家の構造』吉川弘文館、一九八九年）などがある。

（6）国司申請令に関しては曽我良成「国司申請荘園整理令の存在」（『王朝国家政務の研究』吉川弘文館、二〇一二年）、市田弘昭「王朝国家期の地方支配と荘園整理令」（『日本歴史』四四五、一九八五年）、吉永良治「荘園整理令の基礎的研究」（『駒沢大学史学論集』一三、一九八三年）、小淵忠司「荘園整理令の基礎的考察」（一九八七年一一月、歴史学研究会中世史部会平安鎌倉勉強会における報告）、同「平安後期における荘園整理令と地方支配」（一九八八年一〇月、三田史学会国史部会における報告）などがある。

（7）『群書類従』巻四六三、雑部十八。「長寛勘文」に関しては植田彰「長寛勘文について」（『史学雑誌』五二―八、一九四一年）、今井啓一「長寛勘文と熊野信仰」（『説苑』二（二）一九五三年）、森田悌「長寛勘文」（『国史大辞典』九）などがあり、また『石清水八幡宮記録』二十一に収められている「太神宮與熊野山同体否事諸家意見諸道勘文」には「長寛勘文」に収められていない勘文が収められており、「長寛勘文」の性格を考える上で重要である。

（8）なお、この時収公された八代荘については西岡虎之助「甲斐国八代荘をめぐる熊野神人と甲斐守藤原忠重との争」（同『荘園史の研究』下之二）、石母田正「院政期の一つの特質について」（『古代末期政治史序説』未来社、一九五六年）、柴辻俊六「甲斐国八代荘をめぐる長寛勘文」（『地方史研究』一七八、一九八二年）、秋山敬「八代荘」（『甲斐の荘園』甲斐新書刊行会、二〇〇三年）などがある。

（9）曽我前掲注（6）論文。

（10）佐々木前掲注（5）論文。

（11）坂本賞三「寛治七年荘園整理の議とその背景」（『古代文化』三七―一二、一九八五年）

（12）なお応保三年（＝長寛元年、一一六三）三月四日に使庁において取り調べがあったことは『顕広王記』同日条にも「甲斐目代於二使庁一先召問、依二熊野訴一也、彼山庄停廃之故也、是去年十二月以後有二沙汰一歟」とあり、確認できる。

（13）例えば坂本前掲注（11）論文。なお、本章第二節も参照されたい。

（14）八代荘の成立事情に関しては秋山前掲注（8）論文が詳しい。

（15）後述するように保元令の条文で白河、鳥羽院庁下文が問題とされるのは加納余田に対してであり、新立荘に対してではない。そのため、佐々木前掲注（4）書は傍線Cを、久寿二年以前の立荘であり、もはや規制の対象たりえない八代荘に対して国司が「寛徳」以後の新立荘として規制しようとしたため領家があえて新制の条文を改変して持ち出したものとされた。しかし本文で述べたように領家の意図を通そうとするなら保元令の第一条を引用し、国司の荘園整理自体を否定すればいいはずであり、傍線Cは何らかの形で保元令の実態を反映したものと考えるべきだと思われる。

(16)　引用は水戸部前掲注（4）書による。

(17)　川上多助「平安朝の荘園整理策」（『日本古代社会史の研究』河出書房、一九四八年）、阿部猛「平安時代の荘園整理」（『律令国家解体過程の研究』新生社、一九六六年）、竹内理三「院庁政権と荘園」（『竹内理三著作集　第六巻　院政と平氏政権』角川書店、一九九九年）。

(18)　佐々木文昭「平安時代末・鎌倉時代初期の公家新制」（同前掲注（4）書）。

(19)　石井進「院政時代」（『石井進著作集　第三巻　院政と平氏政権』岩波書店、二〇〇四年）、網野善彦「荘園公領制の形成と構造」（『網野善彦著作集　第三巻　荘園公領制の構造』岩波書店、二〇〇八年）、五味文彦「院支配の基盤と中世国家」（『院政期社会の研究』山川出版社、一九八四年）など。

(20)　棚橋前掲注（4）書。

(21)　川上前掲注（17）論文。

(22)　五味前掲注（19）論文。

(23)　坂本賞三「寛治七年荘園整理の議とその背景」前掲注（10）論文。

(24)　石井前掲注（19）論文。

(25)　佐々木前掲注（18）論文。

(26)　但し、傍線Fには「帯㆓宣旨幷白川鳥羽両院庁下文㆒者、領家進㆓件証文㆒宜㆑待㆓天裁㆒」とあり、こうした「帯㆓宣旨幷白川鳥羽両院庁下文㆒」する荘園も天裁により勅免地に準ずるものとして公認された、あるいはされることもあったと思われる。

(27)　すでに棚橋光男氏は保元令を、後白河が自らの即位を起点に荘園領有の安堵認否を行おうとしたものであり、後三条以来の荘園整理政策の総括として中世的王権が荘園、国衙領体制の確立を宣言したものと評価されている（棚橋前掲注（4）論文）。筆者も基本的にはこの見解に賛意を表するが、本節では視角を変え、どのような荘園が認められ、あるいは否定されたのかという観点から分析している。保元令で認可される荘園が、官省符荘、勅免地、それに准ずる白河、鳥羽院庁下文をもつ荘園などであったことを指摘することにより、まさに王権との親疎により、王権の名による荘園領有の認否が行われていたことをいくらか具体的に示しえたのではないかと思う。

(28)　なお、曽我氏はこの前後の部分を目代清弘が甲斐国に到着後停廃すべき荘園をリストアップし、忠重に注進したと解釈されたが（同前掲注（6）論文）、目代が下向するのはこの後のことであり、ここは本文のように解釈すべきだろう。

(29)　なお、「太神宮與熊野山同体否事諸家意見諸道勘文」（『石清水八幡宮記録』二一）に収められている左兵衛督藤原顕長の勘文は「寛徳以後荘園可㆓停廃㆒」の宣旨と官使を賜わり、「収㆓公年貢㆒」することは「輙難㆑准㆓強盗之科㆒」と忠重らを弁護しつつ、「諸国官吏拝以《ママ》之初申㆓下倫言㆒者不易之法也、雖㆑然殊加㆓覆審㆒、直不㆓廃置㆒、而忠重不㆑廻㆓思慮㆒忽令㆓国領㆒之条」については非難している。ここからも国司申請令の実施に際しては「加㆓覆審㆒」「廻㆓思慮㆒」というルールがあったことが知られるのである。

(30)　『長秋記』天承元年八月一九日条。

(31)　『平安遺文』二九二一号。

(32)　例えば阿部猛「平安時代の荘園整理」（『律令国家解体過程の研究』新生社、一九六六年）。

(33)　なお、この庁宣を受け取った東大寺は「證文者、依㆓宣旨㆒、以㆓去年八月㆒付㆓進記録所㆒了」といっており（『平安遺文』二九二四号）、この検注に際し、東大寺の下には証文がなかったことがわかる。こうした事態が起こったことも、この検注が保元令と別のものだったためとも解釈できるし、あるいは東大寺以下の諸寺に「寺領幷仏事用途」の注進を求めた保元令第七条により先に東大寺が証文を提出してしまい、その後保元令第一条、二条に基づくこの検注が行われたためとも解釈することができる。

(34)　この「不輸免官符宣旨」を「久寿二年七月廿四日以後」の「不輸免官符宣旨」であると考えることもできるかもしれない。しかし、注（33）でも述べたように、この時東大寺は証文を提出しようとしたのである。そして、その証文とはすでに記録所に送ったものの一部であった。ところでこの時東大寺が記録所に送った文書の内容は『平安遺文』二九〇四号等で多少うかがうことができるが、ほとんど「久寿二年七月廿四日」以前のものであり、したがってここにいう「不輸免官符宣旨」は「久寿二年七月廿四日」の前後を問わないものであったと考えておく。

(35) なお、いわゆる院政期において「寛徳」以外の整理基準をもつ全国令として、①整理基準として「延久、応徳、寛治元年」という三つが候補にあげられた寛治七年の荘園整理令（『後二条師通記』同年三月三日条）、②「新立荘園停止」とある康和令（『後二条師通記』康和元年五月一二日条）、③「大治元年以後」という基準をもつ整理令（『平安遺文』四七五五）、④「保元以後」の基準をもつ建久令（『鎌倉遺文』五二三）などが知られる。これらと国司申請令との関係について全面的に検討する余裕はないが、現在のところこれらも国司申請令の基準を否定し、変更するものではなく、国司申請令も柔軟に運用されるようになっていたと思われ、両者に矛盾はなかったものと考えている。そして、このような考えが許されるとすれば、全国令の基準とはその都度、当面重点的に整理したい範囲や王権の強化に都合のいいものを適宜選べばいいということになるのだが、この点については今後の課題としたい。なお、①については本書第七章を、②については第八章を、③については第一〇章を参照されたい。

(36) 市田前掲注（6）論文。

(37) 五味文彦「前期院政と荘園整理の時代」（『院政期社会の研究』山川出版社、一九八四年）。

(38) もっともこの「御定」を受けることとイコール国司申請令の制限とは必ずしもいいきれないだろう。「御定」によって、ある荘園の停廃の認可がでれば、その荘園の停廃はよりスムーズにいくであろうし、「御定」によって強力な荘園整理が指示されることも考えられるからである。この「御定」がどのような形でどのような裁定をしたのかは今後明らかにしたいと思う。

(39) 石井前掲注（19）論文。

(40) なお、市田弘昭氏は「平安後期の荘園整理令」（『史学研究』一五三、一九八一年）において平安後期の全国令の発令契機を内裏造営に求められ、全国令は直接的には造内裏役の賦課範囲を確定する役割を果たしたと述べられている。この見解については本書第六章において、天喜令の場合、造内裏役徴収、内裏造営が開始された後に天喜令が発令されていること、延久令の場合は内裏完成後も荘園整理作業が終了していないことなどから若干の批判を加えたが、その後詫間直樹氏は「延久度造宮事業と後三条親政」（『書陵部紀要』四〇、一九八八年）のなかで「内裏の造営はいわば朝廷の権威を象徴する最大の行為」であり、その「内裏の造営に収取体系の整備、強化の必要性が結びつくことによって、荘園整理令が全国を対象として企画され発令されたのである」と内裏造営と全国令の関連をあらためて主張された。この問題については別の機会に譲ることにするが、本章で扱う保元令の場合、内裏造営との関連よりも保元の乱後の秩序の回復という側面が強いと思われる。もちろん内裏造営と他の要因が発令契機として並存することはありえるわけで、このことは市田氏や詫間氏の見解を否定するものではないが、とりあえず本章では保元令の発令契機を以上のように考えておくことにする。

(41)　棚橋前掲注（4）論文。

(42)　近藤前掲注（2）論文。

(43)　黒田前掲注（1）論文。

(44)　最近美川圭氏は保元新制が宣旨で出されていること、宣旨が在地では有効に機能しない場合もあることに注目され、保元新制の有効性に疑問を呈された（美川前掲注（3）論文）。公家新制にみえる領域確定機能に関していえば、その理念は通常は国司申請令にその実現が期待され、国司申請令により支えられていたものと思われるが、王権が自らを法によって王権と位置づけなければならなかったこと自体、王権にとっての危機状況の深刻さを物語るものであり、公家新制そのものが実際にはどのような形で実施されたのか、されなかったのか、そこにあらわされた理念は通常どのように実現されるのかなど慎重に検討していかなければならないだろう。

〔補注〕　本章発表後、新たな校訂による「長寛勘文」が『山梨県史　資料編三　原始・古代三』（山梨県、二〇〇一年、第二章第三節史料二二九七）に収録された。本章再録にあたっては同書を参考にした。

第一〇章　荘園整理令にみる政治秩序意識

一　近年の荘園史研究と荘園整理令

前章まで平安中後期の荘園整理令について発令契機や個々の荘園整理令の目指したもの、国司申請荘園整理令と全国令の関係などをみてきた。荘園整理令を題材に当時の政策基調と都鄙《とひ》を結ぶ政治秩序意識のありようをさぐってきたのである。

ところでその後も荘園整理令および荘園制に関する研究は進められている。とりわけ近年は立荘論、あるいは中世荘園制論と呼ばれる荘園制に関する新たな議論が提起され、荘園制研究は格段の深まりをみせている(1)。そこで、ここではまず、近年の立荘論や中世荘園制論とはどのようなものであるか、研究状況を紹介したい。その上で荘園整理令論とどのように関わるのか、現在の研究状況を踏まえた上で荘園整理令がどのような政治秩序をもたらし、公共性を保証していたのかについて問題を整理していきたいと思う(2)。

さて、これまで荘園制研究をリードしてきた議論は寄進地系荘園論であり、荘園公領制論であった。寄進地系荘園論とは高校日本史の教科書などでお馴染みの「鹿子木荘事書」にみられるような、開発領主が自己の職権を留保しながら上級領主へ私領を寄進し、さらに再度上級領主への寄進が行われ、領家・本家などの重層的な職の体系が成立し、荘園が成立するという議論である。この議論についてはその後、永原慶二氏によって寄進を行う開発領主の権限はさほど強くはなく、荘園が成立するには国衙の支配権を継承する必要があったこと、つまり荘園は国家公権が分割・委譲されることによって成立することが指摘され(3)、荘園のもつ国家的性格についても注目されるようになるが、荘園成立のきっかけとして寄進行為は重視されてきた。

また網野善彦氏は荘園と公領はともに国家的性格を有し、両者ともに中世社会を基礎づけるものであると位置づけ、荘園公領制論を提起された(4)。こうして荘園は、寄進地系荘園を中心に公領とともに中世社会の基礎構造をなすものとみなされてきたのである。

このような議論に対し、寄進と立荘の間に差異をみつけ、立荘によって荘園はそれまでの私領段階のものとは構造的に異なるものとなると位置づけるのが立荘論である。

立荘とは院や摂関家が、荘園となるべき土地（立荘のきっかけとなった私領など）を中心に周辺の土地まで含みこんだ広大な範囲に対し、文書を発行し王家領や摂関家領として認定することである。立荘論とは寄進ではなく、この立荘行為により開発領主の私領が周辺の公領や他領なども含みこんだ広大な中世荘園へと質的・構造的に変化するという議論である。こうした立荘論を本格的に主張したのは川端新氏と高橋一樹氏であった(5)。

川端氏は院や摂関家など中央権門が立荘にあたって近臣などを通して「券契を尋ね」立荘の中核となる私領を探し出すこと、このような権門側の働きかけを重視する。そして権門側が探し出した、その中核となる土地を中心に権門の力により半不輸の公領などを含みこんだ広大な領域をもつ荘園が作り出されることを明らかにし、従来の寄進地系荘園論とは全く異なる、立荘による中世的な荘園の成立を指摘した。

川端氏はまず一一世紀末に朝廷が封戸未進などにより、国家的給付を荘園として認める便補としての立荘が行われるようになるとする。このような封戸未進対策としての荘園がそのまま中世荘園になるのではないが、中央主導による立荘という方向づけがこの時になされ、白河院政期以降、院・摂関家などの積極的な意思によって荘園が立荘されていくケースが増え、それが中世荘園となっていくとした。

高橋氏の場合、中世荘園の存在形態、内部構造に注目し、中世荘園とは国衙領や他領を加納として包摂した荘域構成を基本形態とするとした。そしてそのような荘園は王家による立荘によって成立するとした。

高橋氏はこのようにして成立する中世荘園は、知行国主として立荘を進めた王家、摂関家、あるいは荘園領主となった王家、摂関家によって請け負われた公領支配のあり方であるとして中世荘園制という概念をも提唱する。そしてこのような観点から、荘園と公領を区分しつつ両者を国家的性格をもつものとして位置づけるこれまでの荘園公領制論を批判したのである。

さて、立荘の背景には国家的給付の未進代替として荘園を認めざるをえない事情(6)や御願寺における仏事費用捻出のために荘園が必要となるなどの事情が存在しており、こうした事情を背景に国家、王家、摂関家などが立荘を働きかけるという立荘論には説得力がある。

また高橋氏が指摘するように立荘により郷や保、公領部分、加納など広大な範囲を含みこんだ複合的、領域荘園が成立することも事実である。しかし、そのような複合的荘園を中世荘園の典型として理解してよいかとなるといささか疑問もある。複合的荘園も絶えず内部でのトラブルを抱えており、決して安定的なものではない。上からの立荘や権力的な立荘により広大な荘域をもつ荘園が成立するという立荘論の指摘に学ぶことは多いが、その内部構成や中世荘園制と位置づける評価についてはまだ検討の余地があるように思われる(7)。

さて、荘園公領制論と中世荘園制論の差異は何か。ともに荘園について国家的な性格をもつとする点では共通する。しかし、荘園公領制論では荘公の間に領有や収取について対立的な要素も認め、そのために荘公の区分け、領域確定が要請されたと考える。そしてそのための政策として荘園整理令も重要な施策として位置づけられることになる。

一方、中世荘園制論では公領（加納）を複合的に包摂した荘園を中世荘園の本質的なあり方と考えるため、いわゆる荘公の領域を区分けする荘園整理令については表立って扱われない(8)。

もちろんこれは荘公の領域を明確化する荘園整理令が一一世紀中葉を中心に発令されたのに対し、公領を包摂する中世荘園の成立が一一世紀末、一二世紀以降であるという時期のずれも影響している。とくに高橋氏の中世荘園制論の場合は分析時期が基本的に一二世紀である。したがって高橋氏の議論のなかで荘園整理令が分析されるのは基本的には一二世紀後半の保元令となる。

さらに中世荘園の本質を複合的荘園であるとするため、荘公の分離は問題とされず、荘園整理令が扱われるとしても保元令の加納停廃に関する部分が問題とされるのみである。公領を加納として包摂した中世荘園では加納の官物部分の徴収がどのように行われるか、順当に行われるかなどが問題とされる。荘園、知行国主、国衙の間で合意形成が図られ順調に行われている間は問題がないが、加納部分の官物徴収に関する合意形成が崩れることがある。そのような時に加納整理を命ずる荘園整理令が機能するというのが中世荘園制論における荘園整理令の位置づけである。

例えば高橋氏は本書第九章で分析した長寛勘文に現れた荘園整理について八代荘に包摂される加納からの未進分収納をめぐる争いであったと位置づけている。

しかし長寛勘文に関していえば、在京国司側は「加納部分に免除庁宣を出しているくらいだから本荘部分を停廃するはずがない」と述べているのであり、問題となっているのは本荘に対する停廃問題なのである。一二世紀の荘園整理令で加納停廃が政治課題であったことに異論はない。しかし、この時期の荘園整理令の意義を加納停廃問題のみに一元化していいのかどうか。全国令で加納とともに立荘年限が問題とされ、国司申請荘園整理令が引き続き申請されている事実には変わりはない。したがって加納問題とともにどのような論理、秩序意識によって荘園整理令が出され、国司が荘園整理令を申請するのかを追究する必要は依然としてあると考えている。

さて、このような立荘論の議論を受けてあらためて荘園整理令の歴史的意義について論じたものに鎌倉佐保氏の研究がある。[9] 氏は延久令を中心に荘園整理を分析し、荘園整理令を再度位置づけ直し、また高橋氏の加納論についても見直しを迫った。氏によれば荘園整理令には荘園公領制論で指摘されてきたような荘公の空間的分離政策という性格はないものの本免田を限定し、国務負担地との区分を明確化する機能があったこと、検注の結果把握した免田数が公験所載本免田数に満たない場合、本来免田ではない国務負担地である開発田が補填され、それが加納となること（加納には他の経緯で成立するものもあるが）などを指摘した。

こうして荘園整理令は本免田を限定し全荘域の免田化を抑制する役割を果たした。また、合法的な加納を生み出したが、その一方本免田数を超えた荘田は余田または非合法の加納とされ、国務負担地とされた。そしてそのような整理作業が逆に荘園領主側の立荘の動きを加速させることになるなど荘園制を展開する面があったことなどを指摘した。

荘園整理令が免田抑止策であり、荘園整理の推進による混乱が逆に立荘運動を促進したという指摘は説得的である。しかし立荘論の議論も踏まえて考えるならば、荘園整理の混乱から立荘の動きが起こったとして、なぜそれが国家的に公認される立荘となるのかを考えなければならないのではないか。この点は立荘論にしてもあまり明確ではないように思われる。便補のような国家的給付の不足を公認の主な理由とするのか、あるいは御願寺などの造営経費・運営経費調達のためなのか。政府が推進した荘園整理への反発が立荘を生むのであればなぜその立荘が政府により認められるのか、検討する必要があるのではなかろうか。[10]

また、いうまでもないことだが、個々の荘園整理令にはやはり共通する部分と異なる部分があるのである。立荘論や鎌倉氏の荘園整理令に関する成果を踏まえながら再度荘園整理について検討を続ける必要はあるものと思われる。

二　立荘論と鳥羽院政期荘園整理令について

現在提起されている立荘論では中世荘園が立荘されるようになるのは一一世紀末以降と考えている。かつて荘園制の成立時期は鳥羽院政期と考えられていた。これは後三条親政から白河院政期まで見られた荘園整理令（全国令）の発令が鳥羽院政期には見られないこと、大田文の分析から立荘が鳥羽院政期に集中していることなどから指摘されていたことである。ところがその後、五味文彦氏が「伊勢神宮領注文」（『鎌倉遺文』六一四）の分析から伊勢神宮領が白河院政期に増加していることを指摘し、荘園制成立の時期を白河院政期まで引き上げて現在はこの説が有力とされている。(12)

一方、立荘論では寛治四年（一〇九〇）の賀茂社領立荘が国家的給付としての立荘であり、寄進・立荘の一つの契機であると位置づけられている。こうしてこれまでの議論と立荘論それぞれの立場から現在では一一世紀末、白河院政期が荘園成立の画期とみなされるようになっている。(13)ところでそれでは白河院政期以後、とりわけ鳥羽院政期の荘園整理令はどのように位置づけられるのであろうか。

上述したようにかつては鳥羽院政期には荘園整理政策は放棄されたと考えられていた。しかし市田弘昭、槇道雄氏らは鳥羽院政期における荘園整理令の存在を主張、その主張以後、鳥羽院政期における荘園整理令の存否については議論が分かれている。(14)

立荘論の立場では川端氏の場合は注（8）で述べたように荘園整理令は内裏焼亡を契機として発令されるとする市田説に依拠しつつ荘園整理令の有無から当該期の荘園政策の意図はうかがえないとしてこの問題について言及はしていないが、高橋氏は鳥羽院政期の荘園整理令については否定的である。そこで、鳥羽院政期の荘園整理令の有無についてまず見ておこう。

鳥羽院政期における荘園整理令の存在を主張する市田弘昭・槇道雄氏らの説の重要な論拠の一つとなるのが京都大学附属図書館所蔵『兵範記』保元二年冬巻の紙背文書、年未詳、甲斐判官代平信範宛の修理権大夫源雅国書状である。(15)この書状には「大治元年以後庄可停廃」という新制宣旨が出されたという伝聞が書かれているのである。この大治元年という基準をもつ荘園整理令がいつ出されたものなのか、議論はその年代比定によって分かれているのである。

市田・槇両氏は差出、あて先の人名比定から文書の年代を推定し、この整理令が鳥羽院政期のものであるとした。とくにこの文書のあて先、甲斐判官代はこの文書が『兵範記』の裏文書であることから平信範と考えられ、彼が甲斐権守だった時期からこの文書が保元以前であり大治元年という基準をもつ荘園整理令も鳥羽院政期のものであると主張した。一方、これに対して五味文彦氏は甲斐判官代の呼称は甲斐権守の任期が終わった後でも使われることから文書の下限を引き下げ、大治元年という整理基準は伝聞であるため不正確に伝わったものだろうとしてこの書状に書かれている整理令は保元令のことであるとした。

こうしてこの荘園整理令については議論が分かれることになったのだが、その後別の観点からこの書状の年代比定を試みたのが詫間直樹、坂田充両氏である。(16)両氏はこの書状が『兵範記』保元二年冬巻の紙背文書であることに注目し、同巻の他の年月日が記された文書が保元元年であることからこの書状も保元元年のものであろうとした。この指摘はかなり説得力があり、五味氏の指摘も含め、「大治元年以後」という整理基準をもつ整理令は存在せず、保元令の内容が誤って伝わったものであることがほぼ確実となった。

では鳥羽院政期に荘園整理令はなかったのだろうか。ここでもう一つ考えるべき史料がある。それは槇氏が自説を補強するために引用した陽明文庫所蔵『兵範記』仁安二年一〇・一一月巻紙背文書の長寛元年（一一六三）六月日法印和尚位智順解である。(17)

法印和尚位智順解　申請　殿下　政所裁事

請レ被三特蒙二鴻恩一、且依二院宣一、且依二殿下政所仰一、且任二国司庁宣一、被二裁許一年来所領越後国一田社、不慮外

為二覚智僧一被レ令二押妨一子細愁□(状カ)

副進

依二院宣一国司庁宣案一通

同　外題案一通

右、智順謹検二案内一、件社者越後国故藤中納言家成卿令二知行一之□□、依二美福門(院脱カ)御堂金剛勝院綵絵之功一以二故鳥羽院宣下一、永所レ補□□、国司庁宣并外題等旁以明白也、其後至二于当任一二十餘年之間、致□□(沙汰カ)無二相違一所レ令二領知一也、而今年始、覚智僧都俄被二押妨一之条、未レ知二其□(理カ)一、就レ中　a故鳥羽院之御時、新立庄園寺社等皆拘二新制一畢、b何況依レ革二□(造カ)寺成功一、於レ今補畢、抑智順従二年来当初一、令レ勤二仕殿下御宮仕一、年序稍□(久カ)焉、而中絶久不レ蒙二御命一、非レ違二背仰旨一、然者積レ功累レ徳、盍黙止耶、可下□垂二御哀憐一給上者也、就レ中苟仕二五代之聖朝一、已及二八旬之暮齢一、加レ之所□(帯カ)綱位者、当時之栄曜也、所レ賜二叢祠一者、永代之恩賞也、社若被二停廢一□、露命難レ存者歟、愁吟之甚、泣仰二哀憐一矣、望請恩裁、且依二院宣一、□(且カ)殿下之御裁許、被レ停二止覚智之非道之妨一者、弥仰二憲法之厳□一、仍勒二事状一、謹解、

長寛元年六月　日　法印和尚位智順謹□(解)

槇氏はこの史料の傍線部aより鳥羽院政期の荘園整理令の存在を指摘し、詫間直樹氏も同様の指摘をしている。[18] しかしこの史料についても別の解釈が可能で、高橋一樹氏は鳥羽院政期の荘園整理令について否定している。[19] つまり槇氏らが傍線部aを「故鳥羽院の御時、新立庄園寺社等皆、新制に拘わり畢」と読み、鳥羽院政下に新制が出され、新立荘や寺社が整理されたと読むのに対し、高橋氏は「故鳥羽院の御時に新立せる庄園寺社等、皆新制に拘わり畢」と

読み、この文言は保元荘園整理令によって鳥羽院政期の「新立荘」が整理されたことを示すものとされた。

傍線部の漢文の読みとしてはどちらも成り立つと思われる。そこで全体の文脈から解釈を考えてみたい。

この史料は、法印和尚位智順が所持していた越後国二田社が覚智僧都により押妨されたため、摂関家に押妨停止を訴えたものである。智順は当時の著名な絵師であるが[20]、藤原家成が越後知行国主であった際に美福門院御願寺金剛勝院の「綵絵」の功により二田社を与えられたという。この点を裏づけるものに康治元年（一一四二）七月二八日右衛門督藤原家成下文案がある[21]。

下　越後国□□(田カ)所
　補任二口社神主事
　　藤井重慶
右件社司、依㆓法橋智順之成功㆒、以㆓彼人㆒可㆑令㆑執㆓行社務㆒之状、所㆑仰如㆑件、故下、
　康治元年七月廿八日
右衛門督藤原(家成)朝臣〈在判〉

金剛勝院の上棟は同年七月一一日であり[22]、鳥羽院政期に智順が成功により二田社を与えられたことはこの史料からも確認できよう。

さて、先の史料に戻ろう。その後、二〇年間、智順の領知は続いたが、今年（長寛元年）はじめになって覚智により押妨されたというのである。そして傍線部aとなり、さらに傍線部bに続く。「何ぞいわんや（造）寺成功をあらためるにより、今に補しおわんぬ」とでも読むのだろうか。このあたりの文意は取りにくいが、智順は自身の二田社領有を主張したいわけなので、「新立荘は整理した。（それはいいとして）しかしどうして成功まであらためて二田社の管理者を覚智に変更して補任するのか」といったニュアンスになるのではないだろうか。このように解釈できるので

あれば新立荘の整理も二田社領有者変更の「今」と近い時期のことと考えるべきではないだろうか。もう一つ、「（かつて）鳥羽院政下で新立荘園は全て整理した。（しかしその際に二田社の領有は否定されなかった。）なのになぜ今になって成功をあらためて智順の領有を否定し覚智を補任するのか」といった解釈もありえるかもしれないが、直近の保元荘園整理令について言及せずに鳥羽院政期の荘園整理令を取り上げるのも不自然であろう。したがってここは高橋氏の指摘するように傍線部aは保元令を指すものと考えておきたいと思う[23]。

さて、このようにみてくるとこれまで鳥羽院政期に荘園整理令（全国令）が発令されていたとする論拠は失われたことになる。では、国司申請令についてはどうであろうか。

表は平安時代における荘園整理令の一覧である。対象欄が網掛けになっているものは全国令、それ以外は国司申請令である。鳥羽院政を白河上皇の死没から鳥羽上皇の死までの二八年間とするとその間の国司申請令は整理番号42から45までの4例である。

白河院政の開始時期については議論があるが今、便宜的に堀河天皇への譲位にはじまり、白河上皇の死までとすると白河院政は44年間で国司申請令は整理番号23〜41までの17例（全国令の25、28を除外）、平均二・五年に一回の割合で荘園整理令が発令されたことになる。あるいは白河院政を鳥羽天皇即位時からとすると23年間で、整理番号33〜41の9例、これも平均すると約二・五年に1回の発令となる。これに対し、鳥羽院政は7年に1回の発令となる。数字だけ比較すると鳥羽院政期は荘園整理令に消極的なようにみえる。但し4件のなかに次のような事例がある。

整理番号43は陣定において伊勢、遠江の国司から提出された国司申請雑事を審議している記事である。伊勢国司はこの時に六ヶ条について訴えたが、そのうちの一件が左大弁藤原為隆家領に関する問題で、次のような記事である（『長秋記』大治五年九月四日条）。

伊勢国司申六ヶ条中、左大弁卿家領、称₂新立₁不ㇾ触₂国司₁、不ㇾ弁₂官物₁事、諸卿定申云、任₂新立制₁可ㇾ被₂停

止㆒歟

これによれば左大弁藤原為隆家領が、新立と称して国司に申請もせず官物を対捍したようである。通常、新立であれば国司による荘園整理対象とされる。したがってここで、「往古の荘園と称」するのではなく「新立と称し」たという論理がよくわからないが、何らかの権勢を頼んで新立荘として官物免除を認めさせようとしたのであろう。この行為を訴えた伊勢国司に対し、陣定が出した結論は「新立の制に任せて停止」するべきであるというものであった。この記事によれば「新立制」すなわち新立荘園を整理するというルールが存在しており、そのルールにあわせて左大弁家領も整理すればいいというのである。この「新立制」がいかなるものか、はっきりとはしないが、その書き様からいって伊勢国のみを対象としたものというよりも、もっと一般的なルールのように思われる。したがってこの史料から鳥羽院政期に新立荘園整理令が出されていたと考えることも可能なのではないだろうか。あるいは少なくとも前代以来の新立荘園整理令（直近のものでいえば「新立荘園停止」を命じた康和令となる）、整理方針が鳥羽院政期においても維持されているとなろう。

但し、同時に確認しておきたいのは『長秋記』同日条の、この記事に続く次の記事である。伊勢国司の訴えた六ヶ条に次のようなものもあった。

大古籍御厨事、年来停廃所也、而自㆓去年㆒不㆑随㆓国務㆒、任㆓先例㆒可㆑被㆓停止㆒、官続文云、去年依㆓太神宮訟㆒、如㆑本可㆑為㆓御厨㆒之由、宣下畢云々、諸卿定申、裁免先了、於㆑今不㆑可㆑有㆓其沙汰㆒歟

年来停廃されてきた大古籍御厨が昨年より国務に対捍するようになったため伊勢国司がその停止を求めた記事である。但し審議に際して続文を確認したところ、昨年伊勢神宮の訴えにより、もとのように御厨としての復活が認められていたのである。つまり大古籍御厨側は年来、御厨であることを停止され国務に従ってきたが、昨年もとのように御厨としての復活が認められた。そのために去年より御厨として国務に従わなかったが、そのことが今年新任の国司

表5 荘園整理令一覧

整理番号	西暦	和暦		院	天皇	内容	対象	出典・備考
1	九〇二	延喜二	三月一二日 三月一三日		醍醐	応禁断諸院諸宮王臣家仮民私宅号庄家、貯積稲穀等物事、ほか	全国令 延喜令	『類聚三代格』同日官符
2	九四六	天慶九	一二月一〇日		村上	禁止諸院宮家点領所々事	因幡	『貞信公記』同日条
3	九八四	永観二	一一月二八日		花山	停止格後庄園	全国令 永観令	『日本紀略』同日条
4	九八七	永延元	三月五日		一条	制止王臣家設庄園田地致国郡妨事	全国令 永延令	「尾張国解文」(平三三九)。日付は政事要略巻五一による。
5	一〇〇〇	長保二	八月四日		一条	除供御所以外可禁止院宮家庄園	志摩	『権記』同日条
6	一〇〇二	長保四	四月一〇日		一条	制庄園事	若狭	『権記』同日条
7	一〇二五	万寿二	九月一日		後一条	若狭守が関白頼通所領庄が国務を妨げるなど三カ条を申請	若狭	『小右記』同日条、発令されたかは不明。
8	一〇二八	長元元	七月一八日		後一条	停新庄園牧等事	越前	『小右記』同日条、発令されたかは不明。
9	一〇四〇	長久元	六月八日		後朱雀	庄園事国司所申請、其任以後庄園可停止	全国令 長久令	『春記』同日条
10	一〇四五	寛徳二	一〇月二一日		後冷泉	停止前司任中以後新立庄園	全国令 寛徳令	平六八一・補一七三
11	一〇五〇	永承五	七月二一日		後冷泉	(任寛徳令)被停止件新立庄園新免寄人等	和泉	平六八一
12	一〇五二	永承七	一〇月二日		後冷泉	(前司公則打立庄園)可停止	伊賀	平七〇一
13	一〇五三	天喜元	三月二七日		後冷泉	抜前前司藤原朝臣顕長任以後庄園牓示、催徴官物	伊賀	平七〇一、七〇四
14	一〇五四	天喜二	三月		後冷泉	令停止寛徳以後新立荘	紀伊	平一〇一六
15	一〇五五	天喜三	三月一三日		後冷泉	寛徳二年以後庄園、且加禁遏永令停止	全国令 天喜令	『勘仲記』弘安一〇年七月一三日条。 平八八一、補一七三号
16	一〇六五	治暦元	九月一日		後冷泉	停止件庄園	越中	『勘仲記』弘安一〇年七月一三日条。 平補一七三号
17	一〇六五〜	治暦以後				治暦以後代々国宰、多是当時公卿、毎任申下□(宣カ)旨、雖停廃新立所々及加納	尾張	平一八六〇

18	一〇六七	治暦三頃？				准寛徳以後新立荘園、皆悉収公	紀伊	平一〇一六、発令の有無は不明
19	一〇六九	延久元	二月二三日、三月二三日		後三条	可停止寛徳二年以後新立庄園	全国令 延久令	『百錬抄』延久元年二月二三日条。平一〇三九、一〇四一
20	一〇六九	延久元年	五月一三日		後三条	□庄園事 国司申請雑事の一。	若狭	『土右記』同日条 欠字のため荘園整理令かどうか判然とせず。
21	一〇七五	承保二年	閏四月二三日		白河	寛徳二年以後新立荘園等可停止	全国令 承保令	平一一一八、一一二二
22	一〇七八	承暦二年	六月一〇日		白河	寛徳二年以後新立庄園、且注進年紀幷本数加納田畠等、任先符旨従停止	伊賀？	平一七一〇 ※年紀、本数などの（中央への）注進を求めていることから全国令の可能性も考えられる。
23	一〇九二	寛治六年	五月二日	白河	堀河	新立庄薗等事、依請可停止	若狭	『後二条師通記』同日条
24	一〇九二	寛治六年	五月一二日	白河	堀河	前陸奥守義家朝臣構立庄薗可被停止		『後二条師通記』同日条
25	一〇九三	寛治七	三月三日	白河	堀河	延久・応徳・寛治元年等可停止歟	全国令 寛治令	『後二条師通記』同日条
26	一〇九四	寛治八	四月二五日	白河	堀河	請被制止新立庄薗等	美作	『中右記』同日条
27	一〇九四	嘉保年中		白河	堀河	国司紀朝臣佐親賷新制之官符、可停廃彼神領等	豊前	『八幡宇佐宮御神領大鏡』（『大分県史料』二四、大分県史料刊行会、一九六四年、一五七頁）
28	一〇九九	康和元	五月一二日	白河	堀河	新立庄園停止宣旨被下	全国令 康和令	『後二条師通記』同日条
29	一〇九九	康和元	六月二二日	白河	堀河	停止寛徳二年以後新立庄園幷加納田畠	伊賀	平一七一〇
30	一〇九九～一一〇四	康和年中		白河	堀河	可停止加納押募	筑後	『八幡宇佐宮御神領大鏡』（『大分県史料』二四、大分県史料刊行会、一九六四年、一二四頁小家庄）
31	一一〇〇	康和二年以前				停止寛徳以後新立荘園	丹波	平一四二九
32	一一〇六	長治三（嘉承元）		白河	堀河	（東大寺領？）停廃	伊賀	平二五二五
33	一一〇七	嘉承二	一〇月三〇日	白河	鳥羽	遣官使、令従停止寛徳二年以後新立庄園幷加納田畠	美濃	平一六八九
34	一一〇八	天仁元	一一月	白河	鳥羽	新立庄薗可停廃、被申下宣旨	丹波	平一七〇七
35	一一一〇	天永元	閏七月六日	白河	鳥羽	応遣官使、且停止新立庄園	筑前	平一七五三

36	一一一九	元永二		白河	鳥羽	関白家上野国に五千町を立荘しようとするも関白の判断で停止		『中右記』元永二年三月二五、二六日、四月五日条
37	一一一九	元永二		白河	鳥羽	依伊賀国司申春日御領新立庄々可被停廃	伊賀	『中右記』元永二年五月二日条
38	一一二〇	保安元		白河	鳥羽	申官使停止国中新立庄園	淡路	『中右記』保安元年四月六日条
39	一一二六 一一二七	大治元または二		白河	崇徳	侍従中納言申請上毛国所領免判：国司敦政：申故院、令随停廃	上野？	『長秋記』大治五年四月二六日条、上野介敦政は大治元年任、侍従中納言藤原実隆は大治二年没。
40	一一二七	大治二	五月一九日	白河	崇徳	遣官使、且停止寛徳以後新立庄園并本免外加納田畠等	淡路	『勘仲記』弘安一〇年七月一三日条、平補三〇一
41	一一二七	大治二		白河	崇徳	可停新立庄園	筑前	平二一一〇
42	一一二九	大治四		鳥羽	崇徳	（新立）御厨停廃	駿河	『中右記』大治四年一一月二日条
43	一一三〇	大治五		鳥羽	崇徳	新立制	伊賀？ 全国？	『長秋記』大治五年九月四日条
44	一一三四	長承三頃		鳥羽	崇徳	国司称新立御厨欲停廃	信濃	『中右記』長承三年正月二九日条、国司申請令が発令されたかははっきりしない。
45	一一四四	天養元頃？		鳥羽	近衛	非指官省符新立庄薗、本庄之外加納一色別符可入勘	相模	平二五四八
46	一一五六	保元元	閏九月一八日（一三日）		後白河	久寿二年七月廿四日以後、不帯宣旨、若立庄園、且従停廃	全国令 保元令	『兵範記』同日条、平二八五一 二八七六、二九一九
47	一一六二	応保二		後白河	二条	下賜官使等差遣当国、寛徳新立庄可停廃	甲斐	長寛勘文
48	一一七二	承安二	閏一二月二四日	後白河	高倉	寛徳以後新立荘薗加納停廃	摂津	『玉葉』同日条
49	一一七三	承安三	一一月一一日	後白河	高倉	十五大寺領諸国末寺庄薗、併以没官、於其寺用者、可付国司		『玉葉』同年十一月十二日条、平三六四三、三六五二 『百錬抄』同年一一月一一日条
50	一一八〇	治承四	九月一二日	高倉	安徳	停廃本田外加納出作	伊賀	平三九二四、三九二五
51	一一八〇	治承四	九月二三日	高倉	安徳	伯州庄薗停廃宣旨	伯耆	『玉葉』同日条
52	一一八一	治承五	三月二七日	後白河	安徳	被停廃新立庄薗	肥後	『玉葉』同日条
53	一一八一	寿永元年以前		後白河	安徳	後白河賀茂社御幸に際して上下社司等、寛治被寄進庄々、為国司被停廃、可被直之由訴申云々		『吉記』寿永元年九月一四日条
54	一一八二	寿永二	七月二四日	後白河	安徳	摂津国為法皇之御沙汰、国内之庄薗併停廃、其所出（可及）六万餘石		『玉葉』同日条

55	一一八三	寿永二年以前				可令停止寛徳二年以後新立荘園加納田	美濃	東洋文庫「原無題」『古代文化』三〇-九
56	一一九一	建久二	三月二二日	後白河	後鳥羽	注進本免外加納余田幷保元已後新立庄々	全国令 建久令	『鎌倉遺文』五二三号

曽我良成「国司申請荘園整理令の存在」『王朝国家政務の研究』吉川弘文館、二〇一二年、吉永良治「荘園整理令の基礎的研究」『史学論集』一三、一九八三年、市田弘昭「王朝国家期の地方支配と荘園整理令」『日本歴史』四四五、一九八五年などを参考にした。
官物や一国平均役の催徴関係史料には荘園整理令に関するものと判別が難しいものもあるが、基本的に除外した。また単に検注の実施のみを示すものも除外した。
荘園が国務を妨げていることを訴えているが荘園整理令が発令されたか不明のものは除外した。『小右記』万寿二年九月一日条など。
個別の荘園を停廃しているものも原則として除外した。『権記』長保二年七月二一日条、平一七一〇寛治三年一一月二一日宣旨案など。

により国務に従わないとして御厨停止を訴えられたのである。但し、今回の結論は昨年の裁免通り御厨として免除すべきというものであった。

　つまりこの記事からは鳥羽院政期において、荘園領主側からの訴えがあり、恐らくそれが必要経費として認められる場合などには立荘、領有が認められたことがわかる。

　先の左大弁家領も鳥羽院政期のこのような荘園容認方針を受けてあえて新立荘の立荘に踏み切ったものかもしれない。

　さて、ここまでの議論を整理したい。鳥羽院政期に全国を対象とする荘園整理令が発令されたとする明確な史料は現在のところ見出せない。しかし「新立制」と称する新立荘園を整理する方針が出された可能性、あるいは前代以来の新立荘停止方針が維持されていたことは確認できる。

　また数は少ないながらも国司申請令も確認でき、鳥羽院政が前代以来の荘園整理政策を放棄したとはいえないと思われる。但し、一方で便補のような必要なものに関しては荘園を認めていくという方針も同時に取られていたといえよう。

三　荘園整理令にみる政治秩序意識

最後に『中右記』保延元年八月二四日条をみておこう。天皇は崇徳天皇、鳥羽院政下でのことである。この年は前年以来飢饉が続いていた。そのために七月一日には「天下飢饉疫疾事」について諸道勘文を召すことになった（『百錬抄』同日条）。その結果、紀伝、明経、明法、算、陰陽の諸道から八通の勘文が提出されたが、『中右記』の記主宗忠はそれら八通を下給され目を通し、返上する際に一一点にわたって政策提言を行っている。その提言は形式的には蔵人弁を通して崇徳天皇になされたものであるが、その蔵人弁は宗忠の二男宗成であった。つまりその提言は七四歳となった宗忠がある意味息子宗成に伝えようとした政策に対する思いとして読むこともできるのである。その提言とは以下の内容である。引用に際し便宜ナンバーを付した。

1太神宮訴幷恒例神事、慥尋二道理一可レ被二沙汰一也、諸社之條如レ法可レ被レ行也、近日供神物不法之由旁有レ聞、早可レ被レ尋也

2叙位除目之時、弥可レ被レ行二道理一歟、就レ中近代新叙之輩、不レ被レ成二受領一、是長経之吏其数多之故歟、成功之輩多積各抱二其憂一

3神社仏寺之封全不二弁備一、因レ之本社本寺已及二大破一

4諸国宰吏停二往古之神社仏寺領一、新二立権門勢家之庄一、甚以非常也、

5神社之司以二異姓他人一補事可レ被二停止一、猶尋二氏人一可レ補歟

6大極殿幷諸司破損早可レ被二修理一

7二季神今食、九月例幣、新嘗会行幸、尤可レ被レ行也

8御齋会、二季御読経、仁王会間、受領行事官皆以不法、可レ被二尋沙汰一
9禁中六陣無二勤直人一、是無二陣食一之故也、諸国依レ申二異損一、被レ免二色代一之故、神事仏寺并諸司陵遅只在二此事一
10凡近代七道諸国之吏不レ済二公事一、天下之大私（乱カ）也
11天下美服過差、金銀錦繍之類、重可レ被二禁別（制カ）一也

4については後述するとして全体のおよその大意をみてみよう。

1伊勢の訴えや恒例神事、あるいは諸社の神事が法の如く行われていない。
2成功の輩が増えたこともあり受領の人事など叙位除目が行き詰まっている。
3神社仏寺の封戸が弁備されていない。
5神社の司に異姓の人を補任するのを停止すべきである。
6大極殿や諸司を修理すべきである。
7二季神今食、九月例幣、新嘗会行幸を行うべきである。
8御齋会、二季御読経、仁王会など、受領行事官が正しく務めていない。
9陣食がないため禁中六陣に人がおらず、儀式などが滞っている。
10諸国司が公事を果たしていない。
11美服過差を取り締まるべきである。

以上の点を宗忠は訴えているのだが、要は受領人事が滞り、公事や封物に欠損があって、神事や諸行事、寺社・官舎の修理などが行き詰まっているというのである。様々な論点があるが、ここでは省略した4について検討してみたい。4は「諸国宰吏停二往古之神社仏寺領一、新二立権門勢家之庄一、甚以非常也」、「諸国の宰吏、往古の神社仏寺領を停め、権門勢家の庄を新立する。甚だ以って非常なり」というもので、諸国の受領が往古の神社仏寺領を停止する一方

で、権門の荘園を立荘していることが問題とされているのである。[24] ここから鳥羽院政期の国司は、国家的祭祀執行のために必要な往古の神社仏寺領を整理し、権門による立荘を推進する傾向があったことがわかる。しかし宗忠が問題視したように本来であればそれは逆で神事仏寺執行に必要な神社仏寺領を認め、権門の新立荘は必要経費と認められる部分に限定し、抑止していくべきものであったのである。

さて、近年の立荘論では寛治年間の賀茂社領の立荘から封物不足分を便補するような立荘が行われること、また王家や摂関家が券契を尋ね、立荘を積極的に進めていくことなどが指摘されている。しかし、権門勢家領といえども、「国務に妨げのないこと」や収益が御願寺経費など国家的仏事などのために用いられることなど「正当」な荘園であることが要求されたのである。権門におもねり荘園新立を進める国司がいることは確かであるが、それを問題視する政治意識も存在していたのである。

寛治年間以降、国家的給付の便補による立荘や王家・摂関家などによる立荘が進められたことは確かである。しかし白河・鳥羽院政下において荘園整理政策が放棄されたわけではなく、権門勢家領といえども正当なもの、国務に妨げないものなどに限定する政策は取られ続け、国家財政上のバランスがとられていたのである。[25]

この後、保元の荘園整理令第一条では久寿二年七月廿四日以後、宣旨を帯さない新立荘を停止し、立荘権を天皇のもとに一本化しようとしたことが知られるが、それは天皇認定による立荘を進めることによって、これまでみたような権門勢家による立荘と荘園整理令を統合しようとしたものといえるのである。つまり保元令は寛治以来の立荘政策と白河・鳥羽院政期を通して維持されてきた荘園整理政策の到達点なのであった。

注

(1)　川端新『荘園制成立史の研究』（思文閣出版、二〇〇〇年）、高橋一樹『中世荘園制と鎌倉幕府』（塙書房、二〇〇四年）。

（2）　荘園整理令の研究史を整理したものに小口雅史「荘園整理令について」（『歴史と地理』三八五、一九八七年）、詫間直樹「『荘園整理令』とは何か」（吉村武彦・吉岡真之編『新視点日本の歴史』三、新人物往来社、一九九三年）、拙稿「荘園整理と新制」（佐藤和彦・榎原雅治・西岡芳文・海津一朗・稲葉継陽編『日本中世史研究事典』東京堂出版、一九九五年）がある。これらの研究整理以後、荘園制との関連で荘園整理令について関説したものは枚挙にいとまない。荘園整理令の専論に限れば主なものとして鈴木利男「国司の対荘園政策よりみる延久荘園整理令の意義について」（『史学研究』二三〇、二〇〇〇年）、鈴木敏弘「保元元年新制と荘園整理」（中野栄夫編『日本中世の政治と社会』吉川弘文館、二〇〇三年）、坂田充「『源雅国書状』の検討」（『学習院大学人文科学論集』Ⅻ、二〇〇三年）、西谷正弘「平安時代における荘園制の展開と土地制度の転換」（『日本中世の所有構造』塙書房、二〇〇六年、原題は「一一世紀における荘園制の展開―荘園整理令と荘園公領制の成立―」）、鎌倉佐保「荘園整理令と中世荘園の成立」（『日本中世荘園制成立史論』塙書房、二〇〇九年）、磯貝富士男「保元の荘園整理令とその社会的背景」（『大東文化大学紀要　人文科学』四八、二〇一〇年）などがある。

鈴木利男論文は免除領田制史料を用いながら延久令が新免所領の拡大を抑止し、寛徳二年に線引きした官省符本田を本免田として限定、固定化したことを明らかにしたもの。

鈴木敏弘論文は、保元令は荘園整理に主眼を置いたものではなく、寺社統制の一環として理解すべきことを主張する。保元令は個別の寺社宛に保元令中の該当条文を伝えるなど（保元元年閏九月二三日住吉社宛官宣旨では住吉社に対し保元令の第三条と六条のみが伝えられている。『平安遺文』二八五一参照。以下『平』二八五一のように表記する。）、寺社統制を推進しようとしていることは間違いない。しかし保元令を諸国に伝える太政官符（『平』二八七六。なお同官符は日付を保元二年三月一七日とするが、この日付は保元元年閏九月二三日の誤りと考えられる。佐々木文昭「平安時代末・鎌倉時代初期の公家新制」（『中世公家新制の研究』吉川弘文館、二〇〇八年）、坂田前掲論文「『源雅国書状』の検討」など参照）では保元令の第一条から五条までの実施が国司に命じられているのであり、新立荘の抑止や加納の整理などにも力点はあったものと思われる。

坂田論文は「大治元年以後」の荘園停廃を伝え、鳥羽院政期の荘園整理令の存在を示すものとして論争を起こしてきた年欠「源雅国書状」（『平』四七五五・四七五六）を分析し、同書状が保元令に関する資料であることを明らかにし、その上で荘園整理令の伝達のされ方などを分析したもの。

西谷論文は平安時代の荘園とはどのようなものだったのか、荘園整理令なども分析しながら通時代的に考察したもの。初期荘園から一一世紀までの荘園は私的大土地所有を本質としたが一一世紀後半の荘園整理令によって免除特権をもつ公認されたものが荘園とみなされるようになり、荘園の定義が変わったとする。そして荘園は公領とともに国家的な性格をもつものとなり、荘園公領制が成立したとする。荘園整理令の個別研究ではないが、荘園概念の変遷を追うなかで延久令や保元令の特質にも言及している。

鎌倉論文は中世荘園成立過程において荘園整理令がどのような意味をもったのかを、近年の立荘論などを受けて再検討したもの。延久令には公験所載の本免田数を保証する一方、免田拡大を抑制したこと、加納には公験所載本免田数を補填するために合法的に認められるものもあることなどを明らかにしている。

磯貝論文は一一〇〇年頃を頂点に冷涼化へ進む気候変動論を踏まえ、保元年間には深刻な飢饉状況があったこと、そのような背景のなかで国司による収奪強化やそれへの反発としての荘園拡大などの状況があったこと、そうした状況のなかで保元令は寺社領について必要経費にふさわしい額に荘園を整理し、国司による徴税強化を図るもの、そして保元の乱後の政治状況のなかで後白河天皇・信西が美福門院や周辺の人々に配慮しつつ発令した政治的色彩の強い政策であることなどを明らかにしている。

（3）「荘園制の歴史的位置」（『日本封建制成立過程の研究』岩波書店、一九六一年）。なお「鹿子木荘事書」は鎌倉末期の訴訟関係文書であり、そこに描かれている寄進地系荘園像は平安期の実態を示すものではない（石井進「「鹿子木荘事書」の成立をめぐって」『中世史を考える』校倉書房、一九九一年）。このような「鹿子木荘事書」の問題も含め、寄進地系荘園の研究史・研究動向については鎌倉佐保「『寄進地系荘園』を捉えなおす」（『歴史評論』七一〇、二〇〇九年）、同「寄進地系荘園を捉え直す―鹿子木荘の問題点―」（『じっきょう地歴・公民科資料』七二、二〇一一年）、野口華世「『鹿子木荘事書』の虚構」（村岡薫・戸川点・樋口州男・野口華世・武井弘一・藤木正史編著『再検証　史料が語る新事実　書き換えられる日本史』小径社、二〇一一年）、同「『寄進地系荘園』論」（歴史科学協議会編『歴史の「常識」を読む』東京大学出版会、二〇一五年）を参照されたい。

（4）網野善彦「荘園公領制の形成」（『日本中世土地制度史の研究』塙書房、一九九一年）。

（5）注（1）と同じ。

（6）国家的給付の代替として国免荘を位置づけ、荘園を国家財政史のなかに位置づけたのは坂本賞三『荘園制成立と王朝国家』（塙書房、一九八五年）である。なお、一般的には一一世紀末に封戸の収納状況が悪化し、荘園へ移行したと考えられているが、守田逸人「院政期の封戸制度と東大寺」（『日本中世社会成立史論』校倉書房、二〇一〇年）によれば一一世紀後半以降、封戸の収納悪化は慢性化しているが、官使による催徴など封戸制維持の政策は取られており、直ちに荘園化したわけではない。守田氏によればその後、成功制などが展開してさらに国衙財政の負担が増加したこともあり、一二世紀後半以降便補化が進められていくようである。国家的給付がいつ、どのような形で荘園化していくのかについてはこのような、より具体的な議論を積み重ねていく必要があるだろう。

（7）立荘論をはじめ近年の荘園制研究の動向については鎌倉、野口前掲注（3）論文および佐藤泰弘「荘園制の二冊をめぐって」（『史林』九〇―三、二〇〇七年）、小野貴士「中世成立期荘園制・在地構造研究史試論」（『再興中世前期勉強会会報　段かづら』六、二〇〇八年）などを参照。

（8）例えば川端氏は荘園整理令の発令は内裏焼亡を契機とするという市田弘昭「平安後期の荘園整理令」（『史学研究』一五三、一九八一年）によりながら荘園整理令を発令するかどうかという問題は内裏再建の費用調達という財政問題に解消され、当該期の荘園政策の意図の有無とは別問題であるとした。そのため荘園整理令を基軸とした荘園制に対する分析視角には限界があるとされている。しかし、筆者は荘園整理令の発令契機については前章までで述べてきたように見解を異にするため、荘園整理令研究に一定の有効性はあると考えている。但し、「一方では荘園整理令を発令しながら、他方では最大の荘園領主への道を進む（中略）矛盾したあり方を、実態として認識」すべしという氏の指摘は重要であると考える。川端前掲注（1）一五～一六頁。

（9）鎌倉前掲注（2）論文。

（10）例えば川端氏の場合、上述したようにまず封戸未進などにより、国家的給付を荘園として認める便補としての立荘が行われるようになるとするが、そのような封戸未進対策としての荘園がそのまま中世荘園になるのではなく、中央主導による立荘という方向づけがこの時になされ、その後立荘が推進されていくと考えられている。

（11）竹内理三「院庁政権と荘園」（『竹内理三著作集　第六巻　院政と平氏政権』角川書店、一九九九年）、網野善彦「若狭国」（『網野善彦著作集　第四巻　荘園・公領の地域展開』岩波書店、二〇〇九年）、石井進「院政時代」（『石井進著作集　第三巻　院政と平氏政権』岩波書店、二〇〇四年）。

（12）五味文彦「前期院政と荘園整理の時代」（『院政期社会の研究』山川出版社、一九八四年）。

（13）川端前掲注（1）書。なお、上島享「庄園制と知行国制」（『日本中世社会の形成と王権』名古屋大学出版会、二〇一〇年）は、鎮護国家の寺院建立などを契機としてその恒常的経費を確保するために天皇・摂関・院が領域型荘園を創出する中世荘園の立荘は藤原頼通による平等院領の立荘にはじまるとしてその画期を頼通期までさかのぼらせている。氏の指摘の通り平等院領立荘に始期としての画期は認めてよさそうだが、平等院領をめぐってはその後、頼通と後三条天皇が対立している。つまりこうした立荘のあり方が体制化、あるいは一般化するのは通説のようにもう少し後のこととなるのではなかろうか。なお、何をもって体制化、一般化と考えるかを含め、この点については後考に俟ちたい。

（14）市田弘昭「平安後期の荘園整理令」（『史学研究』一五三、一九八一年）、槇道雄「鳥羽院政期における荘園整理」（『院政時代史論集』続群書類従完成会、一九九三年）。鳥羽院政期には諸国への個別的な荘園整理は出されても全国を対象とする荘園整理令は出されなくなったとする見解に五味文彦「荘園・公領と記録所」（『院政期社会の研究』山川出版社、一九八四年）がある。一方、鳥羽院政期の荘園整理令について肯定的なものに詫間前掲注（2）論文などがある。

（15）『平』四七五五。

（16）詫間直樹「地方統治の変貌」（橋本義彦編『古文書の語る日本史　二　平安』筑摩書房、一九九一年）、坂田前掲注（2）論文。

（17）『平』三二六〇。

（18）槇前掲注（14）論文、詫間前掲注（2）・（16）論文。

（19）高橋一樹「知行国支配と中世荘園の成立」（同前掲注（1）書）。

（20）『兵範記』久寿元年八月九日条に「絵仏師」とみえる。

(21)『平』二四七五。

(22)『本朝世紀』康治元年(一一四二)七月一一日。

(23)但し、保元令は「久寿二年七月廿四日以後」の宣旨を帯びざる立荘を禁止したものである。本書第九章で論じたように国司により久寿二年以前の荘園が整理されることはあり得るが、保元令は直接的に鳥羽院政期立荘の荘園整理を命ずるものではない。この点から、本史料の「故鳥羽院之御時新立庄園寺社等皆拘二新制一畢」という記事が保元令を指すと考えることにもなおためらいがある。ここではひとまず本文のように考えるが、なお検討を続けたい。

(24)この条文を「諸国の宰吏、往古の神社仏寺領、新立の権門勢家の庄を停める、甚だ以て非常也」というように読むことも読み方としては可能であろう。しかしその場合は国司が往古の仏寺領と新立荘園を整理したことが問題だと指摘していることになり、いささか不自然に思われる。また宗忠は神社仏寺が荒廃し、神事などがきちんと行われないことを問題視しているのである。その原因として国司が神事執行などのために配慮すべき神社仏寺領が整理され、権門の荘が新立されていると指摘しているのであろう。したがってこの条文は本文のように読むものと考える。

(25)権門、寺社に対する国家的補償を維持しつつ権門家産経済と国家財政のバランスをどうとるかはこの時期の重要な課題であった。大納言であり民部卿であった源経信は内大臣藤原師通宅を訪れ「庄薗のこと隙なく立てられる。不便なり」と述べているが、このような認識は当時の貴族層の共通した感覚であった(『後二条師通記』寛治五年(一〇九一)一〇月一五日条)。

また、『中右記』元永二年(一一一九)五月二日条によれば伊賀国司が春日社領の新立荘園の停廃を求め、宣旨が下された。この時に、この宣旨を奉じたのは『中右記』の記主藤原宗忠であったが、宗忠はこの宣旨の内容を知ると「内々申殿下」している。するとこの話を聞いた殿下藤原忠実は春日若宮常燈料を負担する壬生野荘の除外を求めている。荘園整理を認めつつも必要経費をどう維持していくか、殿下忠実はもとより宗忠にしてもそのような意識をもっていたのである。なお、この時忠実は、前任国司藤原孝清が同荘を新立荘として停止した際に孝清宅に病者があり、祟りが出来したことがあるとして壬生野荘の除外を求めている。この旨は頭弁に伝えられ、結局壬生野荘を除く自余の所々を停止すべきという宣旨が下された。新立荘立荘に際して国家的祭祀維持のためという理由がしばしば強調されるが、このような神仏、祟りなどの観念的問題は現在我々が考える以上に現実の問題として配慮されていたのである。しかし、寛治四年(一〇九〇)「神税不足」という「夢想」により賀茂社の供御田として立荘された不輸租田六〇〇余町（『百錬抄』同年七月一三日条）も寿永元年（一一八二）には「上下社司等、寛治被二寄進一庄々、為二国司一被二停廃一、可レ被レ直之由訴申云々」といわれる状況であった。つまり、いつどのような状況でなのかは不明だが、国司によって停廃を受けていたのである。そしてこの年に再興が求められているのである。中世荘園は立荘によって簡単に成立するものではなく、国司による停廃と立荘の必要性とのせめぎあいのなかで院政期を通じて成立していくのである。

第Ⅲ部　都鄙間交通と地方支配

第一一章　在原業平伝説

一　むかし、おとこありけり

むかし、おとこありけり。そのおとこ、身をえうなき物に思なして、京にはあらじ、あづまの方に住むべき国求めにとて行きけり。もとより友とする人ひとりふたりしていきけり。

これは在原業平の東下りを伝える『伊勢物語』第九段の冒頭部である。このあと、業平は三河国八橋にいたり「かきつばた」の五文字を句のはじめに置いた「唐衣きつつなれにしつましあればはるばるきぬる旅をしぞ思」の歌を詠み、ついで駿河国に入る。駿河では宇津の山を経て富士山を眺め、歌を詠む。そして本章のテーマであるすみだ川に至り、都鳥の歌を詠むことになる。このくだりは著名なのでくり返すまでもないだろうが、念のため『伊勢物語』の記述を確認しておこう。

猶行き行きて、武蔵の国と下総の国との中に、いと大きなる河あり、それをすみだ河といふ。その河のほとりにむれゐて思ひやれば、限りなくとをくも来にけるかなとわびあへるに、渡守、「はや舟に乗れ。日も暮れぬ」といふに、乗りて渡らんとするに、みな人物わびしくて、京に思ふ人なきにしもあらず。さるおりしも、白き鳥の嘴《はし》と脚と赤き、鴫《しぎ》の大きさなる、水のうへに遊びつつ魚をくふ。京には見えぬ鳥なれば、みな人見知らず。渡守に

問ひければ、「これなん宮こ鳥」といふを聞きて、
名にし負はばいざ事問はむ宮こ鳥わが思ふ人はありやなしやと
とよめりければ、舟こぞりて泣きにけり。

身を要なきものと思った業平が一人二人の友と東に下る。隅田川に至って、果てしなく遠くまで来てしまったものだと心細く嘆きあい、都鳥に「都という名を持つならばたずねよう、わが思う人は無事だろうか」と詠んだ、という話である。

大変著名な話でもあり、この話にちなんで現在隅田川には言問橋が架かり、名物言問団子も売っている。ところがこれほど著名な話でありながら、実はこの話、事実なのか虚構なのか確定できていないのである。本章の表題に「伝説」とあるのはそのためである。本章ではこの東下り「伝説」を中心に業平と東国の関わりについて考えてみたい。

二　伊勢物語の史料論

東下りが事実だったかどうか、問題はそれだけではない。例えばこの話の主人公は果たして本当に在原業平なのだろうか。つまり『伊勢物語』の本文には「むかし、おとこありけり」とあるだけで、どこにもこの「むかしおとこ」が業平だとは書いていないのである。では一体どうしてこの「むかしおとこ」が業平だということになったのだろうか。

それは、『古今和歌集』との関係なのである。『古今和歌集』はいうまでもなく九〇五年成立といわれる最初の勅撰和歌集であるが、伊勢物語の「むかしおとこ」の歌が『古今和歌集』には業平の歌として採録されているのである。例えば先の「かきつばた」の歌も『古今和歌集』には「在原業平朝臣」の歌として採録されている。そのために『伊

勢物語』の主人公「むかしおとこ」は業平である、とされているのである。但し、若干注意しなければならないのは『伊勢物語』に出てくる歌が全て業平の歌とは限らない点である。例えば『伊勢物語』一一段である。先の九段の東下りに続いて、同じく東国を舞台とした次のような物語である。

昔、おとこ、あづまへ行きけるに、友だちどもに、道よりいひをこせける。

忘るなよほどは雲ゐになりぬとも空ゆく月のめぐり逢ふまで

ここでおとこが詠んだ歌は『拾遺和歌集』（巻八雑上）には次のように採録されている。

橘の忠幹《ただもと》が人のむすめにしのびて物言ひ侍ける頃、遠き所にまかり侍とて、この女のもとに言ひ遣はしける

忘るなよほどは雲井に成ぬとも空行月の廻あふまで

『八代集抄』には「此歌、伊勢物語なるを、忠幹今思ひ合はせて用ゐたる也。業平より遙か後の人なれば也」と忠幹が『伊勢物語』の歌を借用したという解釈が示されているが、いささか不自然であろう。もしこの歌が本当に業平のものであれば『拾遺和歌集』編纂時に業平の歌として採録するのではないだろうか。したがって、『伊勢物語』に一連の東下りとして描かれている歌であっても業平のものではない場合もある、ということになろう。

『伊勢物語』の難しさは他にもある。例えば現在私たちが一般的に目にする『伊勢物語』第九段では業平は三河国八橋、駿河国宇津の山をすぎ隅田川に至っている。ところが『古今和歌集』では三河国八橋の「かきつばた」の歌の後、ただちに隅田川の話になっており、駿河国の記事が落ちているのである。

このため『古今和歌集』編纂時点に成立していた『伊勢物語』では東下りは三河国八橋と隅田川のみのシンプルな記事で、『古今和歌集』成立後、駿河国関係の記事が増補されたのではないかと考える説もある。つまり現在の形の『伊勢物語』はある時点で一挙に完成したのではなく、何段階かの変遷があったのではないか、というのである。

このように『伊勢物語』がいつ、どのようにして成立したかという点についても議論があり、『伊勢物語』の史料性

をめぐっては様々に難しい問題があるのである。

三　東下りをめぐって

冒頭に述べたように業平の東下りが事実かどうかについては中世以来見解が分かれている。その研究史については角田文衛氏の研究（『王朝の映像』東京堂出版、一九九三年）に詳しいので略すが、現在国文学の研究で有力なのは東下りを貴種流離譚とみなす見解である。

貴種流離譚とは貴い出自の主人公が挫折・試練の旅に出て、その苦難を乗り越えて再生するというパターンの物語である。「初冠」にはじまり「つひにゆく」で終わる『伊勢物語』はさながら業平の一代記であり、東下りは業平がその一生の間に経なければならなかった試練であるというのである。東下りの読み方としては魅力的なものであろう。しかし一方で、東下りを貴種流離譚と読むには贖罪の意識が希薄であり、流離後の栄華・勝利といったものもみられないとして疑問視する見解もある（原国人『伊勢物語の原風景』有精堂、一九八五年）。

さて、こうした見解に対して東下りを事実であると認定したのが角田文衛氏である。角田氏は、『古今和歌集』は最初の勅撰集であり、撰者たちの態度も厳正であった。また『古今和歌集』編纂時には業平と関係が深かった人々は多数生存していた。このような状況のなかで『古今和歌集』の撰者たちが東下りの歌を採用したのはそれが事実であったからである、空想の産物である歌を、まことらしい詞書をつけて麗々しく掲げることなどは絶対にできなかった、と主張する。さらに彼が東下りに出たのは母親伊都内親王が貞観三年（八六一）九月に死去した後の服喪期間中、貞観四年の夏のことであろうと推測する。議論としては大変明確ですっきりしたものである。しかし氏の指摘とは逆に『古今和歌集』に採用されているからといって全て事実とみることはできないという指摘もある。結局のところ、現時点では東下りは事実とも虚構とも決め手がない、ということになる。

したがってしばらくこの問題は措くこととするが、もし事実であるとすれば、なぜ業平は東国に向かったのか、伝承であるとすればなぜこのような話が業平に仮託されたのかという問題を立てることはできよう。次に業平の実像や当時の東国の情勢を探りながらこの問題について考えていこう。

四　在原業平の実像

業平の実像を探る基本史料としてまずみなければならないのは『三代実録』元慶四年（八八〇）五月二八日条の業平の卒伝である。

二八日辛巳、従四位上行右近衛権中将兼美濃権守在原朝臣業平卒す。業平は故四品阿保親王第五子、正三位行中納言行平の弟なり。阿保親王、桓武天皇女伊登内親王を娶り業平を生む。天長三年（八二六）親王上表して曰く、無品高岳親王の男女、先に王号を停めて朝臣姓を賜う。臣の子息未だ改姓に預からず、既に昆弟の子と為す。なんぞ歯列の差を異にせん。ここにおいて仲平・行平・守平等に詔し在原朝臣を賜姓す。業平は体貌閑麗、放縦拘わらず。ほぼ才学なし。よく倭歌を作る。貞観四年（八六二）三月従五位上を授く。五年二月左兵衛佐を拝す。数年にして左近衛権少将に遷る。尋ねて右馬頭に遷り、累加して従四位下に至る。元慶元年遷りて右近衛権中将と為り、明年相模権守を兼ねる。後に遷りて美濃権守を兼ねたり。卒年五十六。

ここにみられるように業平の父は桓武天皇の孫、平城天皇の子阿保親王、母は桓武天皇の女伊都内親王である。叔父にあたる高岳親王は薬子の変により廃太子とされ、父阿保親王も一時大宰府に左遷されている。業平は父阿保親王が許されて大宰府から帰京した後、天長二年（八二五）に生まれている。翌年には在原姓を賜わり臣籍となるが、官歴の方は順調に昇進している。一部に業平を悲劇的な生涯を送った人物と捉える風潮もあるが、それは目崎徳衛氏が指摘するように誤ったイメージなのである（『平安文化史論』桜楓社、一九六八年）。

五　業平と東国

さて、この官歴で業平と東国のつながりがうかがえるのは晩年に任じられた相模権守と美濃権守であろう。両者とも左近衛権中将との兼官であり、現地に赴任したとは考えにくく、美濃は隅田川のある武蔵・下総とは隔たっていること、相模権守も一年足らずで遷任していることなどからあまり安易に東下りに引きつけるべきではないかもしれないが、十分注目しておく必要があろう。

業平と東国との関わりを考える上でさらに興味深いのは父阿保親王と東国との関係である。すでに保立道久氏によって指摘されていることだが、承和の変に際して業平の父阿保親王は伴健岑らから東国に下ることを要請されているのである（「古代末期の東国と留住貴族」〔『中世東国史の研究』東京大学出版会、一九八八年〕）。

『続日本後紀』承和九年（八四二）七月一七日条をみよう。

> この日、春宮坊帯刀伴健岑、但馬権守従五位下橘朝臣逸勢等謀反す。こと発覚し、六衛府をして宮門ならびに内裏を固守せしむ。右近衛少将従五位上藤原朝臣富士麻呂、右馬助従五位下佐伯宿祢宮成を遣わし、勇敢の近衛等を率いておのおの健岑・逸勢の私廬を囲ましめ、その身を捕獲す。（中略）これに先立ちて弾正尹三品阿保親王、書を緘じて嵯峨太皇太后（橘嘉智子）に上呈す。太后、中納言正三位藤原朝臣良房を御前に喚び、密かに緘書を賜い、もって伝奏す。その詞に曰く、今月十日伴健岑来たりて語らいて曰く、嵯峨太上皇、今まさに登遐すべし。国家の乱待つべきにあるなり。請うらくは皇子を奉りて東国に入らんと。書中詞多く、具に載せるべからず。

承和の変とは嵯峨上皇の死に際して藤原良房が皇太子恒貞親王を廃し、妹順子の生んだ道康親王（後の文徳天皇）を立太子させた事件である。また恒貞親王と近い伴健岑・橘逸勢らが追い落とされた事件でもある。

この『続日本後紀』の記事によれば事件勃発直前の七月一〇日、業平の父阿保親王は伴健岑にともに東国へ行くことを誘われたというのだ。「請うらくは皇子を奉りて東国に入らん」の意が「恒貞親王を奉じて東国へ行くから阿保親王も同道してくれ」という意味なのか、あるいは「阿保親王自身を奉じて東国へ入る」という意味なのか文意は不明だが、このように要請される以上、阿保親王は東国に何らかの影響力を持っていたと考えられよう。それは阿保親王がかつて上野の大守をつとめ、この承和九年当時上総の大守であったことと関係するかもしれない。上野も上総も親王任国であり、阿保親王は在京していたわけだが、現地に対して一定の影響力はもっていたのだろう。

結果的には阿保親王はこの誘いに乗らず、むしろ太皇太后橘嘉智子にこのことを密告することになる。この密告の結果、伴健岑・橘逸勢らは捕まり、恒貞親王は廃太子とされた。その結果にショックを受けたのか、阿保親王は約三ヶ月後に死去している。

さて、このように業平にせよ、その父阿保親王にせよ東国の国司となるなど東国と関係があったことは注目していいだろう。

六　東国における王臣諸家

続いて当時の東国情勢についてみていこう。次に紹介する史料は東国における王臣諸家領荘園として著名な上総国藻原荘に関するものである。

施入帳
藻原庄壱処
（中略）
田代庄（中略）
右の庄田等、図券公験等の書を副えて奉入すること件のごとし。なかんずく藻原庄は曾祖父故従四位上黒麻呂朝臣の牧なり。墾闢して治田と為すなり。田代庄は曾祖父より始めて祖父故従五位下春継朝臣に至るまでその間往々に買得し以て私業と為すなり。先考故従四位上良尚朝臣相承して管領するなり。菅根等、先人（良尚）に生平過庭の訓を被りて云わく、件の両箇庄、先君（春継）命ありて興福寺に施入すべしという。昔先君はこの藻原庄に寝居す。即ち遺命に云わく、病膏肓に深し、命旦暮に迫る、もし不諱あらばこの庄中に葬らん。汝の生時は我慮ること無し。もしその後子孫、その人にあらざれば転じて他人の地となり、恐らくは牛羊をして我が墳墓を践ましめん。須く汝の世に即ち興福寺に施入すべし、てへり。仍ち遺命に随い、件の庄中に葬る。今我が命さいわいに頽る叶い、飢寒を免れるを得ん。須く先君の本意に随い彼の寺に施入すべし。これこの念を作りて不意に遷化す。今、菅根等敬んで祖考の命に随い件等の庄田を施入す。（中略）
寛平二年（八九〇）歳次庚戌八月五日　蔭子　藤原朝臣敏樹
藤原朝臣基風
藤原朝臣房貞
藤原朝臣顕相
藤原朝臣真興
因幡掾藤原朝臣菅根

別当大納言卿の宣を奉るに偁く、宜しく彼の寺に下知し早く領納せしむべしてへり。
同月廿日別当左少弁藤原朝臣佐世奉
（『朝野群載』巻十七所収、（　）内は引用者註）

この文書は寛平二年に藤原菅根以下が先祖伝来の藻原庄・田代庄を興福寺に施入したことを示すものであるが、その経緯を示す内容から寛平以前に藤原氏が東国に留住し、荘園を領有している姿がうかがえるのである。ちなみにここにいう先考良尚朝臣とは斉衡二年（八五五）に業平と入れ替わりで右近衛少将になった人物で業平と同時代の人間である。藻原庄を開墾し、田代荘の買得をはじめた黒麻呂は弘仁元年（八一〇）に卒しているがこの時業平の父阿保親王は一九歳である。したがって若干のずれはあるがほぼ同時代の人間と考えてよかろう。このような、業平や阿保親王と同時期にいた藤原氏の東国での動きを知ることは業平・阿保親王と東国との関わりを考える上で十分参考になるものであろう。

ところで、黒麻呂は宝亀八年（七七七）に上総守となっていることが知られ（上総は天長三年〔八二六〕常陸・上野とともに親王が国守＝太守をつとめる親王任国となるがこの時点では親王任国ではない）、藻原庄や田代庄の入手は上総守在任中のことであったと考えられている（戸田芳実『初期中世社会史の研究』東京大学出版会、一九九一年）。そしてこの史料にあるように先考良尚は都にありながらこの地を管理してきたのである。

このような姿はこの藻原庄のケースのみならず当時王臣諸家の人間にとってはままみられるものであった。阿保親王―業平と東国との関係は、この黒

藤原黒麻呂（777年上総守、牧を開墾して藻原庄とする）
｜
春継（藻原庄に起居、藻原庄に葬られる、良尚に藻原庄を興福寺に施入することを遺命）
｜
良尚（藻原庄を相承管領、管根らに春継の遺命を伝え興福寺に施入することを命ず）
｜
菅根ら（興福寺に施入）

図1　藻原荘関係図

麻呂―春継―良尚と続く藤原氏と東国との関係と恐らく相当似通ったものだったろう。阿保親王は黒麻呂同様上野や上総の太守となっているが、その在任中に東国に荘園を持ったのではないか。『伊勢物語』一〇段では昔男が武蔵国の女のもとに通っているが、都出身の国司級官人が婚姻を通して在地に勢力を扶植するのは一般的なあり方であった。阿保親王や業平がこのようにして東国に所領を持ち、都にありながらその管理にあたった可能性は十分にある。

もちろんこのような想定は可能性の指摘以上のものではなく、実証されたものではない。したがって業平の東下りが真実かどうかも依然不明のままである。しかし当時の王臣諸家の都鄙にまたがる活動が業平の東下り伝説に反映されていることは間違いないだろう。つまり東下りが事実だとすれば業平は父または自身が入手した東国の所領管理のため下向したと考えられるのである。伝説だとしてもその背景に王臣諸家の所領経営も含めた都鄙間における活動を読みとるべきだ、ということになろう。

七　すみだ川のほとり

さて、もう一つ次の史料をご覧頂きたい。

太政官符
まさに浮橋・布施屋を造りならびに渡し船を置くべきこと
一浮橋二処
（中略）
一加増の渡し船十六艘尾張　美濃両国堺墨俣河四艘元は二艘、今二艘を加う、尾張国草津渡三艘元は一艘、今二艘を加う、参河国飽海・矢作両河各四艘元は各二艘、今各二艘を加う、遠江・駿河両国堺大井河四艘元は二艘、今二艘を加う、駿河国阿倍河三艘元は一艘、今二艘を加う、下総国太日河四艘元は二艘、今二艘を加う、武蔵国石瀬河三艘元は一艘、今二艘を加う、武蔵・下総両国等堺住田河四艘元は二艘、今二艘を加う、右の河等崖岸広遠にして橋を造ることと得じ。仍ち件の船を増す。

一布施屋二処

（中略）

以前、従二位行大納言兼皇太子傅藤原朝臣三守宣をこうむりて云わく、勅を奉わるに、聞くならく、件等の河は東海・東山両道の要路なり。あるいは渡し船数少なくして、あるいは橋梁備わらず。これにより貢調の担夫等河辺に来集し、日を累ね、旬を経るも渡り達るを得ず。かれこれ相争い常に闘乱を事とす。身命は破害し官物は流失す。宜しく諸国に下知し、預大安寺僧伝燈住位僧忠一に件により修造せしめ、講読師・国司相共に検校せよ。但し渡し船は正税を以て買い備えよ。浮橋ならびに布施屋の料は救急稲を以て充てよ。一作の後は、講読師・国司、同色の稲を以て相続いで修理し損失せしむるを得じ。

承和二年（八三五）六月二九日

（『類聚三代格』巻一六）

この史料は東海・東山両道の渡河点に浮僑や渡し船、布施屋などを整備することを命じたものである。ここで隅田川（史料では住田河）は崖岸広遠のため橋を造ることができず、渡し船二艘の加増を命じられている。その理由はこれらの地点では渡し船や橋が整備されていないため都へ税を運ぶ貢調の担夫が河辺で滞り、あげくには闘乱になり、命や官物を失ってしまっているからだという。

何ともすさまじい話だが、ここにいう闘乱とは船待ちの間に退屈から起きるケンカというようなものではない。一刻も早く船を押さえるための争いとみるべきであろう。保立道久氏がいうように王臣諸家が初期荘園の収取物を運ぶため交通手段を押さえてしまうことはこの頃政治問題化しており、この史料はこうした事態を反映したものなのである（保立前掲論文）。

さて、『伊勢物語』は隅田川の渡しを「限りなくとをくも来にけるかなとわびあへる」場として描いているが、実際の渡し場はそのようなものではなかったのである。これまでみてきたように活発な物資流通があり、人的交流があり、喧噪にあふれる場だったのではなかろうか。その実態は『伊勢物語』が描くものとは大きく異なるのである。いや、むしろそのような渡し場を舞台としてこのような情緒豊かな場面を描いたことに『伊勢物語』の文学的達成をみるべきなのかもしれない。

第一二章　前九年合戦と安倍氏

前九年合戦・後三年合戦とはいうまでもなく一一世紀半ばすぎに陸奥国・出羽国を舞台に起こった二つの戦乱のことである。この戦乱を通じて清和源氏は東国武士団との間に主従関係を固めていったといわれ、奥州藤原氏が台頭していくきっかけともなる戦いである。しかしながら近年、北方に関する考古学的知見が増加したことや基本史料の緻密な分析によってそのイメージは大きく変わろうとしている。

例えば従来、前九年合戦の中心となる安倍氏については蝦夷社会のなかから生まれてきた俘囚族長政権とされていた。そしてそこから前九年合戦は蝦夷俘囚政権による中央政府に対する反乱というような位置づけが導き出されてきていた。しかし、安倍氏については近年、蝦夷の反乱および北方との交易の活発化に対応するため王朝国家の要請により蝦夷を統括するよう位置づけられた存在とみなす見解が有力視されている。このような立場に立った場合、前九年合戦の性格について上述のような形で理解することはできなくなるだろう。では、この安倍氏を王朝国家の要請に応えて蝦夷を統括するものとみると、この前九年合戦の性格はどのように捉えられることになるのだろうか。

本章はこのような研究状況を踏まえながら、安倍氏や前九年合戦の位置づけについて考えていこうとするものである。

一　安倍氏の出自をめぐって

上述のように安倍氏の性格については現在、異なる見解が提出されている。一つは安倍氏を蝦夷社会のなかから生まれてきた在地族長政権とするものである(1)。他は蝦夷の反乱および北方との交易の活発化に対応するため、王朝国家の要請により蝦夷を統括した存在とみなす見解である(2)。前者が安倍氏を蝦夷側の利害を代表するものとみるのに対して後者は安倍氏を中央政府の意向を受けて行動する、中央政府の統治体制側の存在とみなすのである。前者は安倍氏の出自も俘囚の一族と考えているが、後者の場合、安倍氏の出身についての考え方は一様ではなく、また各研究者がそれぞれ明言されているわけでもない(3)。むしろその問題は保留して東北地方において安倍氏の果たした役割を探る点に重きを置いているのである。

また、最近第三の見解も提出されている。高橋崇氏(4)は安倍氏の俘囚政権論を否定するが、一方で安倍氏に公的な地位はないとする。いわば上述の両説を否定する第三の立場である。だが、それでは安倍氏がどのような存在だったのかというと、その点については明言はされていない。

このように安倍氏の出自、性格については現在議論が分かれているのである。しかし筆者自身は第二の立場、安倍氏は王朝国家の要請を受けて蝦夷の反乱や北方との交易に対応する存在であったと考えている。

すでに多くの論者によって指摘されていることだが、次の今昔物語巻三一「陸奥国安倍頼時行二胡国一空返語」をご覧頂きたい。

今昔、a陸奥ノ国ニ安倍ノ頼時ト云フ兵有ケリ。b其ノ国ノ奥ニ夷ト云フ者有テ、公ニ随ヒ不レ奉ラズシテ、「戦ヒ可レ奉シ」ト云テ、陸奥ノ守源ノ頼義ノ朝臣責ムトシケル程ニ、頼時其ノ夷ト同心ノ聞エ有テ、頼義ノ朝臣、頼時ヲ責ムトシケレバ、頼時ガ云ク、「古ヨリ于レ今至マデ、公ノ責ヲ蒙ル者其ノ員有ト云ヘドモ、未ダ公ニ勝奉ル者一人無シ。然レバ、我レ、更ニ錯ツ事無シト思ヘドモ、此ク責ヲノミ蒙レバ、敢テ可レ遁キ方無シ。而ルニ、此ノ奥ノ方ヨリ、海ノ北ニ幽ニ被二見渡一ル地有ナリ。其ニ渡テ、所ノ有様ヲ見テ、有ヌベキ所ナラバ、此ニ徒ニ命ヲ亡サムヨリハ、我レヲ難レ去ク思ハム人ノ限ヲ相具シテ、彼ニ渡リ住ナム」と云テ、先ヅ大キナル船一ツヲ調ヘテ、其レニ乗テ行ケル人ハ、頼時ヲ始テ、子ノ厨河ノ二郎貞任、鳥ノ海ノ三郎宗任、其ノ外ノ子共、亦、親シク仕ケル郎等二十人許也。其ノ従者共、亦食物ナド為ル者、取合セテ五十人許、一ツ船ニ乗テ、暫ク可レ食キ白米・酒・菓子・魚・鳥ナド、皆多ク入レ拈テ、船ヲ出シテ渡ケレバ、其ノ被二見渡一ル地ニ行着ニケル。

（中略）

然レバ、胡国ト云フ所ハ、唐ヨリモ遙ノ北ト聞ツルニ、「陸奥ノ国ノ奥ニ有、夷ノ地ニ差合タルニヤ有ラム」ト、c彼ノ頼時ガ子ノ宗任法師トテ、筑紫ニ有ル者ノ語ケルヲ聞継テ、此ク語リ伝ヘタルトヤ。

この話は前九年合戦後、安倍宗任が語ったと伝えられ（傍線部c）、安倍氏の立場から前九年合戦の原因を語ったものともいわれるものである。安倍氏ではない陸奥国の奥地の夷と源頼義の争いが前九年合戦の発端であるとする（傍線部b）など大変興味深い内容をもつものである。

この話では安倍氏は夷と源頼義の戦いに巻き込まれることを恐れ、さらに奥地に逃げ込もうとしている。そして省略した後段では胡地にたどり着いたものの胡人の河を渡る様をみて、自分たちの住めるところではないと諦め、戻ってくるという話が描かれているのである。[5] この話の真偽はさておくとしても、ここで安倍氏が夷とは異なる、「兵」として描かれており（傍線部a）、俘囚族長としては捉えにくいことは注目されよう。少なくとも『今昔物語集』の読者達には安倍氏は蝦夷や俘囚とは捉えられていなかったといえよう。

この点に関連しては次の史料もみておきたい。これは前九年合戦終了後、帰降した安倍宗任らの処置を伝える康平七年（一〇六四）の官符である。(6)

正任被レ落二衣川関一、逃二小松楯一之刻、相二具伯父僧良昭一、逃走二出羽国一、守源朝臣斉頼聞二此由一、囲二在所一之間、逃入二狄地一、去年五月称レ奉二命於公家一、所二出来一也、

この史料によれば安倍正任および僧良昭（俗名則任）は衣川関が落ちると出羽に逃げ、さらに狄地へ逃げ込み、その後帰降してきたというのである。ここに先の『今昔物語集』の話ときわめて似た状況が伝えられていることがわかるだろう。先の『今昔物語集』の話は宗任が語ったとされるが、康平七年官符によれば宗任は正任らとともに処置が決定されており、宗任が正任らから狄地の話を聞いた可能性はあろう。『今昔物語集』の話はこの正任の話がベースになった可能性もあるだろう。

『今昔物語集』の話が真実であるか、正任らの話が反映されたと見なすべきなのか判断は迷うが、ともかくも安倍氏が陸奥国の奥の夷とも、胡国とも狄地とも一線を画する存在であり、その一方で奥の夷・胡国・狄地と交流をもちうる存在であることはこれらの史料から読みとれるのではないだろうか。

なお、安倍氏の性格を考える際には防御性集落との関係も考えなければならないだろう。防御性集落とは東北地方北部を中心に一〇世紀後半から一一世紀にかけて営まれた集落で、集落全体が濠などの防御施設で区画されたものである。

斉藤利男氏はこれらの防御性集落の存在から北の世界が当時「戦争と緊張の時代」にあること、その緊張と対立の前面で「夷（エゾ）」支配にあたっていたのが安倍氏であったことなどを指摘されている。(7)もしもこの見解が正しいとすれば安倍氏を蝦夷と切り離して考える見方は優勢になろうと思われる。しかし、同じ防御性集落を扱いながらも斉藤説とは異なる評価をする樋口知志氏の見解も提出されており、現時点では両説の妥当性はにわかには決めがたいよ

うに思われる。ここでは防御性集落の存在から安倍氏が登場してきた時代背景にこのような「戦争と緊張の時代」があったということを確認するにとどめておきたいと思う。

このように極端な史料不足から安倍氏の性格を考えるのは難しいのであるが、次に陸奥話記自身の分析を行ってみよう。

陸奥話記の冒頭部から安倍氏の性格に迫るという作業はすでに高橋崇『蝦夷の末裔』、伊藤博幸「『六箇郡之司』権に関する基礎的考察」らが行っている。その際に指摘されていることだが、安倍氏の出自に触れたその冒頭部分は尊経閣文庫本と群書類従本では著しく異なる。また、高橋氏によれば尊経閣本の方が群書類従本よりも古いものとされている。今、この両者を比較してみよう。(8)

A　尊経閣文庫本

六箇郡内、有二安倍頼良一者、是同忠良子也、父祖倶果敢、而自称二酋長一、威権甚、使二村落皆服一、横二行六郡一、囚二俘于庶士一、驕暴滋蔓、漸出二衣川外一、不レ輸二賦貢一、無レ勤二徭役一、代々恣レ己雖レ蔑、上不レ能レ制レ之、

B　群書類従本

六箇郡之司有二安倍頼良者一、是同忠良子也、父祖忠頼東夷酋長、威風大振、村落皆服、横二行六郡一劫二略人民一、子孫尤滋蔓、漸出二衣川外一、不レ輸二賦貢一無レ勤二徭役一代々驕奢、誰人敢不レ能レ制レ之、

ここで両者の異同について整理してみよう。

①　群書類従本は安倍氏を「東夷酋長」と呼んでいる。このことから従来、安倍氏は「東夷酋長」＝在地族長とされてきたのである。しかし群書類従本より古いとされる尊経閣文庫本には「東夷酋長」なる語はみえず、また「東夷酋長」といわれる忠頼なる人物についてもその名がみえないのである。

②　忠頼は群書類従本によれば頼良の祖父にあたるのだが、安倍氏に関する諸系図には忠頼の名はみえず、頼良の

祖父は忠頼とは異なる人物となっている。頼良の祖父は藤崎系図では国東、安藤系図では隣良である。このように陸奥話記の諸本、諸系図とも一致しないということは、この忠頼という人物は実在しないか、かなり実在性の薄い人物といえるだろう。ちなみに高橋はこの忠頼を忠良と頼良から創作された人名であろうと推測されいている(9)。このように忠頼という人物が実在性が低いということになれば群書類従本のいう「忠頼東夷酋長」という記述も果たしてどこまで信憑性があるのか疑問となろう。

③　さらにここでは陸奥話記諸本に共通して出てくる名前として頼良の父忠良に注目しておきたい。頼良の父について藤崎系図は頻良の名をあげている。この「頻良」をどのように読むべきかは不明であるが、一方の安藤系図には頼良の父、陸奥大掾として忠良の名をあげている。藤崎系図とは一致はしないものの陸奥話記諸本、安藤系図とも忠良の名をあげていることから頼良の父はタダヨシという名であったと考えてほぼ間違いないであろう。

④　尊経閣文庫本によれば酋長というのは飽くまでも自称である。しかも同書は続いて「使㆓村落皆服㆒」むと述べている。つまり尊経閣文庫本によれば安倍氏は外部からやってきて「酋長」であると自称しながら蝦夷の村落を服属させていったと読めるであろう。群書類従本よりも古いとされる尊経閣本によれば安倍氏が蝦夷社会のなかから成長したものとは考えにくいということになるのではなかろうか。

さて、このように陸奥話記冒頭部を対比させながら読んでみると、ア、安倍氏は蝦夷・俘囚の成長した姿とは考えにくい、イ、安倍氏は忠良の代に陸奥に登場したのではないか、ウ、さらに忠良以降酋長を自称しながら村落を服属させ急速に成長したのではないか、といった推測ができるように思う。

それではいったいその急成長の要因は何か、安倍氏の出自とはどのようなものだったのか。その点についてこれ以上明らかにできないであろうか。

その点を考える上で注目されるのが『範国記』長元九年（一〇三六）一二月二二日条である(10)。この史料はすでに陸奥国司を網羅した知られたもの(11)であるが、以下に引用しよう。

二二日御仏名終也、(中略)次右府被レ参以レ余令レ奏二直物勘文一、先持二参殿下一、次奏二御前一、返給之後、下二公卿二枚一章子一品宮、御中文、次有二小除目一、下二中文等一、

右京大夫藤保家兼、資通辞退替、依二殿上人一無二中文一、只下二辞書一侍従藤信長、

兵部丞橘定通、少内記紀頼輔、

勘解由判官忠章長官請、宮内録惟宗重則算道挙、

陸奥権守安倍忠好

依二右府召一左頭中将云懐紙密々奉レ之、

被レ奏二除目一之次相二加直物一本下名差二夾算一(後略)

この日の小除目で陸奥権守に安倍忠好が任じられたことがわかるが、この忠好こそタダヨシ＝安倍忠良ではないのだろうか(12)。つまり安倍氏はもともとは中央貴族で長元九年に陸奥権守に任じられたのを機に陸奥に勢力を伸ばした、安倍氏は陸奥権守の地位をてこに村落を服属させ急成長した、と考えられるのではないだろうか。

ちなみに長元九年前後には陸奥国司関係の除目が行われている。『範国記』同年一〇月一四日条には、

一四日戊午、於レ陣被レ行二除目一、

侍従藤経任、左兵衛佐同能長、式部丞俊経、

資良已上蔵人…(中略)…大和守義忠兼、摂津守資通兼、

相模守頼義院分、去春留、陸奥頼宣、近江掾雅忠忠明子…(後略)

とあり、『範国記』同年一二月八日条には、

八日兵部丞章経召二公卿一、丑二刻事了、内府於二弓場殿一以レ余令レ奏二納言之慶賀一、左頭中将被レ任二参議一、依二日次

不レ宜不レ申レ慶被二退出一、人々参二彼宿所一、四条中納言、侍従宰相為二清書上卿一令三左衛門尉章経奏二清書一、左兵衛
督給陸奥掾日下部季頼去万寿三年依レ献二五節一、二合申、雖レ有二尻付一倶無二名字一、仍如二本書一々写者、

とある。さらに前年の長元八年春には少目藤井成高も任命されている(13)。

これら一連の陸奥国司関係の人事の背景に何らかの特殊な事情が想定できるであろうか。一二月八日条などは年官の記事なので、ここから軍事的緊張などを想定するのはいささか無理であろうが、いずれにしても安倍氏が陸奥権守の地位を手がかりに発展したことは想定できよう。

奥州藤原氏の祖となった藤原経清は亘理権大夫、亘理権守と呼ばれ、斉藤利男氏(14)は「造興福寺記」の記事などから経清を陸奥権守と想定している。経清が果たして陸奥権守だったかどうかはやや確証に乏しいが忠良にせよ経清にせよ権守の地位を足場に土着し勢力を伸ばすことは十分に考えられよう。

熊谷公男氏によれば(15)大同以後鎮官別任制がとられ、陸奥守と鎮守府将軍は兼任されなくなり（この原則を破るのが天喜元年〔一〇五三〕の源頼義になる）、鎮守府が「受領官」として独自性を強めるという。鎮守府将軍が徴税請負人として一定の地域の支配を国家から委任され、陸奥国司から相対的に独立して部内支配を行ったのだという。そしてその鎮守府将軍が支配する地域、鎮守府の管郡こそ奥六郡であると推定されている。

しかし、万寿四年（一〇二七）以後は鎮守府将軍の補任状況は不明で、あるいは任命されなかったのではないかとも考えられる。その背景は不明であるが、このような鎮守府将軍不在の時期に安倍忠好が権守として鎮守府在庁を組織し、鎮守府将軍の権能を代行したと考えられるのではないだろうか。そして安倍氏は奥六郡に勢力を伸ばしたと考えられるのではないだろうか。

先に私は陸奥話記の尊経閣文庫本の記述から、「酋長」が自称であること、村落を服属させていることに注目すべきことを指摘したが、安倍忠好は陸奥権守に任命されると「酋長」を自称し、在地族長としての立場を擬制しながら現

地勢力と折りあいをつけ、鎮守府将軍の権能を代行しつつ奥六郡に対する支配を強力に進めていったのではないだろうか。

近年野口実氏は出羽の清原氏に関して、中条家文書所収桓武平氏諸流系図に清原武則は平安忠の子で、武則が平姓を清原に改姓したとあること、清原真衡は海道平氏（岩城氏）出身の成衡を養子にしているが、それは同じ平氏同士だからと推測されることなどから清原氏の出自は桓武平氏ではないかと推測されている[16]。

安倍忠良と陸奥権守安倍忠好を同定するのはいささか乱暴かもしれないが[17]、このような清原氏に関する指摘も踏まえれば強ち無理な想定でもないように思うのだがどうだろうか。

さて、安倍氏の性格を以上のように考えるとすると、では前九年合戦自体の性格はどのようになるだろうか。次に節をあらためてこの問題について考えることにしたい。

二　前九年合戦の性格をめぐって

さて、前九年合戦の性格を考えるにあたってひとまずこの合戦の発端について陸奥話記をたどってみよう[18]。

①六箇郡内の安倍頼良は「酋長」を自称し、奥六郡を支配していた。しかし次第に六郡の南境の衣川からさらに南方に進出し、租税も納めなくなる。そのために永承六年（一〇五一）陸奥守藤原登任との間で合戦となるが、安倍頼良は鬼切部（宮城県玉造郡鳴子町鬼首）の戦いで大勝する。これに対して中央政府は源頼義を陸奥守兼鎮守府将軍に任じ、追討体制をとる（実際の鎮守府将軍就任は天喜元年）。

ところが源頼義が陸奥に着任すると上東門院彰子の御悩による大赦があり、安倍頼良の罪も免除された。安倍頼良は非常に喜び、源頼義と名前の訓みが同訓になるのを避けて安倍頼時と名をあらため、源頼義に帰服した。こうしてしばらく平穏な時期が続く。

これが前九年合戦の第一段階である。この時点でこそ「賦貢を輸さず、徭役を勤むることなかりき」といわれるような国家に対する敵対行為があったが、その後大赦にあってその問題は解決していることに注意しておきたい。

②その後頼義の一任の間、問題は起こらなかった。ところが頼義の任終年である天喜四年（一〇五六）、源頼義は府務を行うため鎮守府に赴いた。その際も安倍頼時は数一〇日間源頼義に仕え、饗応し、駿馬、金宝の類を頼義以下士卒にも給うなどひたすらつくしたという。なお、すでに指摘されていることだが、安倍氏が鎮守府においてこのような饗応を行っているのは安倍氏が鎮守府在庁職のような形で鎮守府において何らかの権限をもっていたことを示していよう。また、陸奥話記の記載からは、源頼義は陸奥守任終年まで鎮守府には赴いたことがないのではないかと思われる。想像をたくましくすれば安倍氏が鎮守府在庁職として実権を握っており、そのため頼義は任終になるまで鎮守府に赴かなかったとも思われる。いずれにしても安倍氏が鎮守府において何らかの権限をもっていたことは確認しておきたいと思う。

このように安倍氏はひたすら恭順の意を示していたのだが、事態はその後急変する。府務が終わり、源頼義一行が国府へ帰る途中、事件が起こるのである。阿久利川に夜営中、ある者がひそかに「一行の中にいる権守藤原説貞の子光貞・元貞らが何者かに襲われた」と頼義に告げたのである。頼義は早速光貞に問いあわせたが、その結果、嫌疑は安倍頼時長男貞任にかけられたのである。貞任は先年、光貞の妹に結婚を申し入れたが、家柄が賤しいとして断られており、そのことへの報復だとされてしまったのである。

頼義は安倍頼時に対して貞任の身柄引き渡しを要求するが、頼時はこれを拒否、源頼義との対決へと発展していく。これによって前九年合戦の実質的な戦いがはじまっていくのである。

さて、以上が陸奥話記の語る前九年合戦の発端であるが、この発端の記述に関しては従来より疑義が提出されている。貞任が何故攻撃をしかけたのか。もしも攻撃を仕掛けるのであれば、それまでの数一〇日間何故安倍氏はひたすら頼義に仕えたのか、という点である。

こうした疑問から前九年合戦は源頼義の謀略によってはじまったとする説[19]や説貞などの在庁官人が主導してはじまったとする説[20]などが提出されたのである。この二説のいずれにしろ、ある者がひそかに告げることによって事件化する不自然さといい、何らかの謀略があったと想定することは許されるであろう。とすれば残る問題は謀略の主体が頼義と在庁勢力とどちらにあったかである。

すでに指摘されていることだが、かりに頼義の謀略であったとするならば、なぜ任終になって事件を起こしたのかという疑問が起ころう。着任早々にでも事件を起こした方がその後の処理も含めて頼義にとって有利であったと考えられるのではないだろうか。したがって私は頼義の任終により状況が変わることを恐れた一部在庁官人などが主導して事件を起こしたとする新野直吉氏、庄司浩氏らの説に魅力を感じる。[21]

その上でさらに憶測を加えるならば事件の発端が権守藤原説貞の子息との間に起こっていることに注目したいと思う。説貞は永承二年の「造興福寺記」に藤原経清とともに「六奥」としてその名がみえる「時貞」と同一人物であろう。[22]説貞がいつの時点で陸奥に下向し、いつの時点の権守だったかは不明だが、忠良以来権守をてこに奥六郡に対する支配力を急速に伸ばした安倍氏と、同じ権守として奥州にやってきた藤原氏との間に対立を想定するのはさほど無理なことではないだろう。このように前九年合戦には都から進出した国司同士の対立、主導権争いが色濃く反映されているのである。

続いて『陸奥話記』をみてみよう。

前九年合戦がはじまった当初、源頼義側には安倍頼時の娘婿である藤原経清や平永衡がいた。永衡は前司藤原登任の郎従として陸奥に下向してきた者だったが、頼時の女を娶って以来登任とは距離を置くようになり、鬼切部の戦いでは頼時側に属していた人物である。ところがその頼時と姻戚関係にある人物が、頼義側についていたというのである。

さらに話は複雑だが、その後永衡は頼義から疑われ、殺されてしまう。そのため藤原経清も自分も疑われるだろうと判断し、頼義側を離れ安倍側に走ることになるのである。

今この間の動きを永衡を中心にまとめてみると国守登任郎従→国守登任を裏切り安倍側へ→再び国守頼義側へ（経清の場合その後再び安倍側へ）、といった動きになる。このように非常に複雑な動きを示しているのである。つまり前九年合戦においては兵や在庁勢力が実に複雑な利害関係によって自らの去就を決めているといえよう。それは恐らく安倍頼時につくか、源頼義につくかといったような単純な問題ではなく、上述したような在庁勢力内、国の兵同士の複雑な対立を背景としているのである(23)。

天喜五年（一〇五七）、源頼義側は奥北の鉇屋・仁土呂志・宇曽利三部（前二者は比定地不明。宇曽利は下北半島方面）の夷人である安倍富忠を味方に引き入れようと工作、気仙郡司の金為時や下毛野興重らを派遣している。これに対し安倍頼時も安倍富忠の説得に向かっている。

この安倍富忠をどのような人物と考えるかは難しい問題であるが(24)、源頼義や安倍頼時から距離を置き独立しつつ、またこの両者とも交流をもちうる人物が存在していたのである。ここからも東北地方において様々な勢力が様々な利害を抱えながら存在していたことがうかがえるのである。

同様のことは清原氏についても指摘できる。前九年合戦が、出羽の清原氏が源頼義側につくことにより終わりを告げることはよく知られていよう。ところでその際注目すべきなのは陸奥話記の次の記述である。

将軍制すること能はずして、常に甘き言をもて、出羽の山北の俘囚の主、清原真人光頼、舎弟武則等に説きて、官の軍に与力せしむ。光頼等猶予して決めず。将軍常に贈るに奇珍しきものをもてせり。光頼・武則等漸くにも

て許諾しつ。(25)

ここから当初清原氏が参戦に渋っていたこと、とりわけ光頼が消極的であったことが読みとれよう。さらに、清原氏が参戦を決めたこの後、光頼は陸奥話記にはほとんど登場しなくなるのである。清原武則がその後の乱の経過に重要な影響を与えるのとは対照的といってよいだろう。同じ清原氏でありながら光頼と武則では対応が異なるのである。

ところで先に私は前九年合戦後の帰降者の処置を定めた官符を引用し、安倍正任らが出羽国に逃れた後、狄地に入り、そして帰降したことを述べた。この正任の出羽国逃亡について陸奥話記には興味深い記述があるのである。

ただし正任一人出で来らず云々といへり。僧良昭すでに出羽国に至りて、守源斉頼がために擒にせられぬ。正任初めに出羽の光頼が子、字は大鳥山太郎頼遠が許に隠れつ。後に宗任が帰降せし由を聞きて、また出で来り了りぬ(26)。

ここには狄地に逃れたという記述はないものの、正任が出羽国で頼ったのが光頼の子の頼遠であったことがわかるのである。ここにいう出羽の光頼とは清原光頼のことと考えてまず間違いなかろう。つまりここから清原光頼と安倍氏、少なくとも安倍正任との間に何らかの関係、姻戚関係などがあったと考えられるのである。

このような関係があったからこそ清原光頼は参戦に消極的であり、武則と異なり合戦に加わらなかったのであろう。このように清原氏とて決して一枚岩ではなく、同族内といえども利害や矛盾を抱えていたのである。先の安倍富忠の例と同様、前九年合戦を考える際にはこうした諸勢力の利害や対立をみていかなければならないのである。

こうした事態はいささか時代がさかのぼるが長徳四年（九九八）頃の話と考えられる『今昔物語集』巻二五―五「平維茂罰㆓藤原諸任㆒語」においてもすでにみられる。この説話には坂東に本拠をもつ兵らが陸奥に留住し合戦をくり返していた様が描かれているがこうした状況を勘案して前九年合戦については理解していくべきものであろう。

前九年合戦の当時、北奥羽には蝦夷や俘囚の社会があり、北海道には擦文文化が成立していた。そしてこれらの地方が金・馬、昆布、鷲の羽、熊・海獣の毛皮など豊かな物産の産地であったことは近年指摘されていることである。前九年合戦とはこのような辺境に対する支配のイニシアチブをめぐる対立であったのである。

前九年合戦の後の話であるが次の史料をみてみよう。

Ａ　左弁官下　陸奥国

応下随二後仰一参上上守源朝臣頼俊事

右得二彼国去十二月二六日解状一偁、謹検二案内一、当国多年之間、諸公事之輩雖レ有二其数一、始レ自二散位基通一、至二于其次々一、尋二訪梟悪之者一、悉令二追討一既了、又荒夷発レ兵、黎民騒擾、然而或追二籠本所一、或斬二取其首一、或乍レ生搦得、於レ今者当国無為無事也、（中略）件荒夷等首并生獲者、以レ使令レ参、定為二後代之謗一哉、然則守頼俊随二身件首并生獲輩一、早可二参上一也、而当国為レ躰、十月以後寒気殊甚、風雪無レ隙、無二往還之者一、動失二前途一、難レ企二早参一、因レ茲遅怠、於レ今者、相二待明春一可二参洛一也、（中略）望請官裁、早被二裁許一者、左大臣宣、奉レ勅、言上之旨、知レ有二勤節一、辺鎮之事、不レ可二黙止一、宜レ仰二彼国一、生虜之輩、討伐之符（首カ）、須下待二後仰一随身参上上者、国宜承知依レ宣行レ之、

延久三年五月五日　　　　大史小槻宿禰

権中納言藤原朝臣

（『朝野群載』巻十一）

この史料によれば延久三年当時の陸奥守源頼俊は散位基通以下梟悪の輩を追捕し、兵を発した荒夷を討ち従えたという。これと同じ状況が次の史料にも語られている。

Ｂ　前陸奥守従五位上源朝臣頼俊誠惶誠恐謹言、

請下特蒙二天恩一、任二先朝綸旨一、依二衣曾別嶋并閇伊七村山徒討随一、拝中任讃岐国闕上状、

右、頼俊去治暦三年任二彼国守一、著任之後、廻二治略一期二興複一、挟二野心一俗不レ憚二朝憲一、然而王威有レ限、即討二随三方之大□□一其間無二国之費一、注二子細一言上之日、被二　宣下一云、旁勤知レ有二勤□（節）一、辺鎮事不レ可二黙止一者、捧二件宣旨文一参洛之処、清原貞衡申請拝二任鎮守府将軍一、為二大将軍一頼俊、于レ今不レ蒙二朝□□一公文之輩依二勲功一勧賞之例、古今是多、近則源頼義朝□（臣カ）越二二階一任二伊予守一（中略）望請天恩、依二□□勤節一、被レ拝二任彼国守闕一状、弥守二勤王之節一、将レ令レ励二後輩一矣、頼□誠恐謹言、

応徳三年正月廿三日前陸奥守従五位上源朝臣頼□□

（『平安遺文』四六五二号）

ここでは基通や荒夷は「衣曾別嶋幷閇伊七村山徒」と表現され、その追討には頼俊とともに清原貞衡があたっていたとされている。清原貞衡に関しては従来は真衡の誤りであろうとされてきたものだが、近年野口実氏が紹介された中条家文書所収の『桓武平氏諸流系図』には実平（真衡）のほかに貞衡の記載もあり、単純に貞衡と真衡を同定していいかどうか疑問が出されているものでもある。

ここではひとまず貞衡のままとしておくが（なお、付記も参照のこと）、前九年合戦終了後、陸奥守とともに清原氏が陸奥の大賊や荒夷を追討したことは注目されよう。

この点に注目された入間田宣夫氏は前九年合戦後、清原氏による強大な軍事政権が成立したと述べられている。(27) 前九年合戦後、清原氏が大きな権力を握ったことはその通りであるが、しかしそれは決して万全のものではなかった点にも留意しておく必要があろう。

頼俊・清原貞衡による「衣曾別嶋幷閇伊七村山徒」追討を頼俊側の主張ではない別の史料でみてみよう。『扶桑略記』には次のようにある。

C　宣旨、散位藤原基通面縛帰降之由、下野守源義家所二言上一也、然則陸奥守源頼俊不レ可レ向二陸奥国追討一者、義

家朝臣依レ有レ所二申請一也、抑頼俊合戦時、基通奪二取彼印鎰一者也

（『扶桑略記』延久二年八月一日条）

これによれば頼俊は基通に印鎰を奪われた者といわれており、基通を縛したのは源義家だというのである。頼俊の言い分と『扶桑略記』の記述とどちらが真実であるかにわかには断定できないが、少なくとも当時散位基通のような人物が陸奥に入り込んでいたこと、どのような背景からかは明らかではないが荒夷が兵を発するような不安定な要素が存在したこと（そのことは逆に北方の利権が未だ流動的であることも意味する）、そしてその不安定な要素につけ込んで頼俊や義家のような兵らが勢力伸張を図っていることが如実にうかがえるであろう。義家と頼俊の間には相当に強烈な対抗意識があり、そのような対抗関係は清原氏にとっても同様のものであったろう。

そして前九年合戦においてもこれと同様に陸奥の利権をめぐる兵や在庁勢力の対立があったと考えるべきであろう。前九年合戦後、清原氏が東北地方に対する大きな影響力をもったとされる段階でもこうした状況は容易に解決されず、結局は後三年合戦につながっていくのである[28]。

前九年合戦の性格に関して近年斉藤利男氏は、その本質はエゾの反乱が安倍氏の乱に発展したものであるとされた[29]。エゾの反乱がどの程度ストレートに安倍氏の乱へと展開したのかは明らかにしがたいところがあるが、先に紹介した北方防御性集落などの事例を踏まえれば、この時期に東北地方に進出した都からの勢力、兵、在庁勢力、さらに在地の勢力など様々な利害対立が前九年合戦、後三年合戦などにつながっていったのである。

安倍氏とはこのような利害対立があるなかで蝦夷支配を進め、対北方交易を円滑に行うために陸奥権守として登用された存在だったのではないか。そしてその公的地位を手がかりに一方では蝦夷の「酋長」と自称したように蝦夷勢力との妥協をも行いながら勢力を築き上げたのである。

本章はこのように安倍氏勢力伸張の原因を第一には権守という公的地位に求めるものである。ところが権守などの

公的地位が勢力伸張の要因だとすると、そのことは後任の権守などにも同様にいえることであり、当然、安倍氏と後任権守との間には利害対立が生まれるのである。そして、こうした対立が前九年合戦を引き起こしたのである。

注

（1）例えば高橋富雄『奥州藤原氏四代』（吉川弘文館、一九五八年）。

（2）大石直正「中世の黎明」（『中世奥羽の世界』東京大学出版会、一九七八年）、遠藤巌「秋田城介の復活」（『東北古代史の研究』吉川弘文館、一九八六年）、熊谷公男「『受領官』鎮守府将軍の成立」（『中世の地域社会と交流』吉川弘文館、一九九四年）、伊藤博幸「『六箇郡之司』権に関する基礎的考察」（『岩手史学研究』七五、一九九二年）など。

（3）熊谷前掲注（2）論文は安倍氏を俘囚と呼んでいる史料が多くあることなどから在地の蝦夷系豪族から台頭してきたことは間違いないとされている。一方、樋口知志「安倍氏の時代」（『岩手史学研究』八〇、一九九七年。のち『前九年・後三年合戦と奥州藤原氏』高志書院、二〇一一年）は安倍氏が本当に「エミシ系の血筋を引くのかどうか」疑問とされている。

（4）高橋崇『蝦夷の末裔』（中央公論社、一九九一年）。

（5）ちなみにこの胡地とは沿海州・アムール川流域とする説（誉田慶信「安倍氏・清原氏・藤原氏」〔須藤隆他編『新版古代の日本九　東北・北海道』角川書店、一九九二年〕）と北海道とする説（例えば樋口前掲注（3）論文）などがある。

（6）『朝野群載』巻一一、康平七年三月二九日官符。

（7）斉藤利男「蝦夷社会の交流と「エゾ」世界への変容」（鈴木靖民編『古代蝦夷の世界と交流』名著出版、一九九六年）。なお、斎藤氏は北方防御性集落の出現について「エゾ社会」内部の政治的未統合という事情とともに、安倍氏や清原氏と「エゾ社会」との対立・緊張関係のなかで作られたものと想定されているのだが、これに対して北方防御性集落の出現は「エゾ社会」内部の矛盾・軋轢に起因するものであるとする樋口前掲注（3）論文もある。樋口氏の場合、現地社会内部での不均等発展、新たな物資流通システムの形成のなかで成長・発展を遂げることができた富める集団と、システムから疎外され零落していった集団との間の矛盾を背景として防御性集落は現出したものとみるのである。

（8）両者の対比については笠栄治『陸奥話記校本とその研究』（桜楓社、一九六六年）、高橋前掲注（4）論文、伊藤前掲注（2）論文）等参照。
（9）高橋前掲注（4）著書四一頁。
（10）筆者は内閣文庫所蔵のものを使用した。
（11）宮崎康充編『国司補任』第四（続群書類従完成会、一九九〇年）。
（12）なお、この点については渕原智幸氏も同様の指摘をされている（同「前九年合戦前史の再検討―奥六郡成立史と安倍氏の台頭について」（『日本史研究』四二七、一九九八年三月、中世史部会報告要旨）。なおその後、渕原氏は「平安中後期の陸奥北部支配と安倍氏」（『平安期東北支配の研究』塙書房、二〇一三年）を執筆され、安倍氏は平安初期に陸奥北部へ移住してきた氏族であるとし、忠好の陸奥権守任官は「陸奥国内有力者として任用国司号を得たということである」と位置づけている。
（13）『大間成文抄』上巻第二　更任（吉川弘文館、一九九三年）一三六頁。
（14）斉藤利男『平泉』（岩波書店、一九九二年）。
（15）熊谷前掲注（2）論文。
（16）野口実「十一～十二世紀、奥羽の政治権力をめぐる諸問題」（『中世東国武士団の研究』高科書店、一九九四年、『武家の棟梁の条件』中公新書、一九九四年）。
（17）なお、上述したが安藤系図では頼良の父、忠良には陸奥大掾との注記がある。
（18）陸奥話記は在京の官人により前九年合戦後まもなく書かれたものと推測されている。文学的修飾なども加えられてはいるが、国解などを用いており、前九年合戦を考える上では基本となる史料である。その末尾に「国解の文を抄し、衆口の話を拾い、これを一巻に註す。少生但し千里の外なるを以て定めて紕謬多からん。実を知る者はこれを正さんのみ」とある。
（19）三宅長兵衛「前九年の役の再検討」（『日本史研究』四三、一九五九年）。
（20）新野直吉『古代東北の覇者』（中央公論社、一九七四年）、庄司浩『辺境の争乱』（教育社、一九七七年）など。
（21）なお、次章でも述べるように源頼義が北方蝦夷との交易権を握るために権守説貞らとともに戦乱にもち込んだ可能性も考えられよう。

(22) 興福寺修造のために五位以上の藤原氏から藤原頼通が寄付を募った歴名部分にその名がみえる。なお、この史料に関しては佐藤圭「永承二年における五位以上の藤原氏の構成」(『年報中世史研究』八、一九八三年)を参照。

(23) 大石前掲注(2)論文、同「奥羽の荘園と前九年・後三年合戦」(『東北学院大学論集―歴史学・地理学』一七、一九八六年、のち同『奥州藤原氏の時代』吉川弘文館、二〇〇一年)参照。

(24) 現地出身のエゾとみる斉藤利男説(同前掲注(7)論文)と忠の字が忠良と共通することなどから頼時らと同族であるとみる樋口知志説(同前掲注(3)論文)などがある。

(25) ここでは日本思想大系八『古代政治社会思想』(岩波書店、一九七九年)のものを引用した。同書一三八頁。

(26) 同右、二四九頁。

(27) 入間田宣夫「鎮守府将軍清原真衡と「戸」「門」の建置」(青森県六戸町編『北辺の中世史』名著出版、一九九七年)。

(28) 清原氏内部の対立からはじまったこの紛争は一方の当事者である清原真衡の死によって解決するはずであったが、源義家の介入により結果的には拡大された形になっている。ここにも清原氏内部の問題とともに義家らの複雑な利害を読みとるべきであろう。

(29) 斉藤利男「軍事貴族・武家と辺境社会」(『日本史研究』四二七、一九九八年)四五頁。なお大石前掲前掲注(2)論文も参照。

〔付記〕 本稿発表後、安倍氏および前九年合戦については多くの研究が発表されている。また前九年合戦の経過に関しても大胆な見直しなどが提起されている。それらの研究および論点すべてを紹介することはできないが、主なものとしては入間田宣夫・本澤慎輔編『平泉の世界』(高志書院、二〇〇二年)、入間田宣夫『北日本中世社会史論』(吉川弘文館、二〇〇五年)、同「系図の裏面にさぐる中正武士団の成立過程」(峰岸純夫・入間田宣夫・白根靖大『中世武家系図の史料論』上、高志書院、二〇〇七年)、同『平泉の政治と仏教』(高志書院、二〇一三年)、樋口知志『前九年・後三年合戦と奥州藤原氏』(高志書院、二〇一一年)、渕原智幸『平安期東北支配の研究』(塙書房、二〇一三年)、遠藤祐太郎「『陸奥話記』にみる『歴史と文学』のはざま」(樋口州男〔代表〕・村岡薫・戸川点・野口華世・田中暁龍編著『歴史と文学』小径社、二〇一四年)、樋口知志編

『前九年・後三年合戦と兵の時代』（吉川弘文館、二〇一六年）、野中哲照『陸奥話記の成立』（汲古書院、二〇一七年）などがある。これらを踏まえた現在の私見については本書次章を参照されたい。なお、史料Bにみえる清原貞衡については系統的な史料調査から真衡とすべきことも主張されている（小口雅史「延久蝦夷合戦再論」〔義江彰夫編『古代中世の史料と文学』吉川弘文館、二〇〇五年〕）。

第一三章　安倍氏と鳥海柵

永承六年(一〇五一)、東北を舞台に起こった戦乱がある。高校日本史の教科書などにも取り上げられる有名な戦乱、前九年合戦である。本章はその前九年合戦の主役である安倍氏の出自やその拠点と考えられる鳥海柵の歴史的な位置づけについて考えたものである。その骨子は二〇一六年二月に岩手県金ヶ崎町で行われた「国指定史跡鳥海柵跡シンポジウム」で報告したものであるが、その後の知見も含め、再度論じたいと思う。

一　安倍氏の出自をめぐって

まず、最初に前九年合戦の概要について簡単に触れておこう。陸奥国の北上川流域に奥六郡と呼ばれる地域がある。一一世紀半ば、ここには有力豪族安倍氏が勢力をもっていた。永承六年（一〇五一）、その安倍氏、安倍頼良が陸奥守藤原登任と対立し戦闘が勃発した。この時には秋田城介平繁成も国司側に加勢したが、国司側が敗れた。そのため朝廷では源頼義を後任の陸奥守として派遣し安倍氏追討を図った。

ところがまもなく上東門院藤原彰子の病気平癒を祈る恩赦が出され、安倍氏の罪は許されることとなった。その後安倍頼良は陸奥守源頼義と名が同音であることを憚り安倍頼時と改名、ひたすら源頼義に対し恭順の意を示した。そのためその後は平穏な時間がすぎたが、源頼義の陸奥守の任期が終わる天喜四年（一〇五六）頼義配下の藤原光貞、元貞が何者かに襲撃されるという事件が起きた。これが安倍氏のしわざだということになり、安倍氏対源頼義の戦いとなった。その後戦いは康平五年（一〇六二）まで続き、源頼義は苦戦したが最終的には出羽の豪族清原武則の助力を得て源頼義側が安倍氏を倒したという事件である。

この合戦の原因や戦いの経過などについては諸説があり未解明の問題も多い(1)のだが、その一つにこの戦乱の主役安倍氏の出自の問題がある。

安倍氏の出自についてかつては高橋富雄氏をはじめ、安倍氏は蝦夷社会のなかから生まれてきた俘囚族長政権であり、その俘囚族長政権が中央政府に対して戦った抵抗が前九年合戦であるとする考え方が定説であった(2)。このような説に対して大石直正氏らは安倍氏は中央政府に反逆する立場ではなく、王朝国家（中央政府）の要請により蝦夷を統括するよう位置づけられた存在であるとみなす説を提出し(3)、現在はほぼこうした見方が有力となっている。しかしその場合でも安倍氏の出自については蝦夷系の豪族とみなす説と中央貴族の末裔とみなす説とに分かれている。安倍氏の出自については筆者も安倍氏は中央貴族出身とする説を発表している。この点について前章でも述べており、いささか重複してしまうが、ここであらためて簡単に触れておきたい(4)。

前九年合戦の基本史料は『陸奥話記』と呼ばれる軍記物語であるが、この『陸奥話記』には群書類従本と尊経閣文庫本という二系統の写本がある。その冒頭部を比較してみよう(5)。

史料Ａ　群書類従本

六箇郡之司有安倍頼良者、是同忠良子也、父祖忠頼東夷酋長、威風大振、村落皆服、横行六郡劫略人民、子孫尤滋蔓、漸出衣川外、不輸賦貢無勤傜役代々驕奢、誰人敢不能制之、

【訓み下し】

六箇郡の司に安倍頼良という者あり。是れ同忠良が子なり。父祖忠頼は東夷の酋長なり。威風大いに振い、村落

皆服す。六郡に横行し人民を劫略す。子孫尤も滋蔓せり。漸く衣川の外に出て、賦貢を輸さず、徭役を勤むることと無し。代々驕奢にして、誰人も敢て之を制すること能わず。

史料B　尊経閣文庫本

六箇郡内、有安倍頼良者、是同忠良子也、父祖倶果敢、而自称酋長、威権甚、使村落皆服、横行六郡、囚俘于庶士、驕暴滋蔓、漸出衣川外、不輸賦貢、無勤徭役、代々恣己雖蔑、上不能制之、

【訓み下し】

六箇郡内に安倍頼良という者あり。是れ同忠良が子なり。父祖倶に果敢にして自ら酋長と称す。威権甚しく、村落をして皆服さしむ。六郡に横行し、庶士を囚俘にす。驕暴滋蔓し、漸く衣川の外に出て、賦貢を輸さず、徭役を勤むること無し、代々己を恣にし蔑にすといえども、上、之を制すること能わず。

A群書類従本の冒頭によれば安倍頼良は忠良の子であり、父祖忠頼は東夷酋長とある。ところが、より古い写本であるB尊経閣本には忠頼の名も東夷酋長の語もみえない。また、忠頼の名は他の安倍氏関係の系図にもみえない。したがって忠頼という人物は実在せず、忠頼の名は頼良と忠良の名から作られたものではないかと思われる。

またB尊経閣文庫本によれば安倍氏は「自ら酋長と称した」とあり、逆に安倍氏は外部からやってきて「酋長」であると自称しながら蝦夷の村落を服属させていったと読めるのではないか。

さらに『範国記』という中央貴族の日記の長元九年（一〇三六）一二月二二日条(6)に次のような記事がある。

史料C

二二日御仏名終也、（中略）次有小除目、下中文等、
右京大夫藤保家兼、資通辞退替、依殿上人無中文、只下辞書侍従藤信長、兵部丞橘定通、少内記紀頼輔、
勘解由判官忠章長官請、宮内録惟宗重則算道挙、

陸奥権守安倍忠好

（中略）

被奏除目之次相加直物（後略）

【訓み下し】

二三日、御仏名終る也、（中略）次いで小除目あり。申文等を下す。右京大夫藤保家（兼、資通辞退の替なり、殿上人たるにより申文無し、ただ辞書を下す）、侍従藤信長、兵部丞橘定通、少内記紀頼輔、勘解由判官忠章（長官の請）、宮内録惟宗重則（算道の挙）、陸奥権守安倍忠好

（中略）

除目を奏せらるのついで、直物を相い加う（後略）

この記事は傍線部にあるように臨時に官人を任命する小除目の記事であり、その小除目で「安倍忠好」が陸奥権守に任じられたという記事である。この記事にある安倍忠好（ただよし）こそ『陸奥話記』に出てくる頼良の父、安倍忠良（ただよし）であり、中央貴族安倍忠好＝忠良が陸奥権守に任じられ、陸奥に赴任し奥六郡で勢力を伸ばしていったのではないかと考えた。これが私の安倍氏中央貴族説の概要である。

一方、これに対して樋口知志氏は安倍氏を中央貴族出身とする点では同じだが、留住・土着の時期をさかのぼらせ、九世紀の鎮守将軍であった安倍比高が蝦夷系豪族と婚姻関係を結び、その子孫が辺境軍事貴族奥六郡安倍氏になっていくと想定している。(7) また菅野成寛氏は『陸奥話記』に安倍貞任が康平五年（一〇六二）に三四歳で死去とあることから貞任、頼良らの生年を推定していき、その生年から忠好は頼良の父の忠良とは別人であるとした。その上で頼良の祖父安倍忠頼が京より下向して土着したと指摘した。(8) この説については入間田宣夫氏も年代的にもっとも整合性があるとして支持している。(9)

一方、こうした中央貴族の土着説に対して渕原智幸氏は他にも土着した受領郎等などは多くおり、そのなかでなぜ安倍氏が台頭できたかが説明できないとして批判する。そして奈良～平安初期の移民系郡領氏族などに起源をもつ現地有力者が国衙在庁官人として台頭したものとしている(10)。

このように安倍氏の出自については諸説があるが、直接的に証明する史料はなく、安倍氏の台頭を当時の東北地方の状況からどのように整合的に説明するかという議論になっており容易に結論は出ない状況である。

二　安倍氏以前の奥六郡

さて、もう一つ考えておかなければならない問題に鳥海柵も含まれる奥六郡（奥郡ともいう）と安倍氏との関わりがある。奥六郡とは陸奥国の中部、現在の岩手県奥州市から盛岡市にかけて北上川沿いに中央政府が設置した胆沢、江刺、和賀、稗貫、斯波、岩手の六郡のことをいう。この地域に中央政府の支配が及ぶのは延暦二一年（八〇二）に胆沢城、翌年に志波城が築かれてからのことである。大同三年（八〇八）頃には陸奥国府多賀城から胆沢城に鎮守府が移され、胆沢城と志波城によってこの地域の支配が進むことが期待されたが、志波城は間もなく廃絶、志波城の機能は弘仁四年（八一三）頃築かれた徳丹城に引き継がれた。しかしその徳丹城も九世紀半ばまでに廃絶する。その後、安倍氏が登場するまでこの地域の支配はどのように進められていたのか。平成二六年度鳥海柵跡シンポジウムで大平聡氏が整理されているが(11)、再度確認しておきたい。

そもそも奥六郡というがその六つの郡がいつ作られ、どのような性格をもつものだったのかも十分明らかではない。通常郡というのは国の下にある行政単位のことである。郡には郡衙（または郡家）と呼ばれる役所が置かれ、地元出自の豪族が任命される郡司によって行政・支配が行われる。各地でこうした郡衙遺構はみつかっているが、現在までのところ奥六郡からは郡衙遺構はみつかっていない。そのため律令制に基づく支配が行われていたかどうか疑問ももたれている。奥六郡の設置についても、胆沢郡については胆沢城が作られた延暦二一年頃建郡されたと考えられているが、江刺郡については六国史など諸記録に建郡記事が無く、いつ建郡されたのか不明である。胆沢郡と近接することからほぼ同時期であろうと推測されているのみである。次に斯波、稗貫、和賀の三郡については『日本後紀』弘仁二年（八一一）正月丙午条に建郡記事がある。最北の岩手郡については天暦五年（九五一）頃成立とされる『大和物語』に「磐手の郡」の語がみえることから少なくともこれ以前の成立とされるが、必ずしも明らかではない(12)。

このように奥六郡の成立自体、自明のことではないのだが、斯波、稗貫、和賀三郡が建郡された九世紀前半にはこの地域に対する中央政府の支配が一定程度進展していたと考えられている。しかし一〇世紀前半に成立し、当時の郡名を網羅したと考えられる『延喜民部式』や『和名類聚抄』にはこの三郡の名がみえない。また奥六郡支配に重要な役割を果たすと考えられる徳丹城が九世紀半ばには廃絶してしまうことなど、奥六郡支配が本当に貫徹していたのか疑わせるような状況がある。ここから中央政府による奥六郡支配に関しては疑問視する見解、つまり奥六郡支配は崩壊していたのではないかという見解も提出されている(13)。

この問題に対する解答としては二通りの考え方がある。一つは斯波、稗貫、和賀などの三郡は『延喜式』完成以前に廃絶してしまったと考えるもので、奥六郡支配は『延喜式』完成以前に崩壊していたと考えるものである。その要因としては蝦夷による中央政府への抵抗などが想定されよう。

もう一つは奥六郡が安定化したため徳丹城が不要となり、徳丹城は廃城となり、胆沢城に権限が集中するようになった。『延喜民部式』に三郡の名がみえないのはこれら三郡が蝦夷郡であるため（または律令制的収取が行われていなかったため、あるいは郡として形式が整っていなかったためとする説もある）記載されなかったとする説である(14)。

このように安倍氏の奥六郡支配の前提となる九、一〇世紀の奥六郡については不安定な状態だったとする説と胆沢城を拠点に安定的な支配が行われていたという全く反する二つの見解があるのである。

この二説のうち前者の奥六郡が不安定な状態であったとする説に関連してこれまで承和年間と斉衡年間に東北地方で騒乱があったことが注目されてきた。六国史の記事をみれば確かに承和年間には援兵が差発されている。しかしこれらの史料を丹念に分析された窪田大介氏の研究によれば承和年間の差発は反乱などの緊急事態があってとられた処置ではなく、貢進物収取などを控えて念のためにとられた処置であった。また斉衡年間の騒乱記事は飢饉をきっかけとして陸奥国の奥地（奥六郡ではなく岩手県沿岸部から青森県東部）で起きた蝦夷村同士の略奪行為を示すもので、両者とも奥六郡に該当する北上川中下流域が混乱状態であったことを示すものではないという。(15)

また胆沢城の場合、発掘調査により九世紀末から一〇世紀前半に東方官衙が整備されるなど機能が充実していることと、志波城も停廃後、全ての機能が停止したのではなく、いくつかの建物が残され、残務整理や志波城周辺の蝦夷の鎮撫などにあたったと考えられることなどが指摘されている。(16)こうした状況から九世紀から一〇世紀の奥郡地域は比較的平和な状態であり、斯波、稗貫、和賀などの三郡が廃絶されるようなことはなかったと考えられるのではないか。

ではなぜ『延喜民部式』や『和名類聚抄』に三郡の名が記載されなかったのか。この点については残念ながら現時点では不明とせざるをえない。同じ『延喜式』でも『神名式』には斯波郡の名がみえている。三郡が廃郡されたという立場に立つ説では、『延喜民部式』は現実の徴税と関わるので最新の情報を反映し（したがって廃郡した場合は『延喜式』本文から郡名が削除され記載しない）、『延喜神名式』は諸社に対する班幣の台帳であり、所在郡の名などに関心はなく、郡の改廃・変更などあってもいちいち訂正せず、そのために斯波郡の名が残ったのだろうとしている。

しかし、『延喜式』はしばしばずさんであるともいわれる。したがって、そのためにこのような記載の不統一があるとも考えられるのではないだろうか。

次にもう一つ考えなければならないのがこの地域がどのように支配されたかである。

これまでは奥六郡に対して、鎮守府将軍が貢納物の入手などに関して受領官的な権限をもっていたとする説が有力であった[17]。が、この説に対しても渕原智幸氏が鎮守府将軍の任務は蝦夷との軍事対応であり、奥六郡の支配は鎮守府将軍ではなく陸奥国司が行ったと批判を加えた[18]。軍事的指揮官である鎮守府将軍と行政権は区別すべしとする渕原氏の批判には聞くべき点がある。

嶋本尚志氏は『後拾遺和歌集』光朝法師母の歌の詞書に「橘則光朝臣陸奥の守にて侍りけるに、奥郡にまかり入るとて、春なむ帰るべきといひはべりて」とあることに注目し、鎮守府将軍平永盛がいる時期に陸奥守が奥郡に入っていき、とどまっているのは陸奥守に奥六郡に対する行政権があるからだとされている[19]。また伊藤循氏は仁寿四年（八五四）に陸奥の少掾が一名加増されていることに触れ、奥六郡を含め広大な陸奥国支配のための定員増であろうと指摘している[20]。これらの指摘から奥六郡に対する行政権は鎮守府将軍ではなく、国司、在庁官人らにあったと考えられよう。

但し、鎮守府将軍平維良が藤原道長に莫大な貢物を行った事実[21]などから鎮守府将軍は行政全般には関与しないながらも何らかの形で収取に関わっていた可能性はあるように思われる。在庁官人と鎮守府将軍とが併存して共治するようなこともあったのではないか。この問題についてもまだ検討の余地はあるように思われる。

また、奥六郡に関する実際の行政はどこで行われ、どこで指示が出されたのだろうか。この点は不明である。通常でいえば国府、すなわち現在の宮城県にある多賀城で行われたと考えられるが、多賀城の場合一〇世紀半ば以降の遺構がみられなくなり、これ以後、奥六郡に限らず陸奥の国務がどこでどのような形で行われたか不明である。橘則光がわざわざ奥郡に入っていることから奥郡に関しては多賀城ではなく鎮守府の置かれた胆沢城で執り行われた可能性も考えられるであろう。

以上、奥六郡の支配に関して鎮守府将軍を重視する立場と国司、在庁官人らを重視する立場とがあった。法制度的には当然国司が支配にあたるものであるが、多賀城が機能を失うといわれる一〇世紀後半以降、国司による行政が果たして貫徹していたのか、実際の行政がどのようになっていたのか、これも未解明の課題なのである。こうしたいくつもの未解明事項を前提条件として踏まえながら安倍氏の台頭については解き明かしていかねばならないのである。

三　安倍氏の台頭と奥六郡支配

これまでみてきた奥六郡や鎮守府将軍に関する問題と関わって安倍氏の台頭については複数の見解があり、結論をみていない。ここで代表的な二つの説を紹介する。

渕原智幸氏は奥六郡の支配は成立後も安定せず、北方四郡（和賀、稗貫、斯波、岩手）は一〇世紀までに廃絶すると主張している。その後、一〇世紀には中央政府は軍事貴族の兵力に辺境支配を依存するようになる。そして軍事貴族で最初に鎮守府将軍となった平貞盛以後、軍事貴族が鎮守府に常駐し、奥六郡も復活させ支配を強化する。この段階で鎮守府将軍の受領官化は進むものであると考えている。そして鎮守府将軍が不在となる長元元年頃から移民系豪族で在庁官人である安倍氏が台頭するとしている(22)。

樋口知志氏は渕原氏とは異なり奥六郡は鎮守府管轄として一〇世紀前半まで安定的に支配されていたとみる。一〇世紀後半胆沢城が廃絶するが、この頃古代城柵を拠点として行う地域支配は終わりを告げ、奥六郡を含む郡制施行地域は安倍氏、清原氏それぞれが、鎮守府と秋田城の在庁筆頭になり支配するようになる。さらにより北方の地域は国司である守や鎮守府将軍、出羽城介などにより支配されるようになる。ところが北方地域ではその後、陸奥守と鎮守府将軍が対立・抗争するようになりその結果、鎮守府将軍が廃止され、それを期に安倍氏が飛躍的に成長を遂げるとした(23)。

樋口氏の場合は安倍氏の台頭を一〇世紀後半あたりからと想定し、渕原氏は一一世紀前半の鎮守府将軍が不在となる頃からとするなど見解の相違がみられる。両説の当否については今後の議論を待つこととするが、これらの成果に学びながら現在の私見を述べるならば、一〇世紀前半までは胆沢城中心に奥六郡は安定的に支配された。胆沢城廃絶後は樋口説のようにすぐに安倍、清原両氏が登用されたとは考えず、胆沢城とは別の行政拠点による在庁官人の支配を基本としつつ鎮守府将軍や軍事貴族による支配も展開された。そして鎮守府将軍不在が続くなか、長元九年陸奥権守となった安倍忠好が下向し、権守として奥六郡支配の任にあたり台頭したと考えている。

安倍忠好の陸奥権守就任については年官や成功などによる実態のないものではないかとの指摘もあるが、実際に下向し、奥六郡に関する国務を担当したものと考えている。国司補任の際、年官や成功の場合、大間書の尻付に「申」「功」「院分」などの注記がつく。尻付とは人名の後に、細字で任官理由や兼官の状況などを注記したもののことだが、先に引用した安倍忠好の陸奥権守任命を記す『範国記』長元九年（一〇三六）一二月二二日条（史料C）をみていただきたい。例えば忠好と同じ日に宮内録に任命された惟宗重則については算道が推挙した任官であることを示す「算道挙」という尻付が細字で注記されており、任官に至る経緯が記されている。しかし忠好の名の下には何の注記もないのである。同様の例を同じ『範国記』のなかからいくつか例示しよう。

史料D『範国記』長元九年一〇月一四日条

一四日戊午、於陣被行除目、

侍従藤経任、左兵衛佐同能長、式部丞俊経、

資良已上蔵人…（中略）…大和守義忠兼、摂津守資通兼、相模守頼義院分、去春留、陸奥頼宣、近江掾雅忠忠明子…（後略）

【訓み下し】

一四日戊午、陣において除目行わる、

侍従藤経任、左兵衛佐同能長、式部丞俊経、資良（已上蔵人）…（中略）…大和守義忠（兼）、摂津守資通（兼）、相模守頼義（院分、去ぬる春とどまる）、陸奥頼宣、近江掾雅忠（忠明子）…（後略）

史料E『範国記』長元九年一二月八日条

八日（中略）人々参彼宿所、四条中納言、侍従宰相為清書上卿令左衛門尉章経奏清書、左衛門督給陸奥掾日下部季頼去万寿三年依献五節、二合申（後略）

【訓み下し】

八日（中略）人々彼の宿所に参る。四条中納言《藤原定頼》、侍従宰相《藤原経任》を清書の上卿と為し、左衛門尉章経をして清書を奏さしむ。左衛門督《藤原経通》に給う陸奥掾日下部季頼（去んぬる万寿三年五節を献ずるによるなり。二合を申す）。（後略）

史料D一〇月一四日の除目で大和守や摂津守に任じられた義忠や資通の尻付には「兼」の文字がみえる。これは他の官職と兼官で今回国司に任じられたことを示すものである。実際義忠は大学頭、資通は権左中弁との兼官であった[24]。大和や摂津という平安京に近接する地域であれば中央官職との兼官も可能であったろう。陸奥権守であった忠好には「兼」の字はなく兼官ではなく陸奥に下向した可能性はあろう。

さらに同日条に相模守頼義とあるのは後に前九年合戦で安倍氏と戦う源頼義のことである。彼の尻付には「院分、去春留」とある。頼義は小一条院の判官代であったがその労により相模守となったのである。「去春留」とは本来昨春任じられるべきであったものがとどめられ今年にずれこんだことを示すものであろう。これは小一条院の権限による任命であるが、このような任命や年官、成功などの場合、尻付にその事情が記されるのである。

史料E一二月八日条の陸奥掾に任じられた日下部季頼の尻付には「去万寿三年依献五節、二合申」とある。これは万寿三年（一〇二六）に左衛門督藤原経通が五節の舞姫を献上し、その費用負担に対して二合（二分〔主典〕一人と一分〔史生など〕一人の任命権を合わせてより高位の三分〔判官〕一人の任命権を得ること）として陸奥掾の任命権が与えられ、藤原経通により日下部季頼が任命されたことを示す書き込みなのである。

　このように年官や成功などの場合尻付に記載があるのである。しかし忠好の尻付には何の記載もないのである。このようにみてくると何の尻付ももたない忠好の場合、年官や成功ではなく、実質的な意味のある任官だと考えられるだろう。

　また当時の権守は形式的な揚名官で実質的な権限はないとの指摘もあるが、全ての権守にそれがいえるだろうか。とくに陸奥・出羽などの場合は実際に下向し、実権をもつ場合もあると考えていいのではないか。時代はさかのぼるが元慶の乱の際に事態収拾にあたったのは出羽権守藤原保則であった。

『日本紀略』安和二年（九六九）一二月二六日条には「陸奥国飛駅使到来。彼国守致正与二権守貞茂一訴訟之事」という記事があり、この時、陸奥守致正と権守貞茂との間で訴訟事件が起こり、そのことを伝えるため陸奥国から飛駅使が都に来たことがわかる。陸奥から使者が来ていることから事件が起きたのは当然陸奥国現地でのことであり、したがって事件の当事者である権守の貞茂も陸奥に下向していたことがわかるのである。

『陸奥話記』には源頼義とともに権守藤原説貞が登場する。この説貞は永承二年に五位以上の藤原氏に興福寺再建費用を割りあてた、いわば五位以上の藤原氏の名簿ともいえる『造興福寺記』永承二年二月二一日条[25]にその名がみえる人物である。れっきとした藤原氏の一員が権守として源頼義とともに下向しているのである。このように権守が陸奥に下向する事例は存在するのである。陸奥国は金や馬、鷲羽など豊かな物資を入手できる場所である。こうした利権を求め下向することもあったろう。場合によっては摂関家や王家などの権門と結びつきながら利権を求めて下向する場合すらあったのではないか。

このような想定の参考になる人物に、この時期、都にいた安倍氏の人物で安倍信行がいる。

安倍信行は長保元年（九九九）、検非違使別当藤原公任の別当宣を左衛門権少尉として奉じたのをはじめとして検非違使としての活躍が知られる人物である。長保二年には藤原行成の車後に従っており、偸盗に襲われた行成を守っている(26)。長保三年には賀茂・吉田社に不浄ありとのことで実検に向かい葬送があることをつきとめ、また同年七月には殺人を犯した藤原致興を追捕している(27)。長保六年には殺人事件の下手人追捕に向かうなど検非違使として活躍した人物である。こうした安倍信行の活躍についていくつか史料を引用しておこう(28)。

史料Ｆ　検非違使別当宣案（三条家本北山抄裏文書）

案

被　別当宣偁、犯人藤原行時篭置前大和掾□□正忠許者、仍令召進其身之処、正忠今月十四日□□（所進カ）申文偁、件犯人藤原行時居住紀伊国伊都□（郡カ）□彼国追捕使坂上重方宅垣内丑寅角令住□□従者内蔵正木屋之由、今月九日内（蔵脱カ）惟光申送□（者カ）差副（看脱カ）督長於正忠、令捕進件行時、若猶無□（捕カ）進事、処同意者、以正忠・重方等、令申其弁者、

長保元年七月十五日左衛門権少尉安倍「信行」奉

【訓み下し】

案

別（藤原公任）当宣を被るに偁く、犯人藤原行時、前大和掾□□正忠の許に篭め置くものなり。仍ちその身を召し進いらしむるのところ、正忠今月十四日（進らすところの）申文に偁く、件の犯人藤原行時、紀伊国伊都（郡に）居住す。彼の国の追捕使坂上重方宅の垣内の丑寅の角、従者内蔵正木の屋に住まわしむの由、今月九日、内（蔵）惟光申し送るといえり。看督長を正忠に差し副え、件の行時を捕らえ進いらしむるの時、若し猶お捕らえ進す事なければ、同意に処せ、てへれば、正忠・重方等を以て、其の弁を申させしめよてへり。

長保元年七月十五日左衛門権少尉安倍「信行」奉

この史料は何らかの犯罪を犯した犯人藤原行時に関するものである。信行は最後の行の署名にその名がみえ、検非違使別当藤原公任の意を受けてこの文書の作成担当者だったことがわかる。内容は犯人逮捕に関するものである。犯人行時は前大和掾姓不明正忠のもとに籠め置かれるべき状態であった。ところが検非違使がその身を京へ送らせようとしたところ前大和掾正忠より犯人行時は追捕使坂上重方宅垣内の丑寅にある従者内蔵正木の家に住まわせているとの報告があった。そこで看督長を正忠のもとに送り行時を捕進させようとして、さらにもしそれができなかった場合には正忠、重方にその事情を説明させることを求めたものである。このような犯人追捕に関する検非違使別当の判断を現地に伝える重要な役割を安倍信行は果たしているのである。

次はもっとリアルな事例である。

史料G　官宣旨案　（東南院文書二ノ五）

右弁官下　東大寺「案」

使左衛門大尉安倍朝臣信行

大志惟宗博愛

副調度文書三通

東大寺奏状　事発日記

内供十禅師仁延申文

右右大臣宣、奉勅、彼寺言上今月十六日奏状偁、去六日為内供仁延弟子等、被殺害五師湛外也者、為且追捕下手人、且問仁延并五師大衆等、宜差件等人発遣如件、寺宜承知、依宣行之、

長保六年六月十九日　　大史坂本朝臣忠国

権左中弁源朝臣道方

【訓み下し】

右弁官下す東大寺　「案」

使左衛門大尉安倍朝臣信行

大志惟宗博愛

調度文書三通を副う。

東大寺奏状　事発日記

内供十禅師仁延申文

右、右大臣（藤原顕光）宣す、勅を奉けたまわるに、彼の寺言上せる今月十六日の奏状に偁わく、去んぬる六日、内供仁延の弟子等のために、五師湛外殺害せらるなりてへり。且つは下手人を追捕し、且つは仁延并びに五師大衆等に問わんがため、宜しく件等の人を差し発遣すること件の如し。寺宜しく承知し、宣により行え、

長保六年六月十九日　　大史坂本朝臣忠国

権左中弁源朝臣道方

これは東大寺で起きた殺人事件解決のための動きである。長保六年（一〇〇四）六月六日、内供仁延の弟子らによって五師湛外が殺されるという事件が起きた。その訴えを東大寺より受けた検非違使は安倍信行らを派遣し下手人の追捕と仁延や五師大衆からの事情聴取を決定しその旨を東大寺に伝えた文書である。ここから安倍信行は検非違使としてまさに最前線で活動していたことがわかる。

これ以前、長保五年には信行は従五位上となり防鴨河使ともなっている[29]。

そのほか有力貴族との関係も濃密であることが知られる。長保元年には藤原行成が出羽守藤原義理から贈られた馬

二疋を自宅で預かったり、寛弘八年には平安京二条以上で水がない（干上がったのだろうか）という状況になったので、行成が信行宅で沐浴していることなどの記録がある。上述したように長保二年には外出する行成に従い、偸盗から行成を守るなどの働きもしている。信行は行成家司だった可能性もあるだろう[30]。

寛弘二年（一〇〇五）には下野守となり、下向に際しては藤原実資より馬を贈られ、実際に下向したものと思われる[31]。受領としても有能で「前司任終一年、当任三箇年の大帳、調帳、義倉帳を勘済」している[32]。このように検非違使をつとめ、受領として関東に下向し、任国支配で実績をあげた安倍氏がいるのである[33]。彼の場合は土着せずに都にもどったようであるが、安倍忠好もこのような存在だったのではないだろうか。

そのほか同時代の検非違使には右衛門少志安倍守良[34]や看督長安倍清成[35]などが知られる。このように都で検非違使をつとめる安倍氏もいたのである。これらの安倍氏と安倍忠好が同族だった明証はないが、忠好をこのような検非違使をつとめる安倍氏の出身と考えることも可能なのではないか。

なお忠好に先立つ長元九年一〇月一四日に藤原頼宣が陸奥守に任じられている[36]。そしてその二ヶ月後に忠好が権守に任じられるのである。これらの人事の背景には北方物資獲得、奥六郡支配の強化などの要請があったのではないか。当時、陸奥出羽按察使は藤原道長の子、能信であった[37]。当時の按察使は権大納言の兼官で、実質的な意味のない名目的なものとも考えられるが、北方物資に関わり人事に介入することもあったのではないか。一〇世紀前半の多賀城衰退後の国司館遺跡と考えられる多賀城市山王千刈田遺跡からは「右大臣餞馬収文」と書かれた題箋軸木簡が出土しており、右大臣に昇進し、陸奥按察使を離任することになった人物に陸奥国司が餞の馬を送り、その領収書を受け取ったことを示すものだろうといわれている[38]。いささか時代はさかのぼるが按察使が陸奥国司と実際に結びついていたことを示すものであり、按察使は陸奥国司人事に影響力をもっていたとも考えられよう。忠好は陸奥按察使能信と結びつきながら奥六郡に進出した可能性もあるのではないだろうか。忠好と能信の結びつきがもう少しはっきりすれば奥六郡における安倍氏台頭の背景もかなりはっきりするのだが、現時点では可能性を指摘するにとどめたい。

さて、これらの想定の当否はともかく、陸奥では万寿四年（一〇二七）以後、源頼義まで鎮守府将軍は補任されなくなる。その空白の時期に安倍忠好は権守として下向して奥六郡の支配にあたったのである。

なお、「一　安倍氏の出自をめぐって」のところで菅野成寛氏の、年齢計算からの忠好下向説批判を紹介した。『陸奥話記』の康平五年（一〇六二）に貞任が三四歳であったという記事から貞任の生年は長元二年（一〇二九）となる。この年に父頼良が二二歳だったと仮定すると頼良の生年は寛弘五年（一〇〇八）となる。これでは頼良は都で生まれたことになり俘囚と呼ばれないだろうという批判であった。また忠好の下向は長元九年（一〇三六）であり、前九年合戦がはじまる永承六年（一〇五一）まで一五年。この一五年という期間で奥六郡に勢力を伸ばすのは年代的に厳しいという指摘もある。

しかし、俘囚呼称については国家に対する反逆者であるが故にことさらに夷狄視される場合もあるため、都生まれでも問題ないであろう[39]。

では一五年で奥六郡に勢力を扶植できるだろうか。ここで高校日本史の授業などでもおなじみの「尾張国郡司百姓等解文」を思い出してほしい。「尾張国郡司百姓等解文」で訴えられた国司藤原元命は息男頼方をはじめ子弟郎等を引き連れ任国に下向して任期中に強力な任国支配を実現したのである。そのためにその支配が苛政として訴えられたのである。こうした事例を勘案すれば忠好が下向当時成人していた頼良を引き連れて奥六郡支配を展開することも可能なのではないだろうか。

四　前九年合戦の背景

次に前九年合戦について考えてみたい。これまで前九年合戦については①俘囚安倍氏による中央政府に対する反乱、②勢力拡大を目指す源頼義の挑発による戦い、③北方の豊かな富をめぐる諸勢力の対立を背景とした戦いなどの評価が提出されてきた[40]。私は基本的に③の立場を取るが合戦の展開も踏まえ考えてみたい。

前九年合戦の流れは二つの段階に分かれる。第一段階は永承六年（一〇五一）の藤原登任との合戦段階である。『陸奥話記』によれば安倍頼良が「衣川の外」に出て税も納めなかったため守との戦いになったという。この記事がどこまで真相を反映しているかは不明だが、第一段階の戦場が衣川以南の磐井郡であること、磐井郡内に河崎柵、小松柵、石坂柵などの安倍氏側の柵があること、亘理権守といわれ、亘理郡に権力をもつ藤原経清や伊具郡に権力をもつ平永衡と婚姻関係をもつことなどから安倍氏が陸奥南部の勢力と結びついたことは確かである。永衡はもともと守藤原登任の郎従であった。樋口知志氏はその永衡と安倍氏が婚姻関係を結ぶことが守登任との対立原因だったと指摘している[41]。北方の物資を求める守に対して安倍氏が守の郎従と関係を結び対抗しようとして対立が生まれた可能性はあろう。

ところがその後樋口氏は陸奥守、出羽城介が出陣し大敗したこの戦いについて『陸奥話記』以外の史料にその記録が残っていないこと、『陸奥話記』が官軍頼義による反逆者追討を描こうとする物語であることなどからそのまま史実として受け止めることに疑義を提出している[42]。このような見方は他の研究者からも提出されており、元木泰雄氏は頼義が「追討将軍」に任じられたわけではなく通常の陸奥守に任じられたこと、離任後の登任がとくに処罰を受けた形跡のないことなどから樋口氏同様に『陸奥話記』の記述に対してにわかに従うことができないとしている[43]。これらの指摘を受ければ、この第一段階は『陸奥話記』の描くような大きな戦いではなく、安倍氏が陸奥南部勢力と結びつくことをめぐっての国司との摩擦といった程度の問題だったのかもしれない。いずれにしてもこの事件は源頼義の陸奥守就任と下向、恩赦の発令により安倍頼良の罪は許され解決した。

　恩赦後、安倍頼良は源頼義と同音であることを憚り、頼時と改名し新任陸奥守源頼義に恭順の意を示した。そのため、その後両者の関係は順調だった。ところが天喜四年（一〇五六）権守藤原説貞の子光貞、元貞らが何者かに襲われるという阿久利川事件が起こり、これが安倍貞任のしわざとされ一気に安倍氏と源氏との戦乱へと突入する。ここから第二段階、本格的な戦乱に入る。事件の背景には権守藤原説貞と、権守に由来して権力を築いてきた安倍氏との間に何らかの対立があった可能性があろう。もう一つ考えておきたいのは阿久利川事件が起きたのは鎮守府将軍となった源頼義が胆沢城に逗留した後の帰路であったことである。源頼義が陸奥守になったのは永承六年（一〇五一）、鎮守府将軍となるのは永承八年（天喜元年、一〇五三）。この間源頼義と安倍氏の関係は良好だったはずである。したがって頼義の鎮守府将軍補任は安倍氏追討のためではない。では一体なぜ源頼義は鎮守府将軍に補任されたのか。またその後三年もして頼義が鎮守府を訪れたのは何故なのか。

　ここで想起したいのは『今昔物語集』巻三一に収められている「陸奥国安倍頼時行㆓胡国㆒空返語」である。そこには「其ノ国（陸奥国）ノ奥ニ夷ト云フ者有テ、公ニ随ヒ不㆑奉ラズシテ、『戦ヒ可㆑奉シ』ト云テ、陸奥ノ守源ノ頼義ノ朝臣責ムトシケル程ニ、頼時其ノ夷ト同心ノ聞エ有テ、頼義ノ朝臣、頼時ヲ責ムトシケレバ」とある。ここでは安倍氏ではない奥の夷が公に従わないことが戦乱の原因とされている。また安倍氏と奥の夷が同心していると源頼義が疑っていることなどが語られている。この説話はフィクション性の強い部分もあり、取り扱いの難しい史料であるが、この冒頭部を勘案すると源頼義の鎮守府将軍就任は北方の蝦夷との物資交易にトラブルがあり、それへの対応として鎮守府将軍に任じられた。そしてその後、安倍氏と北方蝦夷同心のうわさが聞こえ、真相究明のため源頼義が鎮守府に下向したということではなかろうか。[44]なお、この時源頼義は安倍氏の鳥海柵に入ることはできず、安倍氏が胆沢城に立てた仮屋で安倍氏の接待を受けたものと思われる。

源頼義は鎮守府・胆沢城入りしたものの、結局安倍氏と北方蝦夷の同心の確証はつかめなかった。しかし北方蝦夷との交易を掌握したい源頼義は安倍氏と対立する権守説貞とともに安倍氏との戦乱に持ち込んだ、というようなところであろうか。このようにみてくるとこの戦乱の本質は北方物資をめぐる諸勢力の対立ということになるだろう。

五　鳥海柵と中世の黎明

鳥海柵は前九年合戦初期に負傷した安倍頼良がここに戻って死去したと伝えられ、安倍氏の拠点と考えられる場所である。次にその鳥海柵の歴史をたどり、安倍氏の歴史と重ねてみたい。[45]以下鳥海柵の付図も参照されたい。鳥海柵前史としてまず注目されるのが鳥海（伝本丸）区域西部から九世紀後半の竪穴建物跡と「五保」の墨書土器が出土していることである。この「五保」墨書土器は五保制度を知る胆沢城官人の手になるものといわれているが、胆沢城と同時期にこの地域に胆沢城官人の何らかの施設があったことを示しているのである。胆沢城と鳥海柵は胆沢川を挟んで正対しており、敵対関係とみられがちであるが、実際にはこの地域は早くから胆沢城と親和性のある地域であったと考えられるのである。

その後、一〇世紀に鳥海柵がどのような状況であったかははっきりとはわからない。しかし原添下（伝二の丸）区域と縦街道南（伝三の丸）区域の間の第三沢から「介」の墨書土器が出ている。この墨書土器は九一五年に噴火したと考えられる十和田ａ火山灰の上部の地層から出土しており、したがって一〇世紀または一一世紀のものと思われる。この墨書土器が一〇世紀のものとすれば、一〇世紀に至ってもこの地域が胆沢城を補完する役割を果たしていたと考

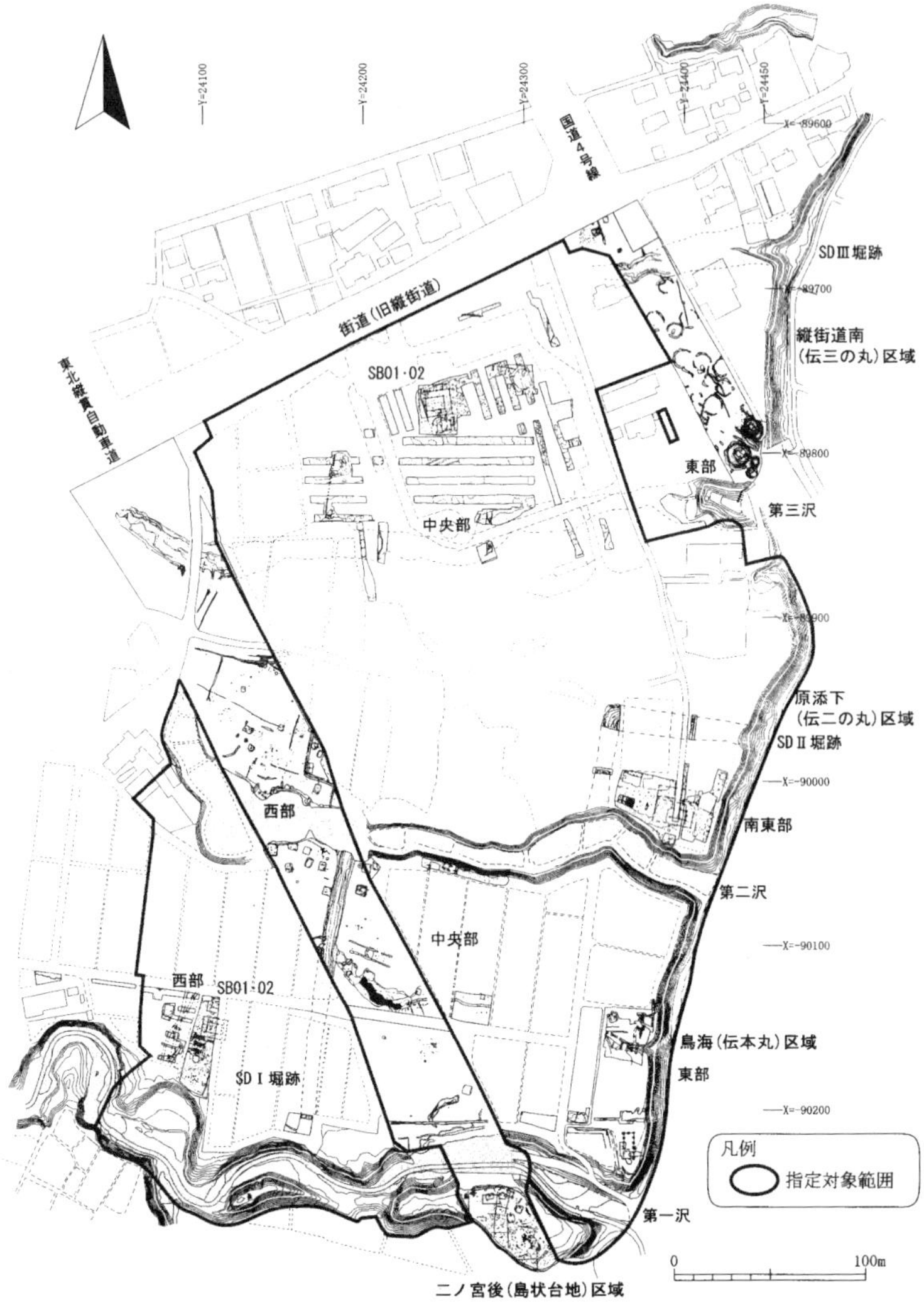

鳥海柵跡遺構全体図（『平成 25 年度前九年合戦・安倍氏研究事業　町民大学 2013　国指定史跡　鳥海柵シンポジウム―資料―』より）

えられよう。

また縦街道南（伝三の丸）区域からは一一世紀前半の鳥海柵内最大級の四面廂付掘立柱建物跡がみつかっている。この遺構から出土する土師器などの出土物は胆沢城の終末期に接続する器種構成であるといわれ、そのほか官人が身につける石帯の鉸具や水晶玉も出土しており、これらの出土物は胆沢城との関連を示唆するものである。先の「介」墨書土器が一〇世紀ではなく、この大型建物遺構と同時期のものであれば一一世紀前半でもこの遺構が胆沢城と強く関連することを裏づけることになろう。また一一世紀前半という時期を考えれば、この四面廂付掘立柱建物遺構は権守安倍忠好の私宅、または胆沢城廃絶後の在庁による国務執行場所と考えられることになろう。

さらに一一世紀半ばになると鳥海（伝本丸）区域には第二沢と第一沢を結ぶように南北にSDⅠ堀が掘削され、第二沢、SDⅠ、第一沢の「堀」に囲まれた防御性に富む地域が作られる。二ノ宮後（島状台地）区域でも掘立柱建物とそれを囲む溝や柱列が確認されており防御性が高まったことが指摘されている。さらに原添下（伝二の丸）区域でもL字状の堀で囲まれた建物群が発見されている。このように一一世紀半ばになると一挙に防御性が高まっている。安倍頼良の代になり勢力を伸し防御性を高めていったものと思われる。

鳥海柵は安倍宗任の柵であると同時に致命傷を負った頼時が最後に戻って亡くなった場所である。つまり安倍氏にとってもっとも重要な拠点と考えられるのである。だがこれまでみてきたように本来この場所には胆沢城と親和的な、あるいは補完的な施設があったものと思われる。そのような場所だったからこそ、陸奥権守となった安倍忠好がこの地に入り拠点としたのであろう。一般の国衙についていえば、国衙廃絶後の国務は在庁官人らの私宅などで執り行われたと考えられる。胆沢城の場合も廃絶後、奥六郡行政は胆沢城周辺に配置された国司や在庁官人、鎮守府将軍の私宅などで執り行われるようになったのであろう。陸奥権守安倍忠好はこの地に拠点を築き国務に関与し、また北方との交易などにも深く関わるようになった。ちょうど北方ではこの頃堀に囲郭された防御性集落が築かれている時代であった。また東国に居館をもつ軍事貴族らが物資を求めて流入している時代でもあった。こうした防御性集落や軍事貴族と接するなかで鳥海柵も防御を高めていったものと思われる。このような一一世紀半ば以降の鳥海柵は胆沢城のような古代城柵よりも中世的武士の居館などと共通する部分が多いように思われる。北方防御性集落や東国軍事貴族の影響を受けた鳥海柵は防御性を高め、安倍氏自身も軍事貴族、兵化していった。このような安倍氏や鳥海柵を中世武士やその居館の一つのルーツとみることは十分可能であろう。このような観点に立つ時、鳥海柵は中世の黎明を告げる遺跡ということができよう。

注

（1）前九年合戦の研究状況については差し当たって樋口知志編『前九年・後三年合戦と兵の時代』（吉川弘文館、二〇一六年）を参照されたい。
（2）髙橋富雄『奥州藤原氏四代』（吉川弘文館、一九五八年）など。
（3）大石直正「中世の黎明」（小林清治・大石直正編『中世奥羽の世界』東京大学出版会、一九七八年）。
（4）本書第一二章および拙稿「安倍頼良・貞任」（元木泰雄編『古代の人物　六　王朝の変容と武者』清文堂、二〇〇五年）。
（5）群書類従本は『群書類従』一六・合戦部所収、尊経閣本は『日本思想大系　古代政治社会思想』（岩波書店、一九七九年）参照。
（6）内閣文庫蔵。京都大学附属図書館蔵。京都大学附属図書館所蔵のものは同大学電子図書館貴重資料画像でインターネットにより閲覧することができる。
（7）樋口知志『前九年・後三年合戦と奥州藤原氏』（高志書院、二〇一一年）。
（8）菅野成寛「『鎮守府押領使』安倍氏権力論」（『六軒丁中世史研究』八、二〇〇一年）。
（9）入間田宣夫「系図の裏面にさぐる中世武士団の成立過程」（峰岸純夫・入間田宣夫・白根靖大編『中世武家系図の史料論』

上巻、高志書院、二〇〇七年）、同「亘理権大夫経清から平泉御館清衡へ」（入間田宣夫編『兵たちの登場』高志書院、二〇一〇年）など。なお入間田氏は本シンポジウムにパネリストとして参加され、本報告の後には私見を支持する旨の発言をされた。

(10) 渕原智幸『平安期東北支配の研究』（塙書房、二〇一三年）。

(11) 大平聡「鎮守府胆沢城から鳥海柵へ―在庁官人安倍氏の誕生―」（『平成二六年度国指定史跡鳥海柵跡シンポジウム―資料―』岩手県金ヶ崎町、二〇一五年）。

(12) 『大和物語』には後補があるとして『大和物語』の記述から一〇世紀前半の建郡とする説について疑問視し、一〇世紀後半の建郡を主張する見解もある。八木光則「奥六郡と安倍氏」（樋口知志編『前九年・後三年合戦と兵の時代』吉川弘文館、二〇一六年）参照。

(13) 注（10）に同じ。

(14) これらの学説については渕原前掲注（10）書第一章参照。

(15) 窪田大介「九世紀の奥郡騒乱」（蝦夷研究会編『古代蝦夷と律令国家』高志書院、二〇〇四年）。

(16) 進藤秋輝『東北の古代遺跡　城柵・官衙と寺院』（高志書院、二〇一〇年）。

(17) 鎮守府・秋田城体制と呼ぶ。熊谷公男「『受領官』鎮守府将軍の成立」（羽下徳彦編『中世の地域社会と交流』吉川弘文館、一九九四年）参照。

(18) 渕原前掲注（10）論文。

(19) 「安倍氏の陸奥国府在庁官人化について」（『文化史学』五六、二〇〇〇年）。

(20) 『類聚三代格』巻五、仁寿四年八月一日官符。伊藤循「征夷将軍と鎮守将軍」（『古代天皇制と辺境』同成社、二〇一六年）。

(21) 『小右記』長和三年二月七日条。

(22) 渕原前掲注（10）書。

(23) 樋口前掲注（7）書。

(24) 『平安遺文』五七二号、『公卿補任』寛徳元年（藤原資通）条。宮崎康充編『国司補任』第四（続群書類従完成会、一九九〇年）参照。

(25)『日本仏教全書』第八四巻（寺誌部 二）。『造興福寺記』該当条についてはさしあたり『青森県史』資料編　古代一　文献資料（青森県、二〇〇一年）参照。
(26)『権記』長保二年九月一〇日条。
(27)『権記』長保三年六月二〇日条、七月一六日条、一七日条。
(28)『平安遺文』三八四、四三二号。
(29)『権記』長保五年三月二六日条、『本朝世紀』同年六月一三日条。
(30)『権記』長保元年七月二一日、寛弘八年八月一四日条。
(31)『小右記』寛弘二年二月二七日条。
(32)『類聚符宣抄』第八、寛弘七年一二月日太政官符。
(33)なお安倍信行の事績については槙野廣造『平安人名辞典―長保二年―』（高科書店、一九九三年）も参照した。これ以外に永承三年（一〇四八）に安倍信行が検非違使として諸司諸衛雑色人が私的に綾錦を織ることの取り締まりにあたったことが知られる（『平安遺文』六六五号）。シンポジウム当日にはこれを同じ安倍信行の事例として取り上げたが槙野廣造『平安人名辞典上　康平三年』（和泉書院、二〇〇七年）はこれを同姓同名の別人のこととしている。『小右記』長和三年（一〇一四）六月一七日条に除目に漏れた信行について「年老」の語がみえることから年齢的に別人と判断されたようである。その可能性もあるが、同じ検非違使に同姓同名の別人がいるのかやや判断に迷う。そのため、これが同一人物の事績かどうかここではひとまず保留としておきたい。
(34)『小右記』長和四年八月二七日条、他。
(35)『平安遺文』五三二号。
(36)『範国記』同日条。
(37)『公卿補任』長元九年条　藤原能信。
(38)この木簡については平川南「多賀城市山王千刈田遺跡の木簡について」（『多賀城市文化財調査報告書第三四集山王遺跡ほか―発掘調査報告書』一九九三年三月）参照。

(39) 拙稿前掲注（4）「安倍頼良・貞任」。
(40) 前九年合戦の研究史についてはさしあたり拙稿前掲注（4）、樋口前掲注（7）などを参照されたい。
(41) 樋口知志「古代接触領域としての奥六郡・平泉」（『岩波講座日本歴史』二〇、岩波書店、二〇一四年）。
(42) 樋口知志「前九年合戦」（同編『前九年・後三年合戦と兵の時代』吉川弘文館、二〇一六年）。
(43) 元木泰雄「奥羽と軍事貴族―前九年合戦の前提」（『紫苑』一四、二〇一六年）。
(44) 最近野中哲照氏は安倍頼時追討に関する『陸奥話記』以外の史料の検討から『陸奥話記』の語る阿久利川事件の経緯は虚構の可能性があるとし、天喜元年の頼義鎮守府将軍任官以来、安倍氏と頼義の間に徐々に緊張が高まり、天喜三年に阿久利川事件そのものではないが軍事的な小競り合いが起こり、前九年合戦が勃発するとの見解を発表されている（「安倍頼時追討の真相」〔『陸奥話記の成立』汲古書院、二〇一七年〕）。しかし、頼義に対して一貫して恭順の意を表している安倍氏を対象に頼義が鎮守府将軍に任じられたとは考えにくく、頼義の鎮守府将軍任官の事情は本文のように考えておきたい。また第二段階の合戦の発端も北方資源をめぐる安倍氏と頼義の何らかの対立および権守説貞と安倍氏の対立が原因だと考えている。
(45) 鳥海柵については『岩手県金ケ崎町文化財調査報告書　第七〇集　岩手県胆沢郡金ケ崎町西根鳥海柵跡　平成二二・二三年度（第一八・一九次）発掘調査報告書』（金ケ崎町教育委員会、二〇一三年）、浅利英克「安倍氏の歴史を伝える史跡　鳥海柵」（『日本歴史』七九八、二〇一四年）、同「鳥海柵」（飯村均・室野秀文『東北の名城を歩く　北東北編　青森・岩手・秋田』吉川弘文館、二〇一七年）、岩手県金ケ崎町ＨＰなど参照。なお、岩手県金ケ崎町のＨＰには遺跡の状況はじめ、これまでのシンポジウムの資料などが掲載されており、有益である。また大平聡「鳥海柵」（『平成二五年度前九年合戦・安倍氏研究事業　町民大学二〇一三　国指定史跡　鳥海柵シンポジウム―資料―』金ケ崎町中央生涯教育センター、二〇一四年）も参照。

〔付記〕本稿作成にあたって伊藤循氏より種々ご教示を得た。記して謝意を表したい。

第一四章　受領層の旅

前章まで王臣家の地方下向の状況や在地への土着、勢力扶植の様相などをみてきた。平安時代になればこのように様々な人々が都と地方を行き来していたのであるが、もっとも基本的なものとして受領がどのようにして都と地方をつないだのかをみておく必要があろう。ここでは受領による都鄙間交通のあり方について「旅」の具体相をみることを通して考えてみたいと思う。その際すぐ思い浮かぶのが『土佐日記』、『更級日記』などの受領帰京の旅であるが、これらは多くの研究があるのでここでは扱わずに別の題材から迫ることにしたいと思う。[1]

一　律令制下の交通

この問題を考える前にまず律令制下の交通制度について瞥見しておこう。

律令国家は地方行政単位として全国に国・郡・里を置き、中央から貴族を派遣して国司として地方行政を行わせていた。そのために整備された交通・通信網を駅伝制という。駅伝制とは駅馬と伝馬の総称で、駅馬は緊急連絡や公文書の逓送など通信に用いられる。一方の伝馬は公務により旅行する者が使用する乗馬である。したがって国司の下向に関しては伝馬を利用することになるのだが、伝馬の実態についてははっきりとしない点も多い。

まず、伝馬は郡ごとに置くとされている。郡のどこに置かれていたかは明らかではないが、恐らくは郡司の勤める役所である郡家に置かれていたものと思われる。各郡家には五疋の伝馬が置かれ、任地に赴任する国司が乗り継ぎに用いた。郡家には伝馬のみならず付随して宿泊施設などもあり食料の供給や宿泊の便も得ることができたものと考えられる。律令制下の国司の赴任はこのような制度のもとで行われていたのだが、その後様々な改変がある。延暦一一（七九二）年には、伝馬制は「公家之費」が多いとして一度廃止されている（『類聚三代格』巻十八延暦二一年一二月官符）。その後延暦二四（八〇五）年に土佐国で再び置かれるなど一部で復活（『日本後紀』延暦二四年四月五日条）、平安時代の法制史料である『延喜式』には駅馬とともに伝馬の規定があるので平安前期には復活したと考えられている。

但し、神護慶雲二（七六八）年に山陽道では伝馬は民の苦しみとなっているので廃止して、かわりに各駅の駅馬五疋を増やすという事例もある（『続日本紀』神護慶雲二年三月一日条）。この場合駅馬が伝馬の代用となっているのであるが、このように伝馬の制度は次第に駅馬に吸収されていく傾向にあった。

弘仁三（八一二）年伊勢国では、「伝馬は新任国司を送る際に用いるのみで、それ以外に用いることはない、さらに桑名郡榎撫駅（三重県桑名郡）から尾張国に行くのには水路が用いられているのに伝馬が置かれ、民の負担になっている」とされ、伝馬が廃止されている（『日本後紀』弘仁三（八一二）年五月八日条）。このように平安期に移行するにつれ、伝馬の役割は減り、廃止されたり駅制に吸収されたりしつつ駅伝制は変質していったのである。

こうして平安期では駅馬の適用範囲が広がる一方で、伝馬は補助的な制度になったと考えていいだろう。さらに一〇世紀末には駅馬も含め駅伝制度自体が相当行き詰まり、一一世紀には衰退したと考えられる。したがって本章で扱う、平安中・後期の受領らの場合、駅伝制とは異なる方法で任国に赴任していくことになる。

二　任国への旅

では続いて任国への赴任手続きについてみてみよう。『朝野群載』巻廿二には国司の実務に関するマニュアルともいうべき「国務条々」という文章が収録されている。(2) この「国務条々」や国司の交代手続きを規定した『交替式』を参照しながらおよその流れをまとめると以下のようになる。

まず国司に任命されると赴任準備のために休暇が与えられることになっている。近国なら二〇日、中国三〇日、遠国六〇日である。この間に赴任の準備や任国への諸連絡、前任者との引き継ぎの打ち合わせを行うのである。

こうした連絡調整が済むといよいよ下向となる。受領が下向する際には天皇、摂関や大臣家などの上級貴族のところへ赴任の挨拶にいく。これを「罷り申し」というが、そしてそこで馬などの餞別をもらったりする。

下向に際しては任符という辞令、本人を国司に任命したという太政官符をもって下向する。これは任国に着任早々現地の在庁官人らに示す必要がある重要な書類である。やや余談になるがこのような重要な書類であるにもかかわらず、その任符を紛失してしまうという事例もあった。和泉式部の二度目の夫で道長の家司として活躍した藤原保昌は大和守に任じられた任符を道中で紛失してしまっている。彼は任国より関白頼通へ再発行を願い出て、何とか再発行してもらっている（『小右記』万寿二〔一〇二五〕年十月二一日条）。大和という近接地だったこと、道長家司という立場などが幸いしたが、任国がもっと遠隔だった場合など大変なことになったろう。

下向に際しては律令制では「親属賓客」を伴って下向することは禁じられていたが（雑令三六外任人条）、平安中期にはこうした規定は有名無実化していたらしく、周知のように妻や家族を連れて下向する事例は多くあった。(3) そしてそれ以外に任国で自らの手足となって働いてくれる有能なスタッフをつれていく必要もあった。

任国では地元の豪族などが在庁官人として国務を補佐したが、在庁官人を取りまとめていくためにも行政のエキスパートをつれていく必要があったのである。それが目代・郎等と呼ばれるものであった。

藤原明衡が書いた『新猿楽記』には受領郎等の理想像として四郎君なる人物が描かれている。『新猿楽記』はもとよりフィクションで、四郎君という想像上の人物に仮託して受領郎等の職務尽くしを行っているのであるが、しばらくその記載をみてみよう。

　四郎の君は受領の郎等、刺史執鞭の図なり。五畿七道に於て届ざる所無し。六十余国に於て見ざる所なし。船に乗れば則ち風波の時を測り、馬に騎れば廼ち山野の道に達す。弓箭に於て拙からず。算筆に於て暗きこと無し。境に入れば着府の作法、神拝・著任の儀式、治国良吏の支度、交替分付の沙汰、不与状の文、勘公文の条、等き者有りと雖も、更に之に過る者莫し。

四郎君は船馬、武芸、算術、文筆、国衙着任に伴う様々な儀式、様々な行政書類の処理全てに通じる人物として描かれ、彼こそ理想の受領郎等ということになっている。もちろんこれは理想像であってここまですごい人物はそうはいなかったと思われるが、受領は赴任に際してこのような有能な人間を探しスカウトして任国へ赴くのである。四郎君は日本全国に派遣されたと書かれているが実際にこのように国司に伴って日本中を旅し、渡り歩く受領郎等もいたであろう。

さて、こうして準備ができれば吉日を選んで出発である。但し吉凶だけではなく、雨も嫌われており、吉日といえどもその日が雨の場合はあらためて日を選び出発することになる。ここから先は実際の受領の赴任の様子を追ってみよう。

三　因幡守平時範の旅

摂関家家司で、左少弁・中宮大進でもあった平時範という人物の日記が残されている。彼は承徳三（一〇九九）年に因幡守に任じられ、任国へと向かっている。中央との兼官であったため下向していたのは約四〇日とごく短期間であるが、彼の日記『時範記』にはその時の旅の様子、任国での実務の様子などが記録されており、貴重な史料となっている。その『時範記』によりながら時範の摂津・播磨（現在の兵庫県）・美作（岡山県北部）を経て因幡（鳥取県東部）に至る赴任の旅を追ってみよう(4)。

時範が因幡守に補任されたのは前年七月の除目で、補任されてから半年以上経った二月、いよいよ任国への下向となる。二月三日には賀茂社と平野社に詣でて赴任を奉告。八日には摂関家や内裏などに参上して、恐らく赴任のことを告げ、夕方帰宅してから因幡下向の手配を命じている。またこの日関白藤原師通より黒毛馬が贈られている。

翌九日辰剋（午前八時頃）、出門の儀を行うため、まず山城介頼季宅へ向かう。出発にあたってもこのように様々な儀式や呪法を行わなければならないのである。自宅ではなくわざわざ山城介宅に向かったのも方違のためであろう。巳剋（午前一〇時頃）、山城介宅まで見送りに来た知人らと小饌を設け、その後陰陽師に反閉という呪法を行ってもらう。反閉とは旅の安全を願って行うもので、呪文を唱えながら千鳥足のような形で足で地を踏みしめる呪法のことである。陰陽師に続いて時範らも行った。そして任国の神社に納める神宝を先頭にいよいよ出発する。

一行は七条大路から西七条へ出て、そこで正装である衣冠から旅行用の簡易な服装に着替えた。京中にいる間は正装で、京外に出るところからいよいよ旅がはじまるのである。その後未剋（午後二時頃）山崎に至り石清水八幡宮別当の接待を受け、この日はここに泊まっている。

一〇日は辰剋（午前八時頃）に出発、申剋（午後四時頃）摂津国武庫郡河面《むこぐんかわも》御牧司の宅に着き泊まるが、ここに摂津守から酒肴や馬が送られている。上述したようにこの時にはすでに駅伝制が衰退していたため、このように牧司らの家などに泊まったのである。もちろん国司らには事前に連絡を取っておき、沿道の国司は駅伝制の代替としてこのように様々な準備をしたのである。

翌一一日は播磨明石駅家、一二日は高草駅家（姫路近辺カ）、一三日は佐余《さよ》郡家に泊まっている。いずれもほぼ辰剋（午前八時頃）に出発し、早い時には未剋（午後二時頃）、遅い時は申剋（午後四時頃）に宿泊している。午後二時に宿泊するというのはやや到着が早すぎるようにも思うのだが、恐らく京にいる段階で旅程も宿泊場所も決まっていて手配されているためであろう。そのために午後二時についてしまえばそれ以上先へは進まず宿泊をしたのである。

さて、明石や高草では駅家を利用しているが、高草駅家というのは『延喜式』にみえない駅家であり、かつて律令で規定されていた駅伝制とは大分実体が異なったものであったろう。高草では播磨国司が時範のためにわざわざ施設を作っており、いずれの宿所の食事も播磨国司が用意したものであった。そのため時範は謝礼として二疋の馬を播磨国司に贈っている。

一四日には美作に入る。ここまで時範は摂津、播磨と瀬戸内海沿いの山陽道を通ってきたが、北上して美作に入り、因幡へ向かったのである。

この日は未剋（午後二時）に美作国司が境根《さかね》に作った仮屋に泊まる。仮屋というのは仮設の小屋であるが、時範より事前に連絡を受けて美作国司が設営しておいたものであろう。

さて、ここから任国の因幡まではすぐである。時範は使者を派遣し、因幡国の故実について問い合わせている。「国務条々」にも国境に入る時には礼法に従って国の習慣を問い合わせるように、地方の官人らは境迎えの日に必ず国守の賢愚を推量するから注意するようになどの条文がある。

このとき、因幡の官人らは宮人原にいるという。宮人原が現在の何処にあたるかはあまりはっきりとはしないが、時範の任国入りを迎えるために美作国境近くまで出向いて来ているのである。時範はそこに使者を送り、国境入りとともに行われる境迎えに関する故実を問い合わせたのだろう。

翌一五日はいよいよ任国入りである。雨まじりの雪という悪天候であったが、国境の鹿跡《しと》の御坂、現在の志戸坂峠《しとさか》を越えたところで因幡国の官人らと境迎えの儀式がある。そのため時範は正装である束帯に着替え剣を帯び、黒毛馬に乗って（これは旅立ちにあたって関白師通より贈られた馬であろう）出立する。卯剋（午前六時）という早朝の出立だが、これ以前に美作の在庁官人である書生を召して宿泊の謝礼として馬を贈っている。

そして鹿跡の御坂の峰で因幡官人らと対面する。官人らが位官姓名を名乗り、時範が応えて礼をする。これが因幡の境迎えの儀であった。境迎えのやり方は国によって様々であるが、天候のこともあるのかここでは簡単な形で行われている。その後官人らが列立するなか、神宝を先頭に時範一行は智頭《ちず》郡の駅家まで進む。巳剋（午前一〇時頃）智頭駅家に着き、まず餅を食べ、粥をすすった。その残りはお下がりとして郡司に下げおろされている。このあたりことなく芥川龍之介の「芋粥」の話を想起させるが、それはともかくここで束帯から衣冠に着替え、さらに山路を越え、夜になってようやく国府近辺の総社に着いている。

総社では西の仮屋で食事をとり、戌剋（午後八時頃）再び束帯に着替え、税所に官符（恐らく辞令にあたる任符であろう）を渡し、国印を受け取るなど着任手続きをいくつかこなし、その上で国庁に入り、因幡官人らと着任の宴を開いている。このあと本来なら三日厨といって宴会があと二日行われるのだが、あらかじめ残りの二日間は辞退している。この点についても「国務条々」に同様の指摘があり、『時範記』と「国務条々」の記述は驚くほど合致している。

以上が『時範記』の伝える受領の下向の様子だが、この間、時範のもとにはしばしば京からの手紙が届いている。『時範記』には「京書にいわく…」といった形でその日の京のできごとが記されているが、その京書が京からの手紙である。このようにして摂関家家司であり弁官でもあった彼のもとへはひっきりなしに京の情勢が伝えられたのである。一方、彼からも京へ脚力と呼ばれる飛脚を派遣し、返書を書いているようである。

任国に着任した時範は一〇日後の二六日に任国内の諸社に奉幣する神拝を行っている。まず総社に参り、遠方の神社には館侍一〇人を派遣して代参させている。そして自身では因幡国一宮宇倍宮をはじめ国府近くの六社に参詣するのである。この神拝が終わった後、三月二日に国務始《はじめ》を行い、その後、任国に留まること約四〇日で京へ戻っている。時範のように常時在国できないものにとって在庁官人と宴をもち、在庁官人らが信仰する任国の各社に神拝することは任国支配をしていくために非常に重要なことであったのである。

こうして神拝を行った時範であるが、それとともに任国下向中に行ったのが勧農と徴税である。勧農とは文字通り農業を進めることで、任国入りした一五日にすでに目代に対して勧農のことを下知するよう指示し、三月二日の国務始では農業用水確保に必須の池溝の修理を命じる国符に捺印している。

徴税に関しては三月二日の国務始の日に諸郡司から「一把半利田請文」なる文書を受け取っている。この「利田請文」というものの内容はあまりはっきりとしないが、耕作田数や租税額に関係するものであろう。この「利田請文」を受け取ることによってその年度の耕作と徴税に関する一種の契約が結ばれたと考えられる。(5) このような契約を結ぶ一方、驚かされるのが、その前日、『時範記』三月一日条に記載されている「勝載を始める」と書かれていることである。勝載とは荷物を積むことを意味すると思われる。つまり税として徴収したものの荷造りをはじめたというのである。『時範記』に記された三月という時点で新たに作物を徴税したとは考えにくいので、前年に徴税して国衙正倉などに納められていた官物などを荷詰めしはじめたのであろう。神拝とともに短期間であるにもかかわらずしっかり徴税（というよりこの場合は官物移送というべきか）は行っているのである。まさしく「受領は倒るる所に土をつかめ」（『今昔物語集』巻二八―三八）である。

さて、神拝と徴税を終えた時範はこうした官物とともに今度は帰路につくのである。三月一八日には運上米が無事京まで届くよう祈祷し、そのために馬を各社に奉納している。またこの間三月九日に品治《ほむち》郷司政茂なる人物が引出物として馬二疋を貢じたのをはじめ在庁官人らから次々と馬を献じられている。在庁官人らからすれば国守との円滑な関係を築くための必要経費だったのであろう。そして帰京する国司はこうした馬を恐らく帰路、食事などを用意してくれる各国国司に対する引き出物として利用したのであろう。

帰京出発は三月二六日。早朝に一宮宇倍宮に上洛の由を奉告し、出発しようとした。しかし夜間に雨が激しく降ったため川の水があふれているという情報が入り、出発を一日延期した。

翌二七日に国府を出て申剋（午後四時頃）に恐らく智頭の駅家に着き、宿泊する。二八日は辰剋（午前八時頃）に出発、鹿跡の御坂を越え、未剋（午後二時頃）に美作国佐奈保に着く。ここでは美作の在庁官人と思われる追捕使信助が饌を儲けてくれた。

二九日早朝には信助に謝礼として馬を与え、辰剋（午前八時頃）出発、巳剋（午前一〇時頃）佐用に着し、食事を取る。これも在庁官人である押領使が準備したもので、謝礼にまた馬を与えている。未剋（午後二時頃）に播磨国平野に入っている。

残念ながら『時範記』の記述はここでとぎれてしまってその後の旅程に関する記事は現存していない。恐らく帰路も往路とほぼ同様の行路で無事入京したものと思われる。以上が『時範記』の伝える受領の旅の様相である。

四　藤原宗成の旅

さて、因幡への下向の様子は時範以外でもみることができる。時範下向の二〇年後、同じく因幡に下向した藤原宗成の事例である。宗成は院政期の重要な記録『中右記』の記主藤原宗忠の子である。

この時因幡は宗成の父である権中納言宗忠の知行国になっていたといわれ、実際の国務も父親宗忠がみていたようである。守となった宗成は侍従を兼任しており、補任後もいっさい下向しなかった。

任初に行うべき神拝も目代として派遣した重俊が代わって行っている。そしてそのまま任国に下向することなく元永二（一一一九）年一二月まで八年半、宗成は守をつとめるのである。

ところが、任終の元永二（一一一九）年になって、守なのに一度も下向が無く、一宮宇倍社にも参詣していないことに国人が不満をもっていると聞き、父宗忠が急遽下向を思い立ったのである。但し「臨二任終年一下向万人不レ受」るため、まず氏神の吉田社に祈り、陰陽師三人に占わせてみた。すると下向は吉であると出たため七月一四日に下向すると決めたのである（『中右記』元永二年六月一九日条）。

宗成の下向については『時範記』ほど詳細な記録はないのだが、父宗忠の日記『中右記』より若干の様子がうかがえる。

出発は七月三日、酉剋（午後六時頃）宗忠の中御門亭で出門の儀を行った。例によってこの時も陰陽師が反閉を行っている。その後中将亭に向かっている。これも方違えのためであろうか。実際の出発は一四日なのでそれまで中将亭に滞在したのであろう。一四日にいよいよ進発している。その際、関白や内大臣などの上級貴族から出雲前司、駿河守などの受領に至るまで一三人の人々から馬一五疋を贈られている。これも恐らく道中の謝礼などに用いられたことであろう。そのほか内大臣、民部卿、治部卿、少将らから装束も贈られている。

宗成が下ったコースも時範とほぼ同様のものと思われるが、最初の宿泊地は「左中弁為隆小松儲」とある。これは摂津国武庫郡小松荘のことで縁戚の為隆の所領であったようである（戸田芳実『中右記』そしえて、一九七九年）。駅伝制が実質的に機能していないこの時代において宿所はこのように縁者を頼ったのである。その後播磨国では守基隆が国中に三ヶ所、宿所を用意している。その場所は記載されていないが、時範も三ヶ所に宿泊しており、行程はほぼ同様であろう。

美作では殿下御領、つまり関白忠実の荘園である粟倉荘に泊まっている。関白忠実は宗忠の叔母全子の子であり、宗忠は忠実の幼少より仕えてきた間柄である。こうした関係があれば時範のように美作の国司の世話にならずとも済んだわけである。

宗成が因幡国府に到着したのは二〇日のようである。宗成が送った脚力が二八日に宗忠のところに着き「去廿日如レ思着レ府、道間無二風雨難一、無二事障一下向了」と伝えている。

その後宗成は半年近く任国に留まり、帰京したのは翌年二月二九日である。その旅の様相は『中右記』にもとくに記載がないのだが、京についた日には次のような記事がみえる。

因幡守宗成戌刻許上洛也、国人右近大夫経俊以下卅人許送来、任終国司国人送来、是依レ不レ行二非法事一、自成二甘棠之詠一歟、各仰二感悦之由一了

宗成帰京には因幡国人ら三〇人が見送りに京までついてきたというのである。父親の宗忠はこれは非法を行わなかったためで「甘棠《かんとう》之詠」をなすかと喜んでいる。「甘棠之詠」とは甘棠の木の下で庶民の訴えを聞き善政をしいた周の召伯を人々が慕ったという故事に例えた表現である。宗忠は各人に感悦の旨を伝えたようだが、そもそも任終に至って守の下向を国人らが求めたことといい、国人らには守の下向を促し中央と結びつきをもとうという意図があったのではないだろうか。このように地方と中央は様々な回路を通じてつながっていくのである。

さて、いずれにしても、自己の従者や荷だけではなく国人三〇人を引き連れた旅は相当大がかりな旅であったと思われるが、その具体的な様相についてはこれ以上何も記されていない。

五　大江匡衡・赤染衛門夫婦の旅

さて、ここまで平安後期、院政期の因幡国への受領の旅をみてきたが、次に時範より九〇年ほどさかのぼる、平安中期、摂関政治期の受領の旅をみてみよう。対象となるのは歌人として著名な赤染衛門とその夫尾張守大江匡衡である。この二人の任国下向の様子は赤染衛門の歌集『赤染衛門集』からうかがえるのである。

ところで、律令制では国司などが「親属賓客」を伴って任国に下向することは禁じられていた（雑令三六外任人条）。したがって受領が家族連れで下向するなどとは考えにくいことであった。しかし、平安中期には雑令の規定も有名無実化していたらしく、受領が家族づれで下向する実例は『土佐日記』や『更級日記』によっても知られる。枕草子一八六段「位こそ猶めでたき物はあれ」にも女性の幸せの一つとして「受領の北の方にて、国へ下るをこそは、よろしき人のさいはひの際と思ひて、賞で羨むめれ」と受領の妻となり任国へ下向することがあげられている。このように受領の妻が任国に同行する例は多かった。

もちろん、妻を連れずに夫だけが赴任する場合もあった。但しその際には悲劇的な結末を迎える場合もあったようである。芥川龍之介の「六の宮の姫君」のモチーフになった『今昔物語』巻一九―五「六宮姫君夫出家語」はその典型的な話である。

身寄りを亡くした姫がある国の前司と結ばれるものの、その前司が父親とともに父の任国に下向し、置いていかれると結局零落してしまうという説話である。受領層の女性にとって当時の旅行は決して楽なものではなかったろうが、受領の妻は京に残るよりも夫との下向を望んだのではないだろうか。

また、夫とともに下向した受領の妻は受領の国内支配においても大きな役割を果たしたのである。『赤染衛門集』には、尾張国人らが国衙と対立し、「田をつくらじ」とトラブルになった際に赤染衛門が一宮真清田社で歌を詠み、それがきっかけになって国人らと和解できたとの話が載せられている。受領とともに下向した妻は旅のパートナーだけではなく任国支配に関しても受領の重要なパートナーだったのである。(6)

さて、『赤染衛門集』によりながら二人の旅の様子をみてみよう。

大江匡衡が尾張国司になるのは長保三（一〇〇一）年正月二四日のことである。匡衡はこの年、前任者の藤原知光と替わって尾張守となっている。除目後、約一月の準備期間を経て三月、匡衡はまず赤染衛門はつれずに任国入りを果たしたようである。そのことは、自分が無事に着任したことを藤原行成に知らせた書状、長保三（一〇〇一）年三月三日付「奉二行成一状」が『本朝文粋』巻七に残っていて知ることができる。しかしこの時の赴任はごく短期の滞在ですぐに帰京している。手紙をもらった藤原行成の日記『権記』同年六月二六日条にはこの日尾張守（この場合は匡衡）が来会したとあり、六月の時点で匡衡が京に戻っていることが確認できるからである。

その後七月に赤染衛門をつれて任地へ下向するのである。これから先、赤染衛門は夫匡衡とともに尾張までの赴任の旅に出るのである。

尾張へくだりしに、七月朔日ころにて、わりなうあつかりしかば、逢坂の関にて、し水のもとにすずむとて越え
はてばみやこも遠くなりぬべし関の夕風しばしすずまん

七月朔日頃に尾張に下向したが、暑さのため逢坂の関で涼をとった際の歌である。ここに朔日とあるが、これを文字通り一日ととると後の旅程と日数があわなくなってしまう。そのためここは初旬頃の意である。その後大津で一泊するがそこで一行は地引網をみている。

大津にとまりたるに、「あみひかせて見せん」とて、まだくらきよりおりたちたるをのこどもの、あはれにみえし
に朝ぼらけおろせるあみのつなみればくるしげにひくわざにありける

京から逢坂の関を経て大津に到着。ここでは琵琶湖の漁師たちが地引網をみせましょうといってわざわざみせているのである。むろん生業として日常的に地引網を引いていたのだが、早朝より赤染衛門たちがみていることから、前日にすでに計画してうち合わせたことであったろう。国司は地方の人々にとっては貴人であり、その下向に際して漁民らはこのように気配りをしているのである。こうした交流があったことも興味深いことである。

その後一行は船に乗って湖東へ向かい、愛知川に着く。

七日えちがはというふところに、いきつきぬ。きしにかりやつくりておりたるに、ようさり、月いとあかう、浪おとたかうてをかしきに、人はねたるに、ひとりめざめてひこほしはあまのかはらに舟出しぬ旅の空にはたれを待たまし

愛知川は琵琶湖へ注ぐ河川。大津より舟で愛知川河口にたどり着いたのである。この日は七夕。川岸に泊まる自分と天の川に舟を出す彦星を重ねて歌を詠んだのである。

さて、ここで注目されるのは仮屋に泊まっている点である。上述の時範も仮屋に泊まっているが、彼の場合は美作国司が事前に作ったものである。ここでは「かりやつくりておりたるに」、仮屋を作って舟を降りた、とあるように自力でこの場で作ったのである。

駅伝制が衰退に向かっているこの時期、駅家など適切な宿泊所がなく、事前の準備もない場合には自分たちでこのように対応したのである。赴任する国司の心得を書いたマニュアル「国務条々」にも「吏幹勇勘」の郎党二人を先行させてその日の夕宿を探させ、適当な宿が確保できないときには一人が戻ってきてその旨を報告し、設営しろとある。この日もまさしくこのケースであろう。適当な宿が得られず、仮の宿泊施設を作り泊まったのである。同様な事例は『更級日記』などにもみられ、例えば三河国二村山では柿の木の下に仮屋より簡便な庵を作って泊まったところ、一晩中その屋根の上に柿の実が落ちてきて人々が拾っていたなどとある。

無論時範や宗成のように事前に所在国の国司に連絡して仮屋を用意してもらうこともあった。さらに同じ仮屋といっても有力者、例えば院が熊野などに参詣する際には参詣路次の国司がかなり豪華な仮屋をもうけていたようである。藤原重雄「『仮屋』小考」（藤原良章・五味文彦編『絵巻に中世を読む』吉川弘文館、一九九五年）によれば、その際には仮屋の屋根は松葉葺にしたという。未だ色あせない青々とした松葉で屋根を葺くことによってその建物が一過性のものであり、それによって清浄さを示したのだという。こうした豪華で清新な仮屋もあったが、この日の赤染衛門たちの場合は当日自力で作っているのであり、かなり簡便なものであったろう。

またの日、あさづまといふところにとまる。その夜、風いたうふき、雨いみじうふりてもらぬ所なし。頼光が所なり。壁にかきつけし

草枕露をだにこそ思ひしかたがふるやとぞ雨もとまらぬ

次の日は現在の滋賀県米原町にあった朝妻という港に泊まった。朝妻は東山道に接する琵琶湖水運にとって重要な港であり、物資の集散地であった。これより約一〇年前、永延二（九八八）年に尾張守藤原元命が訴えられた「尾張国郡司百姓等解文」にも元命が尾張の人々を駆使して朝妻に物資を運ばせたとある。このように朝妻は物資の集散地であった。

そのためか、ここには源頼光が所有する家があった。当時頼光は美濃守であった。美濃で徴収した物資を入れるためのものでもあったのであろうか。その家を赤染衛門一行は借りたのである。但しその晩は大変な風雨で、家中至るところ雨漏りがしたという。受領層の旅といえども苦労はつきないのである。

ところで、頼光と匡衡はこれ以前より春宮坊に勤める同僚であった。すなわち頼光は東宮大進、匡衡は東宮学士として付き合いがあり、この年、お互いが隣国の美濃守・尾張守になったことを喜び合って書状のやりとりをしている（『本朝文粋』巻七、長保三〔一〇〇一〕年三月二八日「報頼光書」）。受領の下向などの際にはこのようにあらかじめ

縁故などを頼って宿泊所を確保したのである。この日は事前に頼光に連絡して宿所を確保していたのであろう。しかし、折からの豪雨のため一行は散々の目にあい、さらにはこの豪雨のために一行はここで足止めを食ってしまうのである。

水まさりて、そこに二三日ある程に、ひをえてきたる人あり。「このごろは、いかであるぞ」ととふめれば、「水まさりては、かくなん侍る」といへばあじろかとみゆる入り江の水ふかみひをふる旅の道にもあるかな

増水のため二、三日滞在している間に氷魚をとってもってきてくれる者があったという。この氷魚とはシラウオやアユの稚魚などの総称で琵琶湖でとれるものであった。『土佐日記』にも海路の日待をしている紀貫之一行に対して差し入れがあったという記述があるが、大津の地引網といい、この記事といい、受領の旅にはこのような在地の人間の奉仕もあったのである。

その後、一行は杭瀬川に至る。

それより、くひせ河といふところにとまりて、よる、鵜かふを見て
夕やみのうぶねにともすかがり火を水なる月の影かとぞみる

杭瀬川は現在の岐阜県大垣市西部を流れている川である。流路は大分変更があり、現在は揖斐川の支流に合流する川であるが、中世には杭瀬川こそ揖斐川の本流だったといわれている（榎原雅治『中世の東海道をゆく』中央公論新社、二〇〇八年）。後に杭瀬川宿といわれる場所は明確ではないが、大垣市赤坂あたりといわれる。一行は赤坂あたりに泊まったのであろうか。ここで鵜飼いを見物し、さらにその後杭瀬川を尾張方面に南下して馬津に向かう。

又、むまづといふ所にとまる。夜、かりやにしばしおりてすずむに、小舟にをのこふたりばかりのりて、こぎわたるを、「何するぞ」ととへば、「ひやかなるをもゐくみにおきへまかるぞ」といふおきなかの水はいとどやぬるからんことはまなゐを人のくめかし

馬津では仮屋に宿したようである。夜涼んでいると小舟を漕ぐ者がいた。この者たちは冷たい水を汲むために沖へ出るのだという。

馬津は東海道の渡船場として知られ、「尾張国郡司百姓等解文」にも「馬津渡、是海道第一之難所」とある場所である。現地比定については諸説があり、はっきりとはしないが、愛知県津島市街北西、松川付近の明治一七（一八八四）年の地積図には「松川・西馬・東馬」という小字がみえ、この松川付近であろうともいわれる。杭瀬川までは東山道を通って美濃国に入り、杭瀬川を一気に南下してこの馬津に至ったものと思われる。

「京いでて、九日にこそなりにけれ」といひて、かみやこいでてけふここぬかになりにけり

とありしかば

とをかのくににいたりにしかな

このようにして九日目にようやく国府に着いたのである。その日、夫婦の間で歌を詠み交わしているのである。

さて、以上が赤染衛門と匡衡の旅である。宿所についての記述が少ないため単純にはいえないが、時範らの院政期にせよ、匡衡らの摂関期にせよ、駅伝制が衰退しているなかでは受領の赴任という公的な旅行であっても自力で仮屋を築いたり、路次国の国司に連絡を取り、馬などの謝礼をしながら宿所を用意しなければならなかった。受領の旅には自助努力が欠かせないものだったのである。

但し、路次国の国司には衰退した駅伝制を補い、通行を援助しなければならないというような意識があったのではないだろうか。その一方、旅する受領側は路次国の国司側に謝礼を用意したし、その財源として出立に先立ち上級貴族やあるいは同輩の受領層までが馬などを餞別として贈っている。受領の赴任という公的な旅がこのような互酬、相互扶助、または自助努力によって成り立っているという点は平安中・後期の国家の性格を考える上でも注目すべき点であろう。中央集権的な律令国家から権門が分立する中世的国家への移行が受領の旅からも読みとれるようである。

六　様々な受領層の旅

以上、受領層の旅として任国への往来をみてきたが、これ以外に受領層の旅としては温泉治療や社寺参詣などが考えられる。

温泉治療に関しては受領層に限定されるわけではないが、『朝野群載』（巻二一）に次のような官符がある。

　太政官符　某国

　　可レ給二正税一千束一事

　右某宣、奉　レ勅、某朝臣為二治病一向二温泉一、宜下以二彼国正税一千束一給上レ之、亦充二食四人具馬四疋一令レ得二往還一者、国宜承知依レ宣行之、路次国亦准レ此、符到奉行、

弁　　　　　　　　　　　　　　　史

　　　年　月　日

これは某朝臣のために某国が費用正税一千束を負担し、往復の際には食料と馬を負担せよと命じるものである。天平一〇（七三八）年の駿河国正税帳には下野国那須温泉に行くために駿河国を通過する小野朝臣に正税を支出した記載があるので、官人に対しこのような優遇措置がとられたのは確かだが、平安中・後期においてこのような優遇措置がどの程度実際にとられていたかは不明である。先の任国赴任の様相からもこの官符にあるような便宜がそのまま適用されたとはやや考えがたい。

また社寺参詣については上級貴族から受領などの中下級貴族、またその家族に至るまで当時盛んに行われた。但し交通の便もよくなく、日数がかかるため摂関などの政治上、重要な責務をもつ貴族らが旅することには批判的な声も

あった。

すでに新城常三『新稿社寺参詣の社会経済史的研究』が指摘していることだが、例えば治安三年、藤原道長が、自身の高野山参詣に関白頼通を伴おうとした際、藤原実資は「関白□□（数日カ）城外極可レ無レ便事也」と述べ批判している。そのため道長は頼通の随行をやめて内大臣教通に差し替えているほどである（『小右記』同年一〇月一七日条）。受領層の場合、旅に出ることに対する批判は少なかったろうが、旅行自体はそれなりに厳しいものであったろう。

『更級日記』には受領自身ではないものの孝標女の初瀬詣での記事がある。そのなかには初瀬の帰路、随行者が多いため借り受けた小家には入れず、野中に庵を作り、孝標女などはそこに泊まり、供の者たちは野宿したといった記載がある。受領本人の参詣としても同じような状況はあったのではなかろうか。

なお、これが摂関家などの上級貴族の旅だと事情は変わる。永承三（一〇四八）年藤原頼通は高野山に参詣したが、その時の記録『高野山参詣記』によれば頼通の高野山参詣には備後守、筑前権守、駿河権守、伊予守など多くの国司が扈従している。路次の国司が宿所などを提供するのはもちろんだが、随行した受領らも淀川を下る際の舟を造進するなど奉仕をしている。このような摂関家の社寺参詣への随行も受領の旅の一つといえるのだが、それは摂関家の相伴に預かれるという側面もあるものの様々な形での奉仕も必要な旅であったろう。

注

（1）これらについて私が関わったものとして木村茂光編『歴史から読む「土佐日記」』（東京堂出版、二〇一〇年）、「『更級日記』からみた受領のくらし」（樋口州男・村岡薫・戸川点・野口華世・田中暁龍編『歴史と文学』小径社、二〇一四年）がある。あわせて参照いただければ幸いである。

（2）「国務条々」を扱った研究は多くあるが、最近のものとして佐藤信監修、朝野群載研究会編『朝野群載巻二十二　校訂と註釈』（吉川弘文館、二〇一五年）がある。

（3）受領の妻の下向およびその果たした役割などについては拙稿「平安時代の『受領』の妻」（『歴史地理教育』六三一、二〇〇一年）を参照されたい。

（4）『時範記』を扱った研究も多くあるが、最近のものとして森公章『平安時代の国司の赴任』（臨川書店、二〇一六年）がある。

（5）「利田」については鎌倉佐保「利田と国衙勧農」（『人文学報（首都大学）』五〇五、二〇一五年）がこれまでの理解を一新している。本章の論旨とは直接には関わらないが参照されたい。

（6）注（3）参照。

終章　平安時代の政治秩序意識

一　平安時代はどのような時代か

平安時代をどのような時代と考えるか。この点について様々な立場があることは序章で論じた通りであるが、本書ではおよそ以下のように考えている。

平安時代とは律令制の変質・再編期にはじまり、中世社会の成立に至る約四〇〇年に及ぶ長い時代である。その間、賜姓源氏など新しい貴族官人層が誕生するとともに律令制の行き詰まりに対応するため官僚機構、支配システムの再編・変化が進む。

まず律令税制が行き詰まり受領支配に徴税を依拠せざるを得なくなる。徴税や支配に対する権限を大幅に委譲した受領による地方支配は当面の行き詰まりは打開できたものの律令国家の官僚機構、律令官制を維持する従来の財源を保証するものではなく、国家機構・官僚制も財政も縮小を余儀なくされていく。そうしたなかで寺社や貴族官人への国家的給付が滞ったり、新規の造営事業の財源が不足するようになり、代替としての国免荘や新たな財源としての立荘による荘園が展開していく。荘園は王家、摂関家、寺社などの経済基盤として集積されていくがそのことによって各権力は権門として自立性を強め、権力の分立した中世社会の萌芽へとつながっていく。

平安時代はこのように四〇〇年間に律令制に依拠した社会から中世的な社会へと大きく変容した時代である。四〇〇年という時間をかけてではあるが、このように大きく変わる時代のなかで天皇、摂関家を中心とする貴族政権は様々な対応をしつつ、政権を維持し続けた。それが可能となった理由は何か。どのような「政治」が行われたのか。本書はこのような課題の解明に取り組んだものである。

二　本書の概要

以下、本書で論じてきたこれまでの論点について整理しておきたいと思う。

第Ⅰ部では平安貴族社会の儀礼と秩序と題して儀礼や儒教理念が貴族社会で果たした役割や穢れに対する忌避感、刑罰の実態などについて論じた。

第一章の「曲水宴の政治文化」は三月三日、上巳の節会の際に行われた曲水宴の歴史的変遷を追いながら曲水宴のもつ政治史的意味について検討した。曲水宴の導入時期は史料的には確定できないが奈良時代には行われていたこと、上巳の節会は平安初期に停止されたが通説でいわれるように嵯峨朝で復活したわけではなく宇多朝で復活した点を明らかにして通説を修正した。また、道長が私宅で行った曲水宴について古代律令制下の節会に代わり、摂関期貴族層を結集させ、道長を中心とする摂関期貴族社会の結合を強めるものであったと位置づけた。

第二章「院政期の大学寮と学問状況」は大学寮が衰退したとされる院政期の大学寮や学問の状況、藤原頼長と学問、儒教との関わりなどを追究したもの。院政期には試験制度も形骸化しており、大学寮の官吏養成機関としての機能はほとんど失われていた。一方で釈奠は年中行事として定着しており、貴族層のなかに孔子信仰もあり、儒教を通して官人ネットワークも作られていた。儒教理念は律令制と密接に関わるものだが、本章で明らかにしたように律令制が形骸化したといわれる院政期においても重視されており、そのことを思えば、平安時代の政治理念として儒教の役割により注目すべきであろう。

第三章「釈奠における三牲」は日本が儒教儀礼である釈奠をどのように受容したのかを三牲供犠という行為の変遷から追求した。三牲供犠は日本でも行われていたが、平安中期以降ケガレ意識の拡大および伊勢信仰の高揚とともに三牲供犠が廃止されることなどを論じた。

第四章「釈奠と穢小考」はケガレによる釈奠停止の事例を分析し、ケガレの影響を最小限にするために儀礼を簡略化しながら挙行していることなどを指摘し、そこから逆に釈奠という儒教儀礼が貴族社会のなかに受容され定着していたのだろうと考えた。

第五章「軍記物語に見る死刑・梟首」は軍記物語を手掛かりに弘仁以降停廃されたといわれている死刑の実態について考えている。実態としては肉刑などが行われているが、ケガレを忌避する観念もあるためダブルスタンダードが取られていたこと、処刑は京外で行われ、検非違使の管理のもと大路渡しと引き続く梟首が行われていたことなどを指摘した。これらの問題を通して武士の果たした役割についても言及している。

これら第Ⅰ部の論稿は律令制下とは形態を変えつつも儀式が維持された理由、律令官制が変化し、ケガレ意識が拡大するなかで刑罰などの秩序維持のための行政がどのように運営されていたかなど秩序維持のための社会の動きを多様な側面から検討したものである。

第Ⅱ部は平安中・後期の中心的政策の一つである荘園整理令を扱っている。

第六章「一一世紀中期の荘園整理令について」は長久から延久の荘園整理令まで一一世紀中期の荘園整理令を検討した。荘園整理令は内裏焼亡を契機に発令されたとする通説を批判し、『春記』の分析より平安中・後期荘園整理令の嚆矢といわれる長久の荘園整理令が国司の申請を契機に発令されたこと、その後の荘園整理令も国司による要求を直接・間接的に受けて出されたと考えられることを主張した。

第七章「寛治七年荘園整理令の再検討」は従来発令されたかどうか疑問視されていた寛治七年の荘園整理令について陽明文庫本「中右記」の近江国市荘の記事から実際に発令されていたこと、寺社に対する寄進を禁止するという内容をもつ画期的な性格のものだったことなどを論証した。

第八章「荘園整理令と王権」は従来注目されてこなかった白河親・院政期の荘園整理令を網羅的に分析して王権の果たした機能を考察した。当該期の王権は国司の求める荘園整理令を発令し、権門の主張をも聞き届け、その調停を通して両者を自己の支配下に入れ正統性を担保していたこと、このような形で公共性を体現し秩序を維持していたことなどを指摘した。

第九章「『長寛勘文』にあらわれた荘園整理令」は全国を対象として発令される全国令と国司の申請を受けて基本的に一国を対象として発令された国司申請令の関係を考えたもの。院政期には寛徳二年以後の荘園整理を命ずる国司申請令と久寿二年以後の荘園整理を命ずる保元令とが同時期に発令されている。この矛盾する二つの荘園整理令の分析から院政は寛徳二年という原則を維持しつつ柔軟に荘園整理を実施し、権門を統制していたことを検証した。

第一〇章「荘園整理令にみる政治秩序意識」は近年の、王家、摂関家、つまりは政権の公認を受けて行われる立荘を中心に荘園制を考える立荘論を受けて荘園整理令はどのように位置づけられるのか、その位置づけについて考察したもの。とくにこれまでの荘園整理令研究でも議論が分かれていた鳥羽院政期の荘園整理令について検討を加え、全国令発令の明証はないものの国司申請令の発令は維持され、立荘が推進されるなかでも国司の要請を受け、非合法の荘園を整理する整理方針は維持されていることを明らかにした。

以上の第Ⅱ部では荘園整理令を通して中央政府が受領支配をバックアップしていたこと、そして荘園整理令を通して受領を統制、組織化して支配秩序を維持していたことなどを論じた。平安時代に受領の果たした役割は重要なものであった。財政構造の変化から立荘を進め、荘園に依拠する財政構造へと変質しつつある段階でも公領支配を維持する必要はあった。そのために受領支配をバックアップし、荘公のバランスを調整していくことは平安時代の国家にとって必須のことであった。

第Ⅲ部は王臣家や軍事貴族、あるいは受領の任国下向や土着、戦乱などの問題を扱いながら平安期における都鄙間交通と地方支配の問題を考えた。

第一一章「在原業平伝説」は『伊勢物語』に描かれた在原業平が東国に下向し隅田川を渡河したという伝説を題材に平安前期における都鄙間交通の実態を考察した。

第一二章「前九年合戦と安倍氏」は前九年合戦の中心である安倍氏の出自などを検討した。「範国記」の記事から安倍氏は中央貴族であり、陸奥権守として下向、その地位をてこに急成長したものであろうとし、前九年合戦はこのような軍事貴族間の利権をめぐる動向によって引き起こされたものであると指摘した。

第一三章「奥六郡安倍氏と鳥海柵」は前章を受け、都における当時の安倍氏の実態や安倍氏登用の背景に按察使藤原氏の存在があった可能性などを推定、また唯一の安倍氏関連遺跡として国指定を受けている鳥海柵の歴史的位置づけについて考察を加えている。

第一四章「受領層の旅」は受領の任国下向の旅の様相を描きながら受領支配の一側面を描いた。

これら第Ⅲ部は都鄙間交通や地方政治の実態について事例研究的に幅広く考えたものである。

以上が本書の概要である。

さて、いつの時代、どのような政権でも同じではあるが、ある政権が支配を実現するにはその支配に一定程度の合理性、公益性、公共性のようなものが必要であろう。そうでなければ強権的に支配を実現するしかないわけだが、そういった政権は長続きしないだろう。平安期国家はその内実は変化させつつも四〇〇年にわたり一応、「平安」な時代を築いたのである（実はそれほど「平安」な時代ではなかったのだが…）。それが可能だったからには何らかの公共性を帯していたはずである。ではその公共性はどのようなものか。またそれを支えた政治意識、秩序意識はどのようなものだったのだろうか。

三　平安時代の政治秩序意識

この問題についていては神仏との関係や儀式などにみられる礼楽思想など多様な論点が考えられるが、本書の考察との関係に限っていえば、儒教理念や律令制などをタテマエとして維持していたことが大きいのではないかと思われる。実態は融通無碍に政治を運用しながらもタテマエとして律令制を正当性の根拠として掲げ続けたこと。ホンネとタテマエの使い分け、ダブルスタンダードによる政治運用が長く政権が維持された要因といえるだろう。財政措置として立荘を行いながらも、立荘を制限し整理する荘園整理令を出し続けたことにも同じような側面があろう。荘園整理令は現実に荘園の整理も行ったのでタテマエだけ、形だけの政策とはいえないが、立荘と荘園整理令の関係にはホンネとタテマエに近い関係があったのではないか。(1)

平安期には「時を量《はか》りて制を立つ」「時に随ひて教を立て、或は革《あらた》め或は沿《したが》ふ」(2)といった現実に対応して法を定立するという法思想が存在した。これらの語句は直接的には律令を修正する格の編纂に関わる文言だが、明法家は格以外にも律令をタテマエとしながら再解釈して実質的に律令を改変する「准用」、「准的」という方法や、律令と現実の間に折り合いをつけて新解釈する「折中」という方法などを採って現実に対応する法運用を行っていた。(3)これらの「准的」や「折中」という方法と律令の関係もホンネとタテマエの関係ともいえるだろう。

院政期には権力は分立し、訴訟・裁判は私的にコネクションのある権門に訴え、裁許を得る属縁主義により行われ、判決の執行も当事者による当事者主義、自力救済で実現するように変わっていく。裁許も第三者的な立場による公平なものではなく、当事者性を帯びたものになるという[4]。しかしだからこそ逆に第三者的なもの、公平なもの、普遍的なものを求める心性もあったのではなかろうか。

例えば院政期の文書には「後符破二先符一者例也」といった、法は変更されるのが前提であるかのような法理が示されている（『平安遺文』二一七七号）。その一方で「先格後符厳制稠畳」（『平安遺文』二八五一号）といった法の継続性を重視する文言もある。あるいは裁許を求める解状にはしばしば「将仰二憲法之貴一」（『平安遺文』二八五八号）といった普遍的な「憲法」を求める文言もみられる。

また院政期になると摂関期に比して貴族らの律令に対する関心が高まるとの指摘もある[5]。藤原頼長が儒教を信じ、律令格式にこだわったことも含めてこれらすべて公平性、正当性を示すものを欲する心性を表したものではないだろうか。

このようなホンネとタテマエの二重構造は天皇と摂関、天皇と院といった平安期の政治形態にも通底するかもしれない。律令や儒教理念というタテマエを維持し正当性を掲げながら実際の政治運用は柔軟に現実に対応していく。このような政治によって平安時代の「平安」は維持されたのではないか。ホンネとタテマエという二重構造は平安時代には限らないが、平安期国家を維持させた、平安時代の政治秩序意識の大きな特徴として位置づけることができるだろう。

注

（1）なお、荘園整理令は荘園を整理するだけではなく現実には荘公の利害を調整するというホンネとタテマエを合わせた役割も果たしている。したがって上記のようには割り切れないかもしれないが、荘公の利害を調整することを通して政権の公共性をアピールし、政権を維持するという役割はいずれにしても果たしている。

（2）「弘仁格式序」「延喜格序」（ともに『類聚三代格』巻一所収）。

（3）佐藤進一『日本の中世国家』（岩波書店、一九八三年）、笠松宏至『法と言葉の中世史』（平凡社、一九八四年）、前田禎彦「古代の裁判と秩序」（『岩波講座日本歴史』古代　五、岩波書店、二〇一五年）。

（4）井原今朝男『日本中世の国政と家政』（校倉書房、一九九五年）、美川圭『院政の研究』（臨川書店、一九九六年）、佐藤雄基「中世の法と裁判」（『岩波講座日本歴史』中世　二、岩波書店、二〇一四年）。

（5）上杉和彦「王朝貴族の律令認識」（『日本中世法体系成立史論』校倉書房、一九九六年）。

あとがき

本書は一九八六年から二〇一七年までの三二年間に発表してきた論文をもとに平安時代の政治や秩序、それを支えた秩序意識について考えたものである。本書各章の初出は以下のとおりである。一書にまとめるにあたって若干の改訂を行った箇所もある。

初出一覧

序　章　問題の所在（新稿）
第一章　曲水宴の政治文化（小嶋菜温子・倉田実・服藤早苗編『王朝びとの生活誌』森話社、二〇一三年）
第二章　院政期の大学寮と学問状況（服藤早苗編『王朝の権力と表象』森話社、一九九八年）
第三章　釈奠における三牲（虎尾俊哉編『律令国家の政務と儀礼』吉川弘文館、一九九五年）
第四章　釈奠と穢小考（服藤早苗・小嶋菜温子・増尾伸一郎・戸川点編『ケガレの文化史―物語・ジェンダー・儀礼』森話社、二〇〇五年）
第五章　軍記物語に見る死刑・梟首（『歴史評論』六三七号、二〇〇三年）
第六章　十一世紀中期の荘園整理令について（『日本古代・中世史　研究と史料』一号、一九八六年）
第七章　寛治七年荘園整理令の再検討（十世紀研究会編『中世成立期の歴史像』東京堂出版、一九九三年）
第八章　荘園整理令と王権（河添房江・神田龍身・小嶋菜温子・小林正明・深沢徹・吉井美弥子編　叢書想像する平安文学第6巻『家と血のイリュージョン』勉誠出版、二〇〇一年）
第九章　「長寛勘文」にあらわれた荘園整理令―保元令と国司申請令のあいだ―（『日本史研究』三三五号、一九九〇年）

第十章　荘園整理令にみる政治秩序意識（新稿）
第十一章　在原業平伝説（すみだ郷土文化資料館編『隅田川の伝説と歴史』東京堂出版、二〇〇〇年）
第十二章　前九年合戦と安倍氏（十世紀研究会編『中世成立期の政治文化』東京堂出版、一九九九年）
第十三章　奥六郡安倍氏と鳥海柵（『国際開発学研究』一六巻二号、拓殖大学国際開発研究所、二〇一七年）
第十四章　受領層の旅（倉田実・久保田孝夫編『平安文学と隣接諸学7　王朝文学と交通』竹林舎、二〇〇九年）
終　章　平安時代の政治秩序意識（新稿）

ほとんどが都立高校の教員時代に書いたものである。この間、多くの先生、先輩、友人、後輩に支えてもらった。とくに東京学芸大学名誉教授の木村茂光さんには本当にお世話になった。木村さんと最初にお会いしたのはまだ私が院生だった頃、おそらく歴史学研究会中世史部会平安鎌倉勉強会でのことだったように思う。その後、十世紀研究会に参加させていただいたが、それ以来、制度的には師弟でも何でもないのに研究会の仲間として今日にいたるまでご指導いただいている。高校教員になってなかなか勉強しない私をみかねてのことだと思うが、十世紀研究会を通して、またその解散後も様々な出版企画や研究会に声をかけていただいた。それらの会で埼玉学園大学名誉教授の服藤早苗さんを始めたくさんの研究者の方々と知り合い、刺激を受けることができた。人づきあいの苦手な私にとってこれもありがたいことであった。

また、樋口州男さんにも感謝している。樋口さんは私が二校目に赴任した高校の先輩教員だった。実際の同僚だった時期はなく、私が赴任する数年前に他校に異動されていた先輩であった。当時は高校でもまだ自分たちで学問研究をしようという雰囲気が残っており、その学校でも教員同士の研究会や研修旅行などが行われていた。樋口さんと最初にお会いしたのがいつ、どこでだったかはすっかり忘れてしまったが、おそらくその学校のＯＢも含めた社会科の研修旅行か何かだったと思う。たったそれだけのご縁なのだが、その後様々な出版企画に声をかけていただいた。ともすれば日常の業務に埋没しがちな中で樋口さんからの声掛けは励みになった。

高校教員仲間という関係では菊地照夫・伊藤循両氏にも感謝している。ほぼ同世代で、同じように厳しい勤務状況のなかで研究を続けている二人とお互い刺激し合える関係が作れたのは幸運なことであった。

菊地氏の紹介で国立歴史民俗博物館名誉教授虎尾俊哉先生、東京大学名誉教授佐藤信先生からご指導を受けることもできた。佐藤先生からは様々な史料読解の手ほどきを受けたが、とくに「時範記」や「国務条々」など国司関係史料のご指導を受けたことは忘れがたい。虎尾先生の「延喜式」とともにこれらのご指導が平安時代を理解するためにどれだけ役立っているか。心からお礼申し上げたい。その他、ここにお名前をあげることのできなかった多くの方々に心から感謝申し上げたい。

本書の出版にあたっては法政大学教授の小口雅史先生、佐藤信先生、同成社の佐藤涼子社長、山田隆氏に大変お世話になった。とくに山田さんには校正にあたって様々なご助言をいただいた。記して謝意を表したい。

最後に私事にわたり恐縮であるが、これまで私を支えてくれた両親、家族、そして妻の美鶴に心から感謝したい。

二〇一八年一二月一〇日

戸川　点

平安時代《へいあんじだい》の政治秩序《せいじちつじょ》

■著者略歴■

戸川　点（とがわ　ともる）

1958年　東京都に生まれる

1985年　上智大学大学院文学研究科史学専攻博士後期課程中退

都立高校教諭、副校長を経て現職

この間NHK教育テレビ高校講座「日本史」講師などを務める。

現　在　拓殖大学国際学部教授

主要著書

『平安時代の死刑』（吉川弘文館、2015年）、『検証・日本史の舞台』（共編著、東京堂出版、2010年）、『再検証史料が語る新事実　書き換えられる日本史』（共編著、小径社、2011年）、『ケガレの文化史』（共編著、森話社、2005年）、『荘園史研究ハンドブック』（共著、東京堂出版、2013年10月）、『訳注日本史料　延喜式』中・下巻（共著、集英社、2007・2017年）など。

2019年2月10日発行

著　者　戸川　点

発行者　山脇由紀子

印　刷　三報社印刷㈱

製　本　協栄製本㈱

発行所　東京都千代田区飯田橋4-4-8
（〒102-0072）東京中央ビル
TEL 03-3239-1467　振替 00140-0-20618
㈱同成社

ISBN978-4-88621-816-2 C3321

同成社古代史選書

（全て本体価格）